华盛顿评传

[美] 华盛顿·欧文（Washington Irving） 著
李娜　张洁　编译

中华工商联合出版社

图书在版编目（CIP）数据

华盛顿评传 /（美）华盛顿·欧文著；李娜，张洁编译．-- 2 版．-- 北京：中华工商联合出版社，2018.7（2021.7 重印）

ISBN 978-7-5158-2314-0

Ⅰ．①华… Ⅱ．①华… ②李… ③张… Ⅲ．①华盛顿（Washington, George 1732-1799）—评传 Ⅳ．① K837.127=41

中国版本图书馆 CIP 数据核字（2018）第 098827 号

华盛顿评传

作　　者：[美] 华盛顿·欧文（Washington Irving）
编　　译：李　娜　张　洁
责任编辑：林　立　崔红亮
装帧设计：北京东方视点数据技术有限公司
责任审读：魏鸿鸣
责任印制：迈致红
出版发行：中华工商联合出版社有限责任公司
印　　刷：唐山富达印务有限公司
版　　次：2018 年 9 月第 2 版
印　　次：2021 年 7 月第 3 次印刷
开　　本：710mm × 1020mm　1/16
字　　数：200 千字
印　　张：17
书　　号：ISBN 978-7-5158-2314-0
定　　价：78.00 元

服务热线：010-58301130
销售热线：010-58302813
地址邮编：北京市西城区西环广场 A 座
19-20 层，100044
http: //www.chgslcbs.cn
E-mail: cicap1202@sina.com（营销中心）
E-mail: gslzbs@sina.com（总编室）

序

这套励志书由两部分内容组成，一是大师传记，二是名家文集。前者记述大师的人生事迹，评点他们的精彩瞬间；后者辑录名人的文章言论，展示他们的才华睿智。所选者，无不是成功的人生，无不是为后人所推崇和敬仰的人。对于我们每一个人来说，他们都是后人追求的榜样，励志的灯塔。其实，古往今来，所有的成功者，他们的人生和他们所激赏的人生，不外是："有志者，事竟成。"

励志是动宾结构的词，励是磨砺，志是志向，放在一起就是磨砺志向。所以说，励志不是简单的立志，是要像把刀放在石头上磨才能锋利一样，这个磨砺，也不是轻而易举地摩擦一下，而是要下力气的，对刀来说，不仅要把自身的锈磨掉，还要把多余的部分都要毫不留情地磨掉，这简直是一场磨难。所有绚丽的人生都是用艰难磨砺成的，砥砺生命放光华。可见，励志至少有三层意思：

一是立志。国人都崇拜的一本书叫《易经》，那里面有一句话说："天行健，君子以自强不息。"这是一种天人合一的理念，它揭示了自然界和人类发展演化的基本规律，所以一切圣贤伟人无不遵循此道。当然，这里还有一个立什么样的志的问题，孔子说：

"士不可以不弘毅，任重而道远。"古往今来，凡志士仁人立的都是天下家国之志。李白说：大丈夫必有四方之志，白居易有诗曰：丈夫贵兼济，岂独善一身，讲的都是这个道理。

二是励志。有了志向不一定就能成事，《礼记》里说："玉不琢，不成器。"因为从理想到现实还有很大的距离。志向须在现实的困境中反复历练，不断考验才能变得坚韧弘毅，才能一步一个脚印地逐步实现。所以拿破仑说：真正之才智乃刚毅之志向。孟子则把天将降大任于斯人描述得如此艰难困苦。我们看看历代圣贤，从三大宗的创始人耶稣、默哈穆德、释迦牟尼到孔夫子、司马迁、孙中山，直至各行各业的精英，哪一个不是历经磨难终成大业，哪一个不是砥砺生命放射出人生的光芒。

三是守志。无论立志还是励志都不是一朝一夕、一蹴而就的，它贯穿了人的一生，无论生命之火是绚丽还是暗淡，都将到它熄灭的最后一刻。所以真正的有志者，一方面存矢志不渝之德，另一方面有不为穷变节、不为贱易志之气。像孟子说的那样："富贵不能淫，贫贱不能移，威武不能屈。"明代有位首辅大臣叫刘吉，他说过："有志者立长志，无志者常立志。"这话是很有道理的。

话说回来，励志并非粘贴在生命上的标签，而是融汇于人生中一点一滴的气蕴，最后成长为人的格调和气质，成就人生的梦想。不管你做哪一行，有志不论年少，无志空活百年。

希望你能喜爱这套励志书，让它点燃你的生命之火，让人生变得更加绚烂。

徐　潜

前　言

作为美国历史上第一任总统，乔治·华盛顿对美国的建立和发展做出了不可磨灭的贡献。对于这样一个时代伟人，美国文学史上关于他生平的传记文学作品当然不在少数。本书选择了美国文学的奠基人——华盛顿·欧文所著的《华盛顿传》编译而成。之所以选择欧文所著《华盛顿传》进行编译，是因为除了欧文作为“美国文学之父”的文学地位的考虑之外，同时欧文在这部《华盛顿传》的撰写过程中倾注了毕生心血，历经数年精雕细琢，临终方才成稿。

在书中，欧文以真实的笔触，将自己伴随美国 76 年的人生体验融合在同华盛顿有关的大量史料之中，内容详尽、文笔朴实，全面而又清晰地向世人展示了美国国父华盛顿波澜壮阔的人生。因此，从某种意义上说，本书原著不只是一部人物传记，更是一部伟大而又光荣的美国建国史。欧文版《华盛顿传》更是被后世称为“美国文学之父记录美国国父的杰作”。

本书的主人公乔治·华盛顿于 1732 年 2 月 22 日出生在今天美国弗吉尼亚州东部的一个大种植园主家庭。华盛顿本人非常具有开拓精神，早年他做过土地测量员，七年战争爆发后，他开始在英军服役，并因此获得了较为丰富的军事指挥经验和一定的威望。1759 年，华盛顿辞去军职，回到弗吉尼亚。在随后的 15 年中，他隐居弗农山庄经营自己的家业，并展现出了非凡的管理才能，把弗农山庄打造成了美国殖民地中最大的庄园之一。

1774 年，华盛顿被选为弗吉尼亚代表参加第一届大陆会议，赢得了人民的尊重和信任。北美独立战争爆发后，华盛顿又因其卓越的指挥才能和坚忍不拔的性格，在第二届大陆会议上被推选为大陆军总司令。他克服种种困难，把一支缺少经验及武器弹药的民兵队伍训练成了一支能与英军相抗衡的正规军。1776 年，华盛顿带领军队将英军逐出波士顿，极大地鼓舞了北美人民的斗志。之后，在同优势英军作战的整个过程中，华盛顿始终表现出沉重冷静、不屈不挠、勇往直前的昂扬斗志。在革命最阴暗的岁月里，面对强大英军的步步紧逼，美军士兵们一度心灰意冷，一蹶不振，但华盛顿仍然以极大的勇气和顽强的毅力，克服重重困难，带领美军继续战斗。正是靠着华盛顿这种生命不息、战斗不止的顽强拼搏的精神，美国的独立事业虽然屡遭狂风暴雨，但始终能够渡过重重难关，转危为安并最终取得了成功。

1789 年，华盛顿当选为美国第一任总统，四年之后，他再次获得连任。在其 8 年的总统任期当中，他完成了不少开创性的工作：他建立和完善了民主法制，组建了机构精干的联邦政府，颁布司法条例，成立了联邦最高法院。1796 年，在连任两届之后，华盛顿发表告别演说，自行引退，并两次谢绝连任，从而开创了美国历史上摒弃终身总统，和平转移权力的范例，表现出了一位伟大政治家的高尚品质。

1799年12月14日，华盛顿病逝于弗农山庄。因其对美国的建立和发展做出了极其卓越的贡献，后世尊其为美国国父。

人们经常说“时势造英雄”，需要指出的是，要想成为一个真正的英雄，光有时势和个人的满腔热血是远远不够的。一个真正的英雄要善于洞察时局，并主动投身到历史潮流的滚滚洪流之中。正如本书的主人公华盛顿，他本可以锦衣玉食、在自己的庄园中度过安乐富足的一生。但历史的潮流和道义的担当促使他舍弃了富饶的庄园，抛家舍业，在亲英和抗英的艰难抉择中最终坚定地站在了北美人民革命的正义事业阵营中。

在同当时世界上头号资本主义强国的军队对抗的过程中，华盛顿屡尝战败的滋味，身心承受了极大的痛苦。但正如孟子所说，“天将降大任于斯人也，必先苦其心志，劳其筋骨，饿其体肤”，华盛顿在这场战争中所表现出的胆略、智慧、毅力和不屈不挠的精神得到了人民的普遍认可。

需要指出的是，华盛顿早期的威信并不是光辉的成就和辉煌的胜利造就的，恰恰相反，他的威信是在艰难困苦和无数的挫折中逐渐提升的。从这个意义上讲，华盛顿所获得的声望是他经受各种逆境、挫折、磨难之后的必然结果，是他在挫折中选择坚持、痛苦中变得坚强所收获的硕果。

我们经常讲“古为今用、洋为中用”，时光移至今天，当下很多青少年精神空虚，生活懒散，做事缺乏动力和目标。笔者建议大家有空的时候不妨读一读此书，或许从中能够重拾对生活的激情和创业的欲望，最终有所收获，不虚此生。

编译者

目　录

英雄的青少年时代

家教良好的移民后裔

乔治·华盛顿家族的历史源远流长，可追溯到英格兰一个高贵显赫的世家。17 世纪时，该世家开始没落，渐渐地失去往日的辉煌。后来，欧洲兴起一股殖民热，大批的欧洲人纷纷前往北美新大陆开拓殖民地。1657 年，乔治·华盛顿的曾祖父约翰·华盛顿也移民到弗吉尼亚，在波托马克河和拉帕哈诺克河之间北峡地区的威斯特摩兰县购买了土地，并定居在一个叫作布里奇斯溪的庄园。就这样，这个家族就在布里奇斯溪庄园一代一代地传承下来。

乔治·华盛顿的父亲——奥古斯丁·华盛顿继承父业又有所发展，在他的管理之下，布里奇斯溪庄园的土地已超过了 10000 英亩。此外，他还拥有一个自己的装卸码头，用于和英国进行直接贸易。奥古斯丁·华盛顿一生中结过两次婚，其第一任夫人因病去世，给他留下了两个儿子。1730 年，31 岁的奥古斯丁续弦，娶了北峡地区的美人玛丽·鲍尔为妻，她就是乔治·华盛顿的生母。

1732 年 2 月 22 日，乔治·华盛顿在布里奇斯溪庄园的一个老屋内出生了。之后不久，他们举家搬到了斯塔福德县，居住在弗雷德里克斯堡对面的一个庄园。那是个景色旖旎的地方，山川层峦叠嶂，拉帕哈诺克河奔腾不息。庄园里面春夏季节绿草如茵，风景如画。小华盛顿就是在这里度过了他的童年时光。

乔治·华盛顿的母亲治家严谨，她深明事理，刚强坚毅，办事干净利索。受母亲的影响，华盛顿从小就养成了自信果敢、处事严谨的作风。同时，母亲的言传身教也使得小华盛顿在很小的时候就能够做到处事公道，平等待人。与华盛顿母亲的严格管教相比，华盛顿的父亲则给予了他更多的疼爱。他经常抽空带小华盛顿到户外玩耍，给他讲天文地理和为人处世的原则，在智力和道德上对他谆谆教导。

值得一提的是，乔治·华盛顿的一位同父异母的哥哥——劳伦斯·华盛顿。他比华盛顿大 14 岁，在英国留过学，风流倜傥、才华横溢。此外，劳伦斯还曾参加过英国海军，作战英勇、屡立战功。也许是年龄上的原因，兄弟俩既有手足之情，又有师生之谊。劳伦斯对幼小的华盛顿极为关心爱护，而华盛顿则把温文尔雅、气宇轩昂的哥哥看作是自己的楷模，处处加以学习效仿。

华盛顿的学业是在布里奇斯溪庄园附近的一所学校完成的。他在那里所学的课程很普通，只是一些基本知识和技能，但对于普通的商业工作来说却也足够。华盛顿学习很认真，他完成的作业始终工整而准确。在他 13 岁的时候，他已经把各类商业文件、法律文本、汇票、契约、债券等的格式抄录成册。

18 世纪的美国，土地测量是一门很重要的学科。华盛顿用心钻研，并最终将这门知识运用得游刃有余。他运用当时最先进的测量方法，测量周围的土地，并将结果定期计入田亩登记簿中，就好像他的测量工作同重要的土地交易有关，而不仅仅是学校布置的作业似的。靠着他青少年时期的刻苦努力，他学会了律师们起草文件的技能，养成了商人们随手记账、毫厘不差的习惯，并且终身受用。

不仅在文化知识方面刻苦认真，在体育锻炼方面，小华盛顿也是一丝不苟、严于律己。他经常参加各类体育活动。在跑步、跳高、拳击、掷铁饼等活动上都表现得十分优秀。因此，他深受同学们的拥护，在学生中很有威望。

1743 年是 11 岁的华盛顿人生中较为特殊的一年。这一年，他的父亲奥古斯丁腹部突然剧痛，没过多久就病故了，终年 49 岁。另一件大事是，这年 7 月，他的哥哥劳伦斯结婚成家，搬到了波托马克河岸边自己的庄园居住。为了纪念自己参加英国海军时一位叫弗农的海军上将，劳伦斯将这座庄园取名为“弗农山庄”。1747 年夏末，华盛顿搬到弗农山庄和劳伦斯同住。在这里，他遇到了对其人生、命运、性格有着深刻影响的另外一位重要人物——托马斯·费尔法克斯勋爵。

费尔法克斯勋爵是劳伦斯岳父威廉·费尔法克斯的堂兄。因为华盛顿经常和劳伦斯在一起，因此和威廉·费尔法克斯一家来往甚密，一来二去，华盛顿竟和费尔法克斯勋爵成了忘年交。费尔法克斯勋爵出身于英国名门望族，早年就读牛津大学。他曾在英国一个骑兵团服过役，并且还担任过地方长官。此人知识渊博，阅历丰富，还曾为当时著名的杂志《旁观者》撰写过文章。眼下他和堂弟威廉·费尔法克斯一家住在一个叫“贝尔沃”的庄园，膝下儿女成群，个个聪明而又有教养。

在这个家庭里，北美农村的简朴生活和欧洲的优雅生活融合在了一起。同这个家庭的密切交往，深刻影响着这个从小生活在北美荒野山林之中，行为中还略带粗野的青年。费尔法克斯一家也很欣赏聪明好学的华盛顿。此时的华盛顿身材魁梧，体格健壮，举手投足之间显得庄重而果断，谈吐坦率而谦逊。费尔法克斯勋爵经常邀请他到贝尔沃庄园做客。他们一起读书游乐、谈古论今、骑马打猎、野餐垂钓。

费尔法克斯勋爵酷爱猎狐，并且像大多数英国勋爵一样，养着一群马匹和猎犬。在猎狐的过程中，他发现年轻的华盛顿有着非凡的勇气和娴熟的骑术，并且和他一样敢于冒险纵马狂奔。华盛顿后来在独立战争中以善于追击而闻名，这与他在这段时间和勋爵一起的猎狐经历不无关系。通过费尔法克斯勋爵的引见，华盛顿又结识了更多的社会名流，经常参加各种上层的社会交际活动。

年轻有为的土地测量员

英王查理二世曾经赏赐给费尔法克斯勋爵一家位于弗吉尼亚的蓝岭周围大片的领地。这片土地沃土千里、得天独厚。但蓝岭以西的大片领地，只是法律上得到承认，实际上从未勘察测量，更别提有效的经营管理。这些大片荒废的沃土已被非法“抢占者”据为己有，并实际控制。费尔法克斯勋爵迫切希望派人对这些土地进行考察测量，并对此进行有效的开发利用。

这是一项十分艰巨的任务。路途遥远、环境险恶，加之非法“抢占者”野蛮凶悍，沿途还不时有带着弓箭的印第安人出没。勋爵需要一位专业技术过硬、能够吃苦耐劳，并且能够应付那片荒野和那里野蛮居民的综合型人才。很快，勋爵把目光投向年轻的华盛顿。他亲眼看见过华盛顿的测量作业本，惊叹于他精准的测量能力。同时，他还注意到此时的华盛顿年富力强、精干敏捷、英勇果敢，又能吃苦耐劳，是从事这一工作的绝佳人选。随后，华盛顿接受了勋爵提出的由他主持土地测量的提议。他收拾好行李，和勋爵的长子乔治·威廉·费尔法克斯一行上路了。

这是华盛顿平生第一次远离家门跨入社会。他们进入弗吉尼亚大峡谷，从河谷底部开始测量。在此期间，因为他们深入的是边疆蛮荒地带，所以吃了不少苦头，也冒了不少风险。尽管每天旅途劳累，华盛顿还是坚持将每天所见所闻、所到之处的地形地貌、物产民情等信息详细地记录在笔记上。他们就这样不停地测量土地、划分地亩。大部分时间都是在野外露宿，依靠野鸡和其他禽类充饥。至于说风吹日晒、蚊虫叮咬，那更是家常便饭。有一次，他们的帐篷被风吹翻了，害得他们在雨水中泡到了天亮。还有一次，华盛顿睡的草席着了火，衣服都被烧出了好几个洞，幸亏同伴把他及时叫醒，才幸免于难。他们更经历了无数次的狂风暴雨，经常被雨水淋得像落汤鸡一样。

完成土地测量之后，华盛顿一行穿过大山，越过河谷，翻过蓝岭，于 1748 年 4 月 12 日回到了山庄，前后历时刚好一个月。通过这次艰苦的测量实践，华盛顿的意志力和社会经验均大有长进，对蓝岭以西地区的人文、地理、农业等有了较为深入的了解。当然，他也得到了一笔相当可观的收入。据他笔记本记载，他每个工作日的收入为一枚西班牙金币（约为 7.2 美元），有时是六枚皮斯托尔（约为 20 美元），全月的总收入应该不会少于 300 美元。除此之外，华盛顿在这次土地测量中，还有另外一个意想不到的收获。那就是他们在途中意外地遇到了印第安人的战争宣传队。看着印第安人那些奇特而又古怪的表演，华盛顿很快就熟悉了这些野蛮人的性格，并且很善于同这些荒野居民打交道。

对于华盛顿在此次土地测量中的表现以及他提出的关于土地测量的报告书，费尔法克斯勋爵甚为满意。不久，他就大力推荐华盛顿担任政府测量员。这样一来，华盛顿的测量记录就有了权威性。实际上，他的测量记录一直以来都是十分准确的。时至今日，档案中保存的这类记录还受到人们的绝对信任。

作为政府测量员的华盛顿在这个岗位一干就是三年。因为需要测量的土地广阔，而政府中从事这一职业的人员又十分有限，这一职业给他带来了丰厚的报酬。测量顺利时，他一个月的收入就有 140 英镑。华盛顿把薪水积蓄起来全部用于购买土地，这样，这位年仅 19 岁的绅士，已经成了拥有将近 1500 亩富饶耕地的有产者了。

此外，因为在测量过程中，他走遍了所测量地区，因此充分地了解到了各个地方土壤的性质和价值，这一知识在他晚年购置地产时，发挥了极大的作用。谢南多亚河河谷许多最肥沃的土地至今仍是华盛顿家族成员的地产。华盛顿就这样度过了三四年的时光。由于他大部分的时间都是在荒凉的山区和粗犷的山民一起度过的，因此，他学会了吃苦耐劳、随机应变、随遇而安。而在同他哥哥和费尔法克斯一家的交往中，他又养成了彬彬有礼、温文尔雅的气质。

与法军作战的前线指挥官

主动请缨，不辱使命

17 世纪到 18 世纪期间，英法为争夺世界霸权和瓜分殖民地，在世界各地展开了军事斗争。地域辽阔而又尚待开发的北美新大陆自然成为双方争斗的焦点。眼下双方都虎视眈眈地盯住俄亥俄河流域这片土地，宣称自己的政府是北美洲的主人，拥有该地区的全部主权。

法国殖民当局信奉“先下手为强”的原则，他们于 1748 年派人到俄亥俄河谷活动，对当地印第安部落剿抚兼施、恩威并用。他们一方面向印第安部落重申法国对该地区的主权，同时，他们还对那些亲英部落进行驱赶和屠杀，并散布谣言说英国人要来烧杀抢劫。这样很多印第安部落就站在了法国的一边。1753 年，部分法军在伊利湖南岸登陆，在俄亥俄河上游修筑工事并设置了哨所。

面对法国的步步紧逼，英国政府也不甘落后。为了应对难以预测的战争风云，英属各殖民地纷纷加强了战争的准备工作。在华盛顿所在的弗吉尼亚，备战气氛特别浓厚。英属殖民地弗吉尼亚总督丁威迪将这个行省分成 4 个军区，每个军区都设民团副官一名，年薪 150 英镑，负责组织和装备民兵。经过劳伦斯·华盛顿推荐，乔治·华盛顿设法谋得了北峡地区民团副官一职。

不仅如此，英政府还筹建了俄亥俄公司，并于 1749 年向其颁发执照，鼓励其向俄亥俄河以北及以西扩展，并免除十年税赋。唯一的条件就是要求该公司要自费在其扩展的土地上筹建一个城堡，保证足够的守卫人员，以防范印第安人和法军的侵袭。弗吉尼亚行政执行委员会主席托马斯·李带头筹建了俄亥俄公司，但不幸的是，不久他就因病去世了。他去世之后，劳伦斯·华盛顿担任了公司总经理一职。

自从乔治·华盛顿担任弗吉尼亚北峡民团少校副官后，他就把庄园事务暂时搁置一边，集中精力学习军事知识，研究作战技术。通过哥哥劳伦斯·华盛顿结识了劳伦斯之前的两个战友：穆斯和雅各布·范布拉姆。穆斯借给华盛顿一些有关军事战术的书籍，指导他进行步枪操练，并给他讲解战场上的队形变换。范布拉姆精通剑术和格斗，他向华盛顿传授击剑和实战经验。安静的弗农山庄在这两个职业军人的指导下，俨然变身成为一所军事学校。

就在这个时候，华盛顿的哥哥劳伦斯染上了严重的肺病。尽管华盛顿陪着心爱的哥哥到西印度群岛养病，但这并没有延缓疾病的扩散。1752 年 7 月，劳伦斯病逝于弗农山庄，时年 34 岁。两年之后，按照劳伦斯的遗嘱，乔治·华盛顿继承了兄长的产业，同时也继承了俄亥俄公司的股东身份。之后，华盛顿用自己担任民团少校副官的薪水，在肥沃的谢南道亚谷地又购买了 2000 英亩田地。这样一来，加上华盛顿前几年用测量土地所得收入购买的土地以及所继承的遗产，这位 21 岁的弗吉尼亚北峡民团少校副官拥有的土地已达到 4000 多英亩。

法军的步步紧逼使丁威迪总督如坐针毡。作为英属殖民地的总督，他深知一旦法军继续南下，俄亥俄地区的万顷良田就会落入法国人之手。这对英国在北美的殖民扩张而言，是个沉重的打击。同时，作为俄亥俄公司股东之一，丁威迪总督个人也面临着巨大的损失。

职责所在，利害所系，经过一番深思熟虑，丁威迪总督决定在加强战备的同时，派一名特使到法军指挥部，向法军陈述利害关系，并警告法军不要轻举妄动。此外，特使还肩负两个重要任务：笼络沿途的印第安部落以及观察沿途作战地形，刺探法军兵力部署。这是一项艰巨的任务。从弗吉尼亚首府威廉斯堡出发到法军据点有 1000 英里之遥，沿途崇山峻岭、风霜雪雨，自然环境极其恶劣。并且还要同反复无常的野蛮人以及狡猾的法军指挥官打交道，稍有不慎就有性命之忧。

丁威迪总督为如何物色一位体格强壮，能够胜任长途跋涉，同时又机智勇敢、善于应变的合适人选大伤脑筋。华盛顿得到了总督正在物色人选的消息后，认为这是自己崭露头角的好机会，决定向总督主动请缨。华盛顿的到来让丁威迪总督大喜过望，因为他之前就从费尔法克斯勋爵那里听说过此人的杰出品质与过人之处。总督当即做出决定，下令年轻的华盛顿少校出使法军司令部。

在做了充分的准备之后，华盛顿一行于1753年10月30日从威廉斯堡启程，向法军驻地伊利湖进发。那时的北美交通十分闭塞，道路崎岖，加上时值初冬，冰雪覆盖了大地，马匹是他们唯一的代步工具。他们一行日夜兼程，翻越蓝岭，穿越海拔1700米的草原，走出暗藏玄机的沼泽，几乎每前进一英里都要付出巨大的努力。

11月15日，华盛顿一行来到了阿勒良尼河畔。阿勒良尼河与莫诺格赫河在此交汇。凭着军人的敏感，华盛顿意识到这里地势险要，将是法军南下的必经之路，同时也是英军筑堡固守的最佳地点。他把这些信息牢记在心，在之后写的7000字的“旅途报告”中专门提出这一观点，并派兵筑堡守卫。后来事实也证明华盛顿极具战略眼光。

经过沿途的不断联络，11月25日，华盛顿在洛格斯顿同亚王（一位亲英的印第安人部落首领）及其他对英国友好的各部落酋长会谈。他告诉酋长们，法军入侵俄亥俄地区，无论是印第安人还是英国人都会深受其害。他把自己此次出使的目的告诉他们，并建议共同对付法国人。华盛顿的讲话打动了诸位印第安酋长。

最后，亚王代表俄亥俄印第安人三部落——特拉华族、肖尼族和明戈族，向华盛顿保证断绝与法国的关系，并安排三个部落要人与华盛顿同行，以防范途中“站在法国一边”的印第安人袭击。此外，亚王还向华盛顿详细介绍了法军活动的有关情报，并拿出了他亲手绘制的法军两座堡垒的平面图。

虽然历经风雪交加，沿途还不断遭遇泥潭、沼泽地的考验，但12月中旬左右，在印第安人的一路护送之下，华盛顿一行还是到达了柏夫堡法军司令部。在柏夫堡，华盛顿代表英国当局与法军总指挥各自阐明了双方的立场和底线。最后，法军总指挥让华盛顿带给丁威迪总督一封复信，并表示一定会将丁威迪总督的来信呈送法国当局。华盛顿一边同法军谈判，一边还在谈判间隙不动声色地在柏夫堡附近到处走走。几天下来，他已把柏夫堡的里里外外侦察了个遍，对法军的虚实已是了然于胸。至此，华盛顿肩负的三项任务圆满完成，带着随从踏上归途。

完成任务的华盛顿本以为轻车熟路，归程应该十分顺利。但让他没有想到的是，回去时的气候和道路比来时更加恶劣艰险。他们代步的马匹也因寒冷和疲惫而无法继续前行了。最后，他们只得背着行囊背包，在没膝的雪地里蹒跚迈步，徒步行走了数百英里才返回故里。1754 年元旦，华盛顿一行翻越蓝岭，于 1 月 16 日赶回威廉斯堡向丁威迪总督复命。此时，离华盛顿出发之日已有两个半月之久。

丁威迪在总督府亲切接见了华盛顿。对于华盛顿在出使期间所表现出的谨慎精明、果断坚定、不折不挠、勇往直前的精神，他深表感动。之后，丁威迪总督将华盛顿整理出的“旅途报告”以《俄亥俄日志》为名印刷成册，在弗吉尼亚广为散发，并呈送给英国政府。一时间，华盛顿在弗吉尼亚声誉鹊起。可以说，此次出使法军司令部为他的前途发展奠定了坚实的基础。从那时起，他就开始成为弗吉尼亚一轮初升的太阳，绚烂夺目。

英勇袭敌，首战告捷

华盛顿从边疆侦察来的情报使丁威迪总督和他的行政委员会意识到法军将在春季沿俄亥俄河顺流而下，以军事手段占领俄亥俄地区。英法之间的武力冲突在所难免。丁威迪决定采纳华盛顿的建议：立即派遣一支部队，抢在法军前面在阿勒艮尼河与莫诺格赫河交汇岔口处，修筑军事堡垒。他命令威廉·特伦特上尉前往边疆，招募一个连的新兵，快速开往岔口，完成筑堡工程。

同时，他还任命弗赖伊为这次远征的上校总指挥，华盛顿任其副职，领中校衔。弗赖伊上校指示华盛顿在亚历山德里招募新兵，建立一个连，为在俄亥俄岔口修建堡垒的威廉·特伦特上尉采购和运送必需的军火和供应品，并担任这两个连的总指挥官。

新官上任，华盛顿开始招兵买马，但募兵工作最初进行得并不顺利。勤劳的农民因为很容易维持生计，他们不愿意仅仅为每天有口饭吃，就背井离乡，远离妻儿。最后招来的大多都是无家可归、缺衣少穿、游手好闲的流浪汉。华盛顿将这一情况汇报给了丁威迪总督。无奈之下，总督只好采取了一个权宜之计。他宣布，俄亥俄河上的万亩良田要分给参加这次远征的军官和士兵，其中俄亥俄岔口堡垒附近的千亩良田归守卫碉堡的官兵所有。对于农民子弟来说，这是一种极大的诱惑。于是许多农家子弟纷纷报名入伍，华盛顿这才解决了兵源问题。

然而千军易得，一将难求，华盛顿紧接着就遇到了招兵工作的第二个问题：军中无将才。由于条件艰苦，上级任命的军官很少来报到，华盛顿发现几乎只有他一个人来对付一群自由散漫、纪律松弛的新兵。为了应急，他马上写信给总督，推荐他的剑术老师和外勤译员雅各布·范布拉姆为上尉，并举荐他早先的军事战术教官穆斯为少校，解决了军队的管理问题。解决了以上两个问题之后，华盛顿以为终于可以缓一口气了，但很快他就发现新的问题又摆在了面前。

华盛顿发现在温切斯特很难用温和的手段获得运输工具。不得以，他只好勉强援用弗吉尼亚的民兵法，向农户强征马车。他向被征马车的主人颁发证书，让他们凭此证到当地政府领取征用费。但即便这样，征集到的马车也只有10辆，并且都是老马破车，在通过陡峭险峻的隘口时，马匹拉不动，还得让士兵用肩膀推着车轮前进。

没过多久，法军大兵压境，边疆的形势一天比一天严峻，丁威迪总督立即命令华盛顿率领已招募到的士兵，即刻开赴俄亥俄前线迎击法军，弗赖伊上校则在后方组织第二梯队，带领炮兵和辎重随后跟进。

军令如山，1754年4月2日，华盛顿率部从亚历山德里出发，前往俄亥俄河岔口的新碉堡。他只带了两个连，约150人的兵力，并且这些新兵多数都没有受过严格的训练。华盛顿深知俄亥俄河岔口的重要性，他必须抢在法军之前到达岔口，丢掉岔口就可能丢掉整个俄亥俄地区。因此，他不停地催促队伍，日夜兼程，和法军展开了时间和速度的竞赛。但是，天不遂人愿，由于他们的装备极差，部队又是临时拼凑出来的，老马拖破车，遇到陡坡险路，士兵们还得用人力代替马力，帮着推车扛炮。他们一路跋山涉水，同时还要开路以便随后弗赖伊上校部队的大炮通过，任凭华盛顿百般催促，整支队伍的速度就是快不起来。

就这样，紧追慢赶，4月22日，他们行至中途的时候，还是传来了坏消息：法军已经抢占了岔口的堡垒，法军上尉康特勒库尔带领了将近1000人驻扎在那里，并且正在修筑一座坚固宏大的碉堡，取名“迪凯纳堡”。而威廉·特伦特上尉所带领的修筑堡垒的队伍已经不战而降了！

岔口丢失意味着无险可守。况且法军在人数和纪律上都占有很大优势，既有大炮和各种作战武器，又不断得到援军和补给。此时华盛顿进则必败，退则不战自溃，同时还会牵动那些犹豫观望的印第安人倒向法国人。

在进退维谷中，华盛顿紧急召开军事会议，经过缜密思考，决定继续前进，并且不能表现出半点动摇，以稳定军心。同时，鼓励士兵抓紧时间赶到红石溪俄亥俄公司的货栈，在那里修筑工事，防止法军乘胜东进。

与此同时，他还采取了一系列紧急措施：在路过的一个叫作“大草地”的地方修筑碉堡，以利固守（由于华盛顿每天催促进度，士兵们苦不堪言，他们就给这个碉堡起名为“困苦堡”）；联络沿途的印第安部落，请亚王说服当地印第安人；写信给丁威迪总督和在威尔斯溪的弗赖伊上校，请求他们立即派兵增援；写信给宾夕法尼亚总督、马里兰总督、北卡罗来纳总督，指明英属殖民地的利害一致，唇亡齿寒，要求他们给予人力和物力支持等。

1754 年 5 月 25 日，华盛顿带领队伍行进到“大草地”时收到亚王派人送来的消息。消息称有一股 400 人左右的法军正在向华盛顿所率领的部队搜索靠近，企图乘机消灭英军。信使还说他们发现了法军的足迹，并且找到了法军的宿营地。

华盛顿收到情报后马上做出决断：带领 40 名突击人员连夜赶往亚王营地，并同亚王商议了协同作战方案。第二天拂晓，华盛顿和亚当·斯蒂芬上尉率领手下在右翼包抄，亚王和他的手下在左翼包抄，从两侧同时向法军发起袭击。法军是在遭受了第一排齐射时，方大梦初醒。

华盛顿所率领的部队处在最暴露的地方，受到了极其猛烈的火力攻击。双方激烈交火，历时 15 分钟左右。最后，法军不敌，溃败逃跑，包括法军队长朱蒙维尔在内的12人被击毙，另有21人被俘，而华盛顿方面仅1人阵亡，3人受伤。事后查明，此次被华盛顿队伍打掉的不是一支普通的战斗队伍，而是一支法军特派间谍分队。该分队长期在俄亥俄流域活动，负责搜集情报，离间印第安人和英国人之间的关系，刺杀亲英的印第安部落酋长。它的危险性要远超一般的战斗队伍。

兵败困苦堡，虽败犹荣

尽管首战告捷，但华盛顿深知自己当前处境危险。他放下指挥官的架子，冒着大雨和士兵们一起开山修路，一起踩着泥泞急速行军，用实际行动鼓励官兵克服重重困难。他还注重运用精神力量，对官兵进行思想教育和精神鼓励。华盛顿之前采取的几项紧急措施此时也逐渐取得了效果。他收到情报说弗赖伊上校所带领的100多人的队伍已到达温切斯特，北卡罗来纳前来支援的350人正在途中。丁威迪总督也来信说，麦凯上尉从南卡罗莱纳率领的一支100余人的独立连很快就会到达。

尽管华盛顿为即将发生的战斗做了充足的准备，但接下来发生的事情还是令他有些措手不及。首先是弗赖伊上校在两军对峙关头病故了，华盛顿临危受命，被丁威迪总督晋升为上校，成为此次远征军总指挥，担子比以前更重了。

为了有效地管理军队，在弗赖伊病逝后，他将一张少校委任状给了在大草地战斗中表现优秀的亚当·斯蒂芬上尉。其次，独立连的到来让华盛顿陷入了一种关系复杂、指挥不灵的尴尬境地。所谓“独立连”是指在总督主持下，在各殖民地建立的由英王付薪饷的军队。它是英国正规军，跟殖民地民团相比，相当于“中央军”的地位。它的军官直接由英王任命，不受地方政府管辖，也不隶属任何团、营建制，完全以连队为单位活动。

除此之外，独立连官兵的待遇也大大高出殖民地民团，完全是一副高高在上的优越姿态。在独立连还未到达之前，丁威迪总督就在信中嘱咐华盛顿要“特别的尊重”。尽管华盛顿满心不悦，但还是小心翼翼迎来了独立连。果不出所料，麦凯上尉率领的南卡罗莱纳独立连到达后不久，华盛顿担心的摩擦很快就出现了。尽管麦凯上尉的军衔跟华盛顿的上校军衔相比低了三级，但他仗着自己有英王直接发给他的委任状，因此不肯接受一名地方军官为他的上司。他另外设置营地，布置卫兵，不同意华盛顿在紧急情况下给他手下的士兵指定集合地点，不接受华盛顿规定的口令和暗号，尽管这些都是为了他们的共同安全所必需的。

对于这一切，华盛顿尽管怒火中烧，但为了顾全大局，他选择了忍辱负重。趁着法军还没有开始进攻，他组织士兵继续向前开拓通往红石溪的大道，以供后续到达的大炮通过。他带领士兵们修路，干得汗流浃背，独立连的官兵却坐在阴凉处休闲观看。

无奈之下，华盛顿就让上尉和他的独立连留守困苦堡，自己带着士兵修马路，兵分两路，各行其是。就连印第安人也看出了处于劣势的英军中间的内耗，再加上华盛顿部队的后勤供应无法保障，士兵衣衫褴褛，缺粮断炊。他们认为这场战争英军败局已定，于是，他们不愿再继续替英军卖命，各部落首领纷纷找各种借口相继离去。这样一来，少了当地印第安人的支援，华盛顿这支队伍更是闭目塞听、情报不灵。

就这样，又过了几日，华盛顿得到确凿的情报说，大量法军援军已经到达迪凯纳堡，准备向他发起大举进攻。华盛顿决定退守困苦堡，坚守待援。于是，他召集独立连前来，一同掩护部队后撤。这是一场艰苦的撤退。由于马匹奇缺，华盛顿让出自己的马匹来运输军用物资，自己掏钱让士兵帮着运送自己的行李。天气炎热、道路崎岖、饭食匮乏，弗吉尼亚的士兵们忍饥挨饿，用肩扛手抬的方式把武器弹药往回拉。但南卡罗莱纳独立连的士兵凭着自己“中央军”的地位耀武扬威地走在前面，既不开路，又不劳动。

1754 年 7 月 3 日，华盛顿的队伍刚刚撤回到大草地的困苦堡，法军就追了上来。近千名法军把困苦堡围得水泄不通。华盛顿命令士兵保持镇静，利用工事掩护，待敌人走近时再开枪。这样，整个白天双方不停地枪战，但法军始终没能推进到碉堡 60 米距离之内。

与此同时，大雨倾盆而下，困苦不堪、筋疲力尽的士兵在战壕里被淋成了落汤鸡，许多滑膛枪也都淋得无法使用。夜晚来临，雨却越下越大，伸手不见五指，双方自动停战。华盛顿清点人数，发现英军减员已达三分之一。法军方面因为没有工事掩护，伤亡更大一些。虽然他们凭着人数上的优势，明日还能继续进攻，但损失也是十分惨重的。晚上八点多，法方要求谈判。

华盛顿犹豫不决，但看到阵亡者遗体和大量伤员，率军突出重围已不可能，再战下去，双方力量对比又太悬殊，结果可能会全军覆灭。考虑再三，华盛顿派出略知法语的雅各布·范布拉姆等三人同法军谈判。经过几番讨价还价，最终双方达成协议，法军同意华盛顿率领残部举着军旗、扛着枪支体面地撤出碉堡。

困苦堡之役是华盛顿军事生涯中遭受的第一次重大挫折。通过这次战斗让他懂得了一个成熟的军事指挥官不仅要精通军事，同时还要善于处理复杂的人际关系，尤其是盟军和盟友之间的关系。同时，通过这次战斗，他也学会了正确对待挫折，在后来的独立战争中，虽然华盛顿经历了许多战败，却始终勇往直前，直至取得革命的胜利。

大草地之战，英法双方各胜一局，打成平手。但双方都不愿握手言和，都在蓄意扩大事态、再挑事端。出于政治斗争的需要，弗吉尼亚议会不仅没有责怪英军在困苦堡的败绩，还感谢他们为保卫边疆而英勇献身的精神。不久，华盛顿在大草地和困苦堡的事迹漂洋过海，传到了英国和法国。

英国媒体将华盛顿在大草地奇袭法军的经过写成特写登在伦敦的《绅士杂志》上。法国方面也在大力宣传华盛顿，不过角度有所不同，力图把英军刻画成阴险狡猾的侵略者。于是，在英法两国的对骂中，这位之前名不见经传的华盛顿上校，一下子声誉鹊起，成了闻名于大西洋两岸的新闻人物。

良策遭否，处乱不惊

1754 年 11 月，英国政府颁布了一项带有明显歧视殖民地地方部队的新条例。条例规定：英王及英王在北美的总司令所委任的军官，其地位应在殖民地总督所委任的军官之上。地方部队军官在和英王委任的军官一起共事时，不以军阶论高低。条例一出，立刻引得英属各殖民地军界一片哗然。

这项政策的出台，严重损害了北美殖民地民众的尊严和他们对母国的依恋之情。这种公开贬低殖民地人民的名誉和智慧的行径大大削减了美洲人拥护英国的热情，为日后北美各殖民地宣布独立奠定了基础。在弗吉尼亚，丁威迪总督为了解决王家部队和地方部队的军阶问题，自作主张将民团的团级建制取消，也改为独立连的形式。

这样一来，华盛顿上校就变成了华盛顿上尉。自尊心受到极大伤害的华盛顿一怒之下，辞去军职，返回弗农山庄，过起了隐居生活。

困苦堡的失利和法军在俄亥俄河上的其他敌对行为引起了英国内阁的注意。为了防止大片殖民地落入法国人手中，英国政府决定在北美采取大规模的军事行动，将法国的军事力量从北美赶出去。

为此，英国政府从本土抽调精兵组成北美远征军，由爱德华·布雷多克少将担任殖民地部队的统帅，具体作战目标之一就是要收回被法军抢占的俄亥俄河岔口的迪凯纳堡。布雷多克是一位行伍出身的资深职业军官，他十分注重部队严格的纪律和技术细节的训练。

作为一个战术家，由他训练的部队动作熟练而准确。英国政府因此认为他适合到一个对军事科学没有经验的新国度去担任司令官。因为他能够把那里的新兵训练得服服帖帖，并且还可以解决正规部队和地方部队在一起时容易产生的军阶和礼节问题。

然而，事实证明，英政府的这种看法是错误的。布雷多克是一个勇敢而有经验的军官，但因为他墨守技术准则和军事规程，迷信欧洲正规严密的战术，因此不愿根据新国度的紧急情况采取必需而“不见于书本”的灵活战争策略。而他一直所注重的军人的准确性，在阅兵式中也许十分壮观，但在北美荒野中却经常妨碍士兵见机行事。

弗吉尼亚紧张的备战气氛和枪炮的隆隆声扰乱了弗农山庄的

平静生活。华盛顿的军人气质开始昂扬高涨，渴望在军队中建功立业的他再也坐不住了，他以志愿人员的身份加入到布雷多克将军参谋部，成为将军的一名上校级副官。需要说明的是，因为此次华盛顿是以志愿人员入伍的，他所担任的上校副官是个虚职，既没有实权也没有薪饷，还得自费购买军装马匹上前线。

尽管如此，他在做这一决定时，还是丝毫都没有犹豫。他热切地盼望着有机会在一个组织严密、纪律严明的大兵团中，在大家公认为战术家的司令官的参谋部中获得军事经验。这一切都说明，华盛顿不但有精明的经济头脑，更胸怀大志，具有长远的政治目光。

基于上次战斗的经验，担任副官的华盛顿知无不言、言无不尽地向布雷多克将军进言。他建议在崇山峻岭中穿行的部队卸下大批累赘多余的物资轻装简行，在粮草征集问题上见机行事，让印第安武士充当侦察兵和警戒哨等。

但不幸的是，出于对欧洲战场经验的迷信，布雷多克将军对这些建议均没有采纳。就这样，这支庞大臃肿的“精兵”队伍奏着掷弹兵进行曲像蜗牛一样行进在崎岖难行的山间小路上，逢山开路、遇水搭桥，部队走了一个多月，才艰难地向前推进了 100 英里。途中印第安人主动请求去侦察敌情，也都被将军粗暴地拒绝了。于是他们的自尊心和积极性受到伤害，纷纷不辞而别，退出了抗法大军。眼看着部队开始面临信息不灵、粮食短缺、敌情不明的险境，急火攻心的华盛顿也病倒了。由于身体极度虚弱，不能骑马，华盛顿就坐在大篷车里，跟在部队后面缓慢前进。

1755 年 7 月 9 日，部队推进到了距离迪凯纳堡 15 英里的地方。中午时分，布雷多克下令部队渡过孟农加希拉河，向迪凯纳堡挺近。士兵们都给枪上了刺刀，他们挥舞着军旗，在军鼓军笛齐鸣中，应和着“掷弹兵进行曲”的曲调，威武雄壮地渡过了孟农加希拉河。他们步伐轻快，刺刀在清晨的阳光下发出闪烁的银光，仿佛士兵们要去参加的是一场宴会，而不是准备去参加战斗。

随后，部队来到了一片丛林地带，两侧都是长满树木的丛林和有着高高灌木丛的深谷。布雷多克将军让部队穿过丛林中心的平原向前推进，他只派出了通常的向导和侧翼掩护部队，那情景“就像在圣詹姆斯公园阅兵似的”。华盛顿见地形险要，顿生疑窦，恐有伏兵，他顾不得病体未愈，翻身上马追上布雷多克将军，向他建议停止前进，先派印第安侦察兵或熟悉地理环境的弗吉尼亚巡逻兵到前方和两侧去搜索丛林和深谷。但骄傲自负且深信自己欧洲战场经验的布雷多克将军再一次不耐烦地对华盛顿的建议加以拒绝。下午两点的时候，丛林里突然响起了密集的枪声。

华盛顿一直担心的事情终于发生了。由于没有前期侦察，英军部队陷入了埋伏，受到了猛烈的攻击。丛林里响彻着支持法军的印第安人魔鬼般的呐喊声和拼杀声，两侧的丛林和深谷中射出了法军猛烈的火力。但由于敌人散布在丛林和峡谷之中，英军连他们的人影都看不到，只能根据他们魔鬼般的叫喊声和他们步枪上冒出的阵阵青烟加以还击。

尽管英军英勇抵抗，布雷多克将军也是视死如归，但战斗没进行多久，英军已经死伤惨重。弗吉尼亚的士兵因为之前有对付印第安人的经验，他们都分散开来，藏在树后，以便寻找暗藏的敌人。华盛顿建议布雷多克命令正规部队的士兵也采取这种方法，但是，将军却执意使用欧洲战场的大兵团战斗模式，把部队分成连排，列队前进。

这样一来，毫无遮拦的英军更是成了法军的活靶子。不少士兵在没有接到命令的情况下主动躲到树后作战，但布雷多克却骂他们是胆小鬼，甚至用指挥刀砍杀他们。弗吉尼亚士兵躲藏在树后和法军英勇作战，但是他们发射时冒出的青烟，又成为英国正规军的射击目标，自相残杀了不少。战斗进行到最后，英军终于支撑不住，全面溃散下来，布雷多克力图压住阵脚，挽回败局，但也没有成功。最后，一枚子弹击中了他的肺部，他从马上跌落下来。卫兵把他安置在一辆马车上，逃离了战场。

7 月 13 日夜间，布雷多克带着失败的痛苦与耻辱，在大草地与世长辞。这地方正是一年前华盛顿兵败之处。他出师未捷身先死，既已为国捐躯，人们在责难他的时候，也不愿过分苛刻，当然更无从追究一位逝者的责任。倒是华盛顿，在整个战役的前后，他始终表现得勇敢而又镇定，充分彰显了其英雄本色。他事前提过正确的建议，战场上他又不顾病弱之身，在枪林弹雨中作战，还亲自操作发射炮弹。

在这中间，他的两匹坐骑先后被打死，上衣也被射穿 4 个弹孔，以至于后来很多人都说，他能从这场战役中生还简直就是一个奇迹。通过这场战役，华盛顿在逆境中所表现出的机智勇敢以及他所具有的远见卓识进一步得到了大家的认可，因此，他在人民心目中的威望也得到了进一步的提高。

这次战役，英军共伤亡 700 多人，武器物资损失殆尽，成为英军在北美空前惨重的失败。更令人羞耻的是，事后查明，此地设伏的根本不是法军主力，而是一支分遣队。其中，法军正规军仅 72 人，其余士兵由加拿大人和印第安人组成，总共才 850 人。

他们驻扎在迪凯纳堡的前哨杜坎堡中，听说有3000英军来攻，害怕守不住杜坎堡，就派出一支分遣队到河边阻击，于是就发生了上述的遭遇战。

后来，这场战役成为世界战争史上经典战例。同时，这场战役也破除了北美各州对英国军事力量的盲目崇拜。过去，北美各殖民地对英国的军事力量敬如神明，一度达到迷信的程度。通过这次事件，他们开始了解到对英国正规军力量的过高估计是没有充分根据的，这也为之后北美各州和英国的军事对抗奠定了心理基础。

忍辱负重，敢于担当

英军在前线惨败的消息很快传向四方，各地民众一片恐慌。法军更是乘胜追击，向弗吉尼亚纵深进犯，不断扩大自己的势力范围。成股的法军小部队时常带着印第安人侵入弗吉尼亚边疆，任意打家劫舍、焚烧农庄、杀害过往商旅。不少家庭纷纷举家东迁，边疆的民众处于惊恐无助的悲惨境地，弗吉尼亚西部边疆再次告急。

民众纷纷要求当局重组民兵连队，不望收复失地，但求保境安民。他们呼吁华盛顿出山，领导弗吉尼亚的军事防卫工作。尽管华盛顿连吃败仗，情绪低落，并且大病未愈，身体还十分虚弱，但边境的枪声和民众的困苦使他终日坐立不安。他抚平心灵的创伤，很快从灰心失望中振作起来，毅然接受委任，担任弗吉尼亚部队总指挥。

华盛顿汲取以往战争中民兵纪律涣散的经验，向丁威迪总督建议修改民兵法，严肃军纪，对不服从命令的人员、哗变分子和逃兵严加惩处。他扩充连队，并发布命令严禁士兵赌博、酗酒等。在训练士兵方面，他不仅要求他们学习正规战术，同时还要他们学习印第安人灵活多变的丛林战术。

除此之外，他还在容易遭受袭击的各个地区修建碉堡，作为避难场所和抗击敌人的据点。他自己经常带着少量随从，骑马到沿线各个碉堡视察，在形势复杂、险象环生、印第安人经常出没的西北蛮荒地带，与优势的法军周旋对峙。有了这些碉堡的保护，居民们开始返回他们各自的家园。华盛顿还在温切斯特和坎伯兰堡（英军在当时的马里兰省修建的一座大型堡垒）之间开辟了一条更短更好的道路，以便运输军队和补给品。

就这样，华盛顿带领的这支弗吉尼亚1500人的民团部队，在后勤供应不善，军队素质不高，装备十分落后的条件下，巡防在长达350英里的边防线上。尽管条件艰苦，但军队的士气却不断高涨，民众的恐慌情绪也逐渐得以平复。

这个时期，华盛顿励精图治，兢兢业业地采取各种措施保障边疆人民的安全。但是，中间出现的很多问题还是让他烦恼不已。首先是之前提到的英王授予的军衔和地方授予的军衔的差别所引起的地位纷争。因为这个问题，下级军官分化成了两派，并发生争吵。

无奈之下，华盛顿只好前往波士顿（马萨诸塞州首府，是该地区最大的城市以及经济、文化中心），请美洲殖民地英军总司令雪莉少将出面，这才将这件事平息下去。其次，曾经非常欣赏华盛顿才华的弗吉尼亚总督丁威迪由于种种原因对华盛顿产生偏见，因而百般刁难，这也使华盛顿感到身心疲惫。

出于边疆防御的需要，华盛顿曾经一再要求丁威迪总督不要再把坎伯兰堡当做军事驻守的重点和边疆上的储存站，因为它在马里兰省境内，并且不在印第安人侵袭的路线上，往往在侵扰造成恶果后，坎伯兰堡才能得到消息。他建议在温切斯特建立一个防守严密的堡垒，把它作为分散在广大地域的居民区的中心点。同时，他还建议在边疆上间隔适当的距离，修建和温切斯特中心堡垒相呼应的三四个大堡垒，以便经常不断地派出有力的侦察队到各地进行巡逻。对此建议，刚愎自用的丁威迪总督却坚持要修建由数量庞大的众多堡垒所组成的边疆防线。

实际上，这项计划耗资巨大，并且实际效用很差，因为法军很容易从防守薄弱的某一环节突破。不仅如此，丁威迪还继续徒劳无益地花费巨大人力物力常年维持坎伯兰堡。他对华盛顿提出的改善后勤补给、改善部队装备、修改民兵法等建议不是断然拒绝，就是不置可否。有时他下达的命令，故意含糊不清，让华盛顿难以执行。针对以上种种问题，华盛顿感到十分委屈。他本想辞去工作，解甲归田，但人民的期望和对职责的忠诚促使他选择了忍辱负重，艰难坚守。

矢志不移，赶走强敌

长期操劳加之心情压抑，华盛顿身体垮了下来。有一段时期，痢疾和热病一再对他进行侵扰，但他还是坚持带病工作。1758年1月，丁威迪卸任离职乘船返回英国。其职位由华盛顿的朋友——行政委员会主席约翰·布莱尔先生代理。此时，华盛顿的健康开始逐渐好转。

同时，令人鼓舞的新形势也出现了。英国内阁进行了改组，现由干练而又果敢的威廉·皮特主持。皮特雄心勃勃，下决心要洗刷上届政府在北美战败的耻辱。他任命艾伯克龙比少将为美洲英军总司令，兵分三路进攻法军。第一路在北方作战，目标是攻占路易斯堡和布雷顿角岛。中路军由艾伯克龙比亲自带领，进攻香普兰湖。第三路军则由负责中部和南部各殖民地的福布斯准将率领，目标直指迪凯纳堡。

夺取迪凯纳堡是华盛顿数次未遂的心愿，听到这个消息后，他马上率领弗吉尼亚部队——两个弗吉尼亚民兵团（一支近 2000 人的队伍）加入到了福布斯将军夺取迪凯纳堡的远征军之中。他向福布斯建议，弗吉尼亚部队熟悉道路和险要地点，应将其编入先遣部队中。

但很快，华盛顿了解到，他的这一建议并未得到采纳。福布斯决定不走布雷多克将军在上次战役中所开辟的、弗吉尼亚部队所熟悉的道路。他要沿着北方商人通常走的路线，从宾夕法尼亚中心雷斯敦到杜坎堡，重新开辟一条道路。华盛顿大惊，他反复向将军陈述以前那条路基本完好，稍加修缮即可通行。而且轻车熟路，只要一个月部队就可到达迪凯纳堡，10 月中旬就可以攻占目标。但福布斯鉴于布雷多克电报中所提到的之前那条路要“穿过极高极陡的高山和悬崖，要越过很多险滩和河流”等因素，最终还是决定另辟新路。

就这样，一直到了 1758 年 9 月初，华盛顿仍然驻扎在坎伯兰堡。他所期待的光辉的远征变成了沉闷不堪的筑路活动。到了 9 月中旬，修筑的军用公路才进展了 45 英里，距离迪凯纳堡还有 50 多英里。此时，部队来到一个叫作“忠实的汉南”的地方。福布斯将军命令前锋筑路部队暂停前进，在此修建一座军事据点。但英军先遣部队总指挥布凯上校早已急不可待，他不顾华盛顿的极力反对，派出了一支由 800 人组成的突击队，欲长驱直入，进攻迪凯纳堡。

结果，这支英军遭到了法军和印第安人的猛烈袭击，损兵折将，大败而归。经过这场战斗，福布斯看到了华盛顿所具有的良好判断力和卓越才能。他对经过华盛顿改装的弗吉尼亚部队军服大加赞赏（这种军服后来成为美国步兵服装的蓝本），并采纳了华盛顿拟订的部队进军计划和一种战斗队形。这种战斗队形至今仍然流行，由此可见华盛顿对边疆战争是多么的熟悉！

与此同时，福布斯还派华盛顿的弗吉尼亚团为先锋，负责侦察敌情，扫清道路，击退印第安人袭击。英国军队这样重用地方部队，在早期的北美是没有先例的。11 月 5 日，第三路军才在“忠实的汉南”集结完毕。此时冬季就要来临，道路尚未修通。基于以往经验，在这样的季节率领部队继续前进是行不通的，这次远征似乎眼看又要归于失败。

但此时，英军突然得到情报：迪凯纳堡守备兵力极其薄弱，军粮匮乏，印第安人纷纷逃跑。华盛顿根据情报，果断向福布斯建议，派遣急行军急行 50 英里奔袭敌军。这一次，福布斯将军再没有犹豫，他当即采纳了华盛顿的建议。于是华盛顿带领弗吉尼亚部队在前开路，一路上，他们看见历次打败仗的痕迹：战死的官兵、被印第安人杀害的伤病员、战马的骸骨……越逼近迪凯纳堡，遗骸白骨越多。

11 月 25 日，当华盛顿率领前锋部队抵达堡前时，映入他们眼帘的却是冒着白烟的迪凯纳堡的废墟。原来，因为英军在加拿大获得全胜，法军后方补给线被切断，仅有的守军才不到 500 人。这些法军士兵于前一天炸毁了堡垒，乘船沿俄亥俄河撤退而去。

就这样，华盛顿兵不血刃地收复了迪凯纳堡，将英国国旗插在了堡垒的废墟上，实现了自己恢复家乡宁静和安全的伟大目标。之后，他组织士兵修复了堡垒并派兵驻守。这座堡垒后来发展成为美国内地最大的城市之一，并更名为匹兹堡。

迪凯纳堡战役结束之后，法国人在俄亥俄河上的统治结束了，弗吉尼亚南部边疆再无战事，这个殖民地又恢复了往日的宁静和安全。由于华盛顿的健康在战争中受到了很大损害，他决定解甲归田。

1758 年年底，华盛顿辞去职务，退出军界，开始了田园生活。不久，他就和一位名叫马撒·卡斯蒂斯的女人结了婚。马撒是弗吉尼亚名门望族约翰·丹德里奇先生的女儿。她的丈夫丹尼尔·帕克·卡斯蒂斯在三年前去世了，留下了两个幼小的孩子（一个 6 岁的男孩和一个 4 岁的女孩）和大宗遗产。眼下，她一个人孀居在被当地人叫作白屋的一座高大雄伟的宅院里。她身材娇小可爱，容貌可人，暗褐色的长发下有着一双水汪汪的大眼睛，举手投足之间都流露出南方女子的那种温柔、坦率、可爱的气质。她虽已生儿育女，但依然风韵犹存，容貌不减。同时，马撒还是一位相当能干的家庭主妇，她心灵手巧、能写会算、为人忠实，颇具大家闺秀的风范。事实证明，华盛顿确实慧眼识佳人，他选中了一位无愧于美国第一夫人尊号的伟大女性。

到目前为止，华盛顿的军事生涯暂时告一段落。尽管在这场英法两国争夺北美殖民地的斗争中，华盛顿屡尝战败的滋味，身心也承受了极大的痛苦，但他在这场战争中所表现出的胆略、智慧、毅力和不屈不挠的精神却得到了人民的认可。他早期的威信并不是光辉的成就和辉煌的胜利造就的，恰恰相反，他的威信是在艰难困苦和不断的挫折中逐渐提升的。

从某种意义上讲，华盛顿所获得的声望是他经受各种逆境、挫折、磨难之后的必然结果，是他在挫折中选择坚持、痛苦中变得坚强所收获的硕果。

亲英到抗英的转变

简单幸福的田园生活

解甲归田的华盛顿带着新娘和她的两个幼子回到弗农山庄，当起了地地道道的庄园主。华盛顿本来就有一大笔财产，婚后，他和马撒的财产合二为一，现在他们拥有上万英亩的土地和几百名奴隶，弗农山庄成为弗吉尼亚数一数二的大庄园，他们的庄园生活富裕而充实。由于酷爱骑马，华盛顿的马厩里马匹成群，而且都是上等良马。马撒乘坐的则是由黑人车夫驾驶的专用四轮马车。

华盛顿在和附近乡绅们，尤其是贝尔沃庄园的费尔法克斯一家的交往中爱上了猎狐。为此，他还豢养了很多猎犬。在狩猎高峰期，他和乡绅们经常举行狩猎晚会，并纵情欢乐。此外，他和马撒还偶尔到马里兰省政府所在地安纳波利斯去，参加议会开会期间的庆祝活动。在议会开会时期，宴会和舞会很多，偶尔还有戏剧演出，华盛顿看得十分着迷。

就这样，在这种简单淳朴的农村娱乐和社交活动中，华盛顿度过了好几年宁静欢乐的时光。这是他一生中少有的安宁而愉快的时期。实际上，自从青少年起，无论是土地测量员风餐露宿的野外生活，还是战火连天、连年征战的军旅生涯，都使得华盛顿长期奔波于异地他乡，居无定所。这其中的心酸与艰辛他深有体会，因此，他格外珍惜眼下这种安定幸福的日子，备感家庭的温馨幸福。

华盛顿结婚之后，没有子女，但他像亲生父亲一样关心和爱护华盛顿夫人的孩子，尽心尽力地履行着自己作为监护人这项神圣的职责，并且十分注重孩子们良好的思想品行的培养。此外，他虽然退出了军界，但他依然十分关心政治生活，家庭事务和社交生活并没有妨碍他的公务活动。

早在 1758 年 7 月，他就被选为弗吉尼亚议会弗雷德里克县的议员。1759 年初，他又被选为弗吉尼亚议会的议员，前往弗吉尼亚首府威廉斯堡参加议会会议。他在处理公务上常常花费很长的时间和心思，不管交给他什么样的任务，他都会非常认真地完成。除了拥有杰出的军事才能，他还具备卓越的政治才能，那便是稳重、英明、勇敢和大度。

由于华盛顿名扬海内外，因此有不少人前来弗农山庄做客。靠着他结交的朋友和各种关系，他和各地的杰出人士保持着联系。弗农山庄时常宾朋满座，谈笑风生。这样的日子过了四五年，朋友们聚会时的交谈内容，变得不再轻松，甚至开始凝重起来。他们谈论的内容更多地倾向于指点江山、抨击时弊，尤其是英法战争和英国王室的殖民政策。

早年的北美大庄园，本身就是一个庞大的独立经济体。庄园内不仅农林牧副渔样样俱全，还可以直接和英国贸易。一个庄园自己就可以生产出一切常见的生活用品，至于精致时髦的衣服和贵重的奢侈品，则是从英国进口。各庄园依托各大河流，尤其是位于波托马克河畔的大种植园，大都直接同英国进行贸易。他们的烟草都由他们自己的黑人奴隶包装，印上自己的商标，装到专门前来运货的船上，运到英国某个港口的代理人那里。然后，由种植园主和代理人进行结账。

在这种情况下，一个庄园主实质上就是一个独立王国的最高决策人。由于华盛顿和夫人马撒都精于治家理财，弗农山庄的产品以质量和数量可靠而闻名。凡盖有“弗农”印记的面粉桶，据说可以免检，直接进入英属西印度群岛市场。然而，好景不长，尽管华盛顿在农业上励精图治，但弗农庄园的经济效益还是每况愈下，究其原因是由于英政府的殖民政策。

英国政府规定北美殖民地生产的烟草，只能销往英国本土的烟厂用作原料。问题是作为中间人的代理商唯利是图，他们利用英国作为宗主国的有利地位，收购烟草时故意压级压价、大搞中间剥削。结果可想而知，吃亏的不仅是华盛顿一家，整个北美经济都损失严重。不少北美农场主和商人连续亏损、濒临破产。

北美在同英国贸易中出现了巨大的贸易逆差，而这种贸易逆差造成的直接后果就是“美国人所积累的硬币和财富，都集中到了大不列颠”。

英国政府的层层盘剥

1763 年，历时 7 年的英法战争结束。法国战败后，势力被逐出北美洲。根据英法两国签订的“巴黎条约”，法国放弃了在北美殖民地的一切权利。按理来说，这一胜利对英国及北美各殖民地来说都是好事。

但一位法国政治家兼外交家却认为："英法战争虽以英国胜利而结束，但这一胜利对英国来说却是极其有害的。因为失去了法国这种牵制和抗衡的力量，英属各殖民地将不再需要它们的宗主国——英国的保护。英国一定会通过加大对各殖民地的盘剥，来抵消英法战争给英国带来的沉重经济负担。而各殖民地则一定会挣脱一切羁绊作为回答。"之后发生的种种事情表明，这位法国政治家是极有见地的。

本来北美各殖民地人民大都来自英国，他们追根寻宗，对英国怀有一种类似"恋母情结"的感情。各殖民地对宗主国有一种天然的热爱——有充分证据说明这种感情是根深蒂固、非常深厚的。在大多数北美人民的口语里，他们总是习惯于把英国称为"国内"。各殖民地渴望英国把它们视为亲生子女，但英国却视它们为后娘所生，从未给予应有的关怀。因为英国建立海外殖民地的唯一目的就是获取原料产地和商品倾销市场，因此，它在对待本土臣民和北美人民上采用的是双重标准。

英国对殖民地的政策从一开始就是纯粹出于商业动机，这就决定了它在北美所执行的商业政策也只能是完全的限制政策。英国限制北美经济的正常发展，禁止北美各殖民地与其他国家直接贸易。同时，它控制北美地方工业的发展，以保障英国商品的垄断倾销。

英法战争结束后，英国腾出手来对殖民地执行严厉的限制政策。它派出大量军舰到北美海岸巡逻，稽查走私商品。不但严格地执行现行的限制政策，还连续不断地出台一系列新的法案来限制北美殖民地的发展。北美人民为了保家卫国，牺牲了无数的生命，和英军一起赶走了法国军队。

但战争结束后，英国统治集团为了转嫁沉重的财政负担，不仅不感谢在这次战争中为英国流血流泪、受苦受难的北美殖民地人民，反而变本加厉地压榨他们。北美人民不但没有得到和平与幸福，得到的却是来自昔日“战友”的无情盘剥和镇压。

1760 年，英国当局想在波士顿对殖民地从英国进口的食糖征收关税。海关官员请求英王授权他们进入私人船只和住宅来搜查和没收一切没有缴纳关税的物品。这一措施引起了北美商人们的极大反对。双方就这个问题在法庭上争执起来。詹姆斯·奥蒂斯在法庭上为北美的权利做了言辞激烈的辩护，在场的所有听众都深受鼓舞，以至于大家都准备拿起武器来反对这一措施。

当时也在场的约翰·亚当斯（美国第二任总统，时任当地律师）说:“这是第一次北美人民起来反抗英国蛮横无理的要求，同时，美国独立的精神也是从那个时候开始出现的。”英国限制北美的另一项措施是规定各殖民地法官任职到“英王不再满意为止”，而不是“不再秉公办案为止”。

对此，纽约的律师们纷纷通过报纸呼吁公众起来反对这一打击司法独立、迫使法院服从特权的行为。纽约省也成为第一个公开反对英国政府政令的殖民地，这一影响超出这个省份的边界，并且唤醒了民众普遍的反抗精神。

1763 年 10 月，英政府下令将西部大片土地划归英国王室所有，严禁殖民地人民在该地区购买土地或定居。

1764 年，英国政府颁布“糖税法”，宣布在北美殖民地对食糖和糖浆等征收关税，以便维持一直驻扎在北美洲各殖民地的常备军。

1765年3月，英国议会又通过“印花税法”，规定凡北美殖民地出版的一切报刊、广告、契约、法律文件等，只有贴了从英国政府代理商那里购买的印花票，才具有法律效力。凡违反此法者可以在北美任何英国皇家海陆军法庭接受审讯，无论法庭离违法行为发生地多远。这一法令又剥夺了北美人民一项极其珍贵的权利——由陪审团审讯的权利。

据统计，从1660年到1764年，英国议会通过的用于限制和奴役北美殖民地的法令，不下29项。

“印花税法”引起的风波

新英格兰人（新英格兰地区包括美国的六个州，由北至南分别为：缅因州、新罕布什尔州、佛蒙特州、马萨诸塞州，罗得岛州、康涅狄格州）首先起来反对征税计划。他们认为没有北美殖民地代表出席的英国议会通过法案向北美征税，是一种明目张胆的侵犯北美人民自由和主权的行为。

同时，根据宪章赋予他们的权利，保障他们的安全和防务所需的经费应由他们自己征收，而根据他们作为英国公民的权利，只有他们自己或他们的代表才能对他们征税。他们就此事向英王、英国议会的上院及下院提出请愿书和陈情书，纽约和弗吉尼亚的人民对此也表示极大的支持。

此外，还有宾夕法尼亚、康涅狄格和南卡罗莱纳等也纷纷派出代表，他们在富兰克林的率领下来到伦敦，反对英国政府巧立名目的强取豪夺。

反对“印花税法”的第一次浪潮发生在弗吉尼亚。1765年5

月 29 日，弗吉尼亚市民院召开会议讨论“印花税法”。在会上，青年律师帕特里克·亨利发表了慷慨激昂的演说。他根据宪法精辟地论述了殖民地权利，义正词严地阐明了这些权利怎样受到侵犯。他指出只有弗吉尼亚议会才有权利向本地居民征税，凡反对此见解者，均应视为弗吉尼亚的敌人。

华盛顿也出席了此次会议。华盛顿过去的书信全是谈军事问题或农业问题，很少涉及政治问题。并且，他过去的一切行为和书信都表明他忠于王室、热爱故乡。但是，在本次弗吉尼亚议会讨论印花税问题时，他虽然没有帕特里克·亨利那样发表慷慨激昂的演说，但他投票支持了亨利的提案。这表明这位弗吉尼亚的大种植园主在反印花税问题上是与北美广大人民站在一起的。大概也正是在这一场合，他深藏在内心的爱国之情第一次迸发出来。

针对这次弗吉尼亚会议，有人写信给英国内阁说：“弗吉尼亚议会的决议是整个北美呼声四起的信号。这些决议的提议者和支持者被誉为美洲自由的卫士。”帕特里克·亨利的爱国呼声轰动了市民院，响彻整个北美地区，唤醒各殖民地议会相继效法弗吉尼亚议会。1765 年 10 月，在马萨诸塞议会的鼓舞下，北美的马赛诸塞、罗德岛、康涅狄格、纽约、新泽西、宾夕法尼亚、特拉华、马里兰和南卡罗来纳 9 个殖民地在纽约召开了反“印花税法”大会。

在这次会议上，各殖民地代表痛斥英国议会不经他们同意就向他们征税并擅自扩大英军法庭管辖范围。他们指出这两项法令侵犯了他们作为英国天然公民的权利和自由，并草拟了致英王和英国议会两院的请愿书，请求对以上法令加以纠正。没有派代表参加大会的各殖民地也向英政府递交了类似的请愿书。

执行印花税的准备工作在各殖民地引起了群众的骚动。在波士顿，示威的群众捣毁了正在建造的税务大楼，砸坏了税务官员家的门窗。他们把印花税局局长的模拟像投到火中烧毁并迫使其辞职。在弗吉尼亚，默赛尔先生本来被英政府任命为印花税局局长，但是他到达威廉斯堡后，公开宣布拒绝执行职务。在其他地方，也有各式各样的骚乱，全都表现了公众对“印花税法”的不满。

1765 年 11 月 1 日是“印花税法”预定生效的日子。这一天，各地群众以不同的方式表达了愤怒和抗议。

在波士顿，人民敲响了塔顶的葬礼丧钟，并焚烧了税务局局长的模拟像，轮船升半旗，商店关门停业。在纽约，示威群众举着“英国人干蠢事，美洲人遭殃”的横幅上街游行。一批群众袭击了副总督的官邸，并把他的模拟像吊起来当众烧毁。以上只是群众对“印花税法”表示不满、群起而攻之的几个例子。

实际上，当时的北美各地反“印花税法”浪潮一浪高过一浪，大有山雨欲来风满楼之势。现在，没有人敢执行这一法令了。事实上，需要购买印花才有效力的一切交易都已停止或改用私人订立契约的办法进行。北美殖民地那些敢于公开反对“印花税法”商人们一致约定，如果不取消“印花税法”，1766 年 1 月 1 日之后，大家就不再进口英国商品。1765 年就这样过去了。

“汤森税法”带来的风暴

1766 年 3 月 18 日，迫于北美人民声势浩大的反抗运动，英政府不得不宣布废除“印花税法”。然而，正当包括华盛顿在内的善良的人们为此欢欣鼓舞时，英国王室又开始策划新的阴谋，变本加厉地对殖民地进行压榨。

1767年年初，查尔斯·汤森出任英国财政大臣，他提出了一个向北美征税的新法案，即“汤森税法”。根据这一方案，英国将对从英国输出到北美的商品，如玻璃、油漆、颜料、纸张、铅、茶叶等，在到达北美各殖民地时征收关税。该税款将被用于支付北美各殖民地的司法和行政费用。

与此同时，英国议会又通过了一项严重伤害殖民地人民自尊心和情感的驻兵法案。该法令规定各殖民地要自己筹钱为英国派驻北美的部队提供住所、火炉、床铺和其他必需品。纽约省议会因坚持认为该条款只适合于行军中的部队而拒绝遵守这一条款。英国政府因此责令停止纽约省议会的职权，直到他们同意执行为止。

“汤森税法”和驻兵条例的实行使北美殖民地刚刚平息的风波骤然又起，北美人民第二次反抗怒潮爆发了，波士顿再次成为英国政府支持者所谓的叛变中心。

1768年2月，马萨诸塞议会通过了由塞缪尔·亚当斯起草的给英王的请愿书，要求撤销“汤森税法”。此外，它还草拟传单，号召其他殖民地的议会一起采取适当措施。在其影响下，北美其他殖民地也纷纷向英政府递交陈情书，反对英政府把在殖民地征税当做增加英国财政收入的手段。马萨诸塞省督要求议会撤销散发传单的决议案，但马萨诸塞议会拒绝执行。结果省督下令解散了议会。其他殖民地的省督也要求各自的议会保证不响应马萨诸塞的传单。

对此，这些议会均拒绝服从，因此也都被纷纷解散。英政府及其派驻的北美各殖民地省督所做的一切都在给北美人民日益增长的愤怒情绪火上浇油。

一意孤行的英国政府不仅命令各省省督强行解散议会，还调集军队对北美殖民地人民进行恐吓。9 月 28 日，两个团的英军在 7 艘军舰的护送下进驻波士顿。但事与愿违的是，英国的高压政策不仅没有吓倒殖民地人民，反而进一步加剧了紧张局势。

波士顿市政委员会拒绝为英军在城内安排住所。部分带有帐篷的英军只得在广场安营扎寨，其余的部队则根据省督的命令住进了议会大楼和法纳伊交易厅。这样一来，议会大楼前摆着大炮，引起了群众的极大反感和强烈愤慨。局势顿时紧张起来，空气中都可以嗅到战争的火药味。

亲英与抗英的艰难抉择

在整个群众运动期间，华盛顿都尽量克制自己，他努力保持着平静。他的日记说明，他远离城市中感情激动的民众，在弗农山庄过着愉快的生活，从事着他喜欢的农业活动。他的日记还表明，在年老的费尔法克斯勋爵、布莱恩·费尔法克斯（法克斯勋爵的儿子）和其他人的陪同下，他偶尔还到野外进行狩猎运动。

天一亮，他们就带着猎犬出发，晚上在弗农山庄或贝尔沃庄园吃饭，结束一天的狩猎生活。到目前为止，华盛顿还没有在群众运动中发挥重要作用。实际上，他天性谦虚，从来都不喜欢在公众场合抛头露面。但在内心深处，他是一位真正的爱国者，他深切地同情各地风起云涌的维护殖民地权利的人民运动，并且发现自己越来越被卷入这场政治纷争之中。现在，每当他想到当前的政治局势和他所看到的议会，他的内心就充满了忧虑。

但尽管如此，他依然像一只雄鹰一样在安静的弗农山庄一声不响地密切关注着事态的进展。不久之前，他还在信中谈到他宁静和平的生活。但现在，他写给家中的信件却表明，他在感情上和北美人民心心相印，他预感到要争取北美自身的权利，恐怕要经历一番艰苦的斗争。出于对北美人民的热爱，他已经在考虑该怎样应对这场斗争。

出于这种考虑，华盛顿在给其妻子的叔叔的一封信中写道："'印花税法'引发了那些头脑灵活、思想活跃的北美人民的激烈讨论。他们认为英国的税收法案是违宪的，是侵犯人民权利的，是对殖民地人民自由的粗暴侵犯……从某种意义上说，我们辛辛苦苦创造出来的财富在源源不断地流向英国……我们的人民已经睁开眼睛，我们会发现自己花了高价从英国购买的奢侈品是完全可以不买的。这必然会促使人们勤俭节约、奋发图强。"

此外，华盛顿在1769年4月5日写给好友乔治·梅森的一封信中也表明了他的立场。他写道："在英国当局对不剥夺北美自由就不愿罢手的时候，我们很有必要采取某种措施来维护我们的祖先所留下的自由权利。但是，我们怎么样才能达到这一目标呢？怎样才能保卫我们宝贵的自由不受侵犯呢？在我看来，每个人都应该毫不犹豫地拿起武器。但是，武力解决应该是迫不得已，最后才可以考虑的手段。事实证明，向国王提出请愿书，向英国议会提出劝告书，都毫无作用。抵制他们的商品和制成品，或许可以唤醒英国当局对处于水深火热中的殖民地人民权益的注意，这有待一试。"

这封信表明，华盛顿在审视英国与北美殖民地的尖锐对立时，已经开始考虑采取革命手段的可能性，并大胆地提出了通过武力来反抗英国剥夺殖民地人民自由的主张。这标志着华盛顿在处理对英关系问题上，思想上开始走向成熟，政治上开始走向坚定。

梅森在回信中表示同意他的意见。他说：“如果北美各殖民地都开始抵制英国商品，北美对英国的进口就会大大减少，英国商品和制成品的销量就会急剧下降。这或许能迫使英政府当局感受到我们所遭受的苦难，撤销那些不合理的法案，并对殖民地和英国的关系进行修复。而我们一旦达到这一目标，恢复了公道与和谐，就不应该再继续抵制英货。我认为，拒绝进口英国商品并不符合各殖民地的利益，我们向宗主国供应原料，同时从宗主国进口制成品，这种纽带会把我们长期地联系在一起，并对双方都有好处。即使以后英国为了增加税收而在北美征税，我们也不应该不进口任何纳税的物品。”

上述信件可以充分说明华盛顿和他的知心好友的态度。在做这些决定的时候，他们内心是痛苦而又纠结的。像绝大多数具有英国血统的美洲人一样，他们习惯将英国称为国内，视英国为自己的祖国，视自己为英王的忠实臣民。

因此，在感情上，他们仍希望能与英国和解，希望英政府取消损害北美殖民地人民权力和利益的各项法案。他们强调武装斗争只是“最后的迫不得已的手段”，希望用断绝贸易、抵制英货等办法给英国政府敲响警钟，使其悬崖勒马，给予北美殖民地与宗主国臣民平等的权利。

基于华盛顿和梅森两人的通信，梅森草拟了一份提案，号召成立一个联合会。其成员要保证不再进口需要纳税的一切英国商品。华盛顿将该提案进行了整理，他准备在即将于 5 月召开弗吉尼亚市民院会议上提交讨论。

1769 年 5 月，弗吉尼亚议会召开。会议通过了果断勇敢的决议，谴责英国议会前不久通过的征税法令，强调向本殖民地征税的权力“依照法律和宪法在于市民院”。决议还指示议长把这些决议的副本送到其他殖民地的议会，征求他们的同意。由于马萨诸塞议会已被政府解散，弗吉尼亚议会就毅然慷慨地代为陈词。

会议还通过了上英王书，鉴于以往向英国议会申诉毫无作用，市民院命令议长把这份上英王书送交各殖民地在英国的代理人，由各代理人将上英王书呈交英王，并且同时在英国报纸上予以发表。弗吉尼亚省督巴特图特勋爵听说这些激烈的措施后，大吃一惊，第二天，他就再次宣布解散议会。

议员们没有被总督的命令所吓倒，他们退出会场后于当天又转移至一处私人宅邸继续开会。华盛顿向议会提交了他和梅森商定的联合会章程草案，结果该草案获得全体议员一致通过，并成为此次会议所签署的一项重要文件的基础。在这项文件中，全体签署人员保证既不进口，也不使用英国为了增加税收而在北美殖民地征税的任何货物和商品。

这一文件后来又被送往其他各殖民地签字，这样，先前只限于少数几个殖民地的“抵制英货”计划很快就被各殖民地普遍采纳。至于华盛顿自己，他在这一计划执行期间，始终对该计划严格地予以实施。计划中规定不得使用的英国商品从此在他的庄园中销声匿迹。不仅如此，他还通知他在伦敦的代理人，不得再向他运送任何需要纳税的商品。

华盛顿的夫人马撒也坚决支持丈夫的行动。她放弃了饮茶的习惯，改喝自己并不喜欢的咖啡。在做衣服的时候，她不再购买精美的洋布，而使用当地粗糙的土布。在华盛顿等人的感召下，就连弗吉尼亚总督巴特图特勋爵最后也变成了取消捐税的倡导者，并开始积极呼吁英国政府取消对北美殖民地的捐税。

波士顿惨案和倾茶事件

在北美殖民地人民的坚决斗争下，英国对北美殖民地的贸易遭受了巨大损失，许多英国商人陷入了破产境地，于是他们纷纷向英国议会递交请愿书，希望英国议会取消针对北美殖民地的相关征税法令，华盛顿和梅森所倡导的抵制英国进口商品的行动终于有了成效。

1770 年年初，诺思出任英国首相，在他出任首相期间，撤销了几乎 1767 年在北美殖民地所征收的一切关税，这其中也包括“汤森税法”所征关税，只有茶叶税作为英国向北美殖民地征税的象征被保留了下来。诺思强调茶叶运往美洲每磅只缴纳了 3 便士的税金，北美殖民地人民应该满足了。殊不知问题关键是北美殖民地人民不满英国政府随意向他们征税，而不是这 3 便士的税金。但诺思则表示对征税权不能让步，在他看来，正因为此时征税权遭到否认，才是他们行使征税权的最佳时机，如果他们妥协了，那就是投降。

一旦宗主国的权威得不到维护，那就意味着他们永远放弃了宗主国的权威。只有北美殖民地人民妥协，并完全臣服于英国，他们才有可能完全撤销关税法令。因此，北美殖民地和英国之间的矛盾非但没有终结，反而有恶化的趋势。对于征收茶叶税，北美殖民地人民仍旧坚决反对，绝不购买任何英国征过税的茶叶。

1770 年 3 月 5 日，正是英国议会取消对北美殖民地征收除茶叶税以外的关税那天，波士顿大街上有一些年轻人和驻地英军发生了冲突。消息传开，愤怒的人们自觉聚集起来，包围了英军居住的海关大楼，以雪球、石块和棍棒等投掷英军，直到英军开了枪，才把骚乱镇压下去。在这次事件中，有 4 名群众被打死，还有多人受伤。这就是后来历史书上所记载的“波士顿惨案”。

英军的暴行激起了北美殖民地人民更大的愤怒，人们开始进行有组织的斗争。1772 年 11 月，波士顿建立了北美第一个革命组织——通讯委员会。紧接着，马萨诸塞省内数十个城镇相继建立了通讯委员会。1773 年 3 月，弗吉尼亚境内的通讯委员会也建立起来。此后，北美 13 个殖民地先后成立了这一革命组织。这标志着北美殖民地与英国政府的斗争由分散到集中，提高到了一个新的水平。

由于北美殖民地人民拒饮征税茶叶，英属东印度公司的茶叶出现了大量的积压。为了挽救这个局面，英政府出台法案，允许东印度公司免交出口税，企图用低价引诱美洲人购买茶叶，同时还能维护英国对殖民地征税的权力。东印度公司深信这一政策的明智，它从仓库中拿出大量茶叶，装了好几轮船，运到各殖民地廉价促销，这就加速了事态向白热化进展。整个北美大陆万众一心，集体进行抵制。

在纽约和费城，运输茶叶的轮船因无法进港而被迫返回伦敦。在查尔斯顿，轮船卸下的茶叶被堆放在地下室，因为没人购买，茶叶开始腐烂变质。在波士顿，当轮船抵达波士顿港口停泊下来，一小部分茶叶被运到岸上的时候，革命组织禁止其出售。轮船船长眼见形势不妙，很想返回英国，但是海关和运货人却不同意，省督也不肯给他签发离港通行证。很明显，对于这一船茶叶，东印度公司是非要卖给波士顿人民，征税的原则英国政府是非要确立起来不可。

双方僵持不下，为了彻底解决问题，并且证明在原则问题上波士顿人民是不可轻侮的，1773 年 12 月 18 日夜晚，一部分波士顿居民化装成印第安人，悄悄登上轮船。他们打开所有的茶叶箱子，把茶叶倒入大海。这看似鲁莽的行为，却是一批可敬的公民经过深思熟虑后精心策划的，所有参与此次行动的人员在行动实施过程中井然有序，沉着冷静，没有任何喧杂之声，行动结束后悄悄散去，让对方无迹可寻。

这就是后来载入历史的著名的“波士顿倾茶事件”。

事发之后，英王乔治三世极其震怒。他宣称:“局面已没有回旋余地，殖民地要么投降，要么胜利。”英国政府决定对波士顿倾茶事件进行严惩，以儆效尤。1774 年 3 月，英国议会通过了 5 项惩罚性的苛刻法令，企图迫使殖民地人民就范。这 5 项法案的内容是:

（1）封闭波士顿港，禁止该港口与外界通商往来，直到赔偿茶叶损失为止。

（2）撤销马萨诸塞殖民地的自治（波士顿属于马萨诸塞殖民地），由英王直接委任议员，所有地方官吏均由总督任免。

（3）取消殖民地的司法权。英国在殖民地的官员犯法，不受殖民地的司法机关审判，只能送回英国处理。

（4）颁布《魁北克法案》，将俄亥俄河以北，宾夕法尼亚以西的土地，划入英王直辖的加拿大魁北克殖民地管辖。

（5）重申《驻兵条例》，规定北美各殖民地要为驻守在当地的英军提供饮食和住房。

同时，为了贯彻执行上述 5 项法令，英政府还任命北美英军总司令盖奇将军担任马萨诸塞总督，并定于 1774 年 6 月 1 日起执行上述法令。

走向抗英斗争的前沿

就在波士顿人民抗击英国政府的殖民统治之时，弗吉尼亚人民的反英情绪也日趋高涨。1771 年，巴特图特勋爵卸任，邓莫尔伯爵继任弗吉尼亚总督。邓莫尔一直担心弗吉尼亚议会做出什么过激行为，所以长期让议会处于休会状态。

1774 年 5 月 16 日，一再休会的弗吉尼亚议会重新召开会议。爱国的议员们都迫切希望利用这一盼望已久的机会来制定有关各殖民地共同事务的立法。华盛顿也早早地达到威廉斯堡，出席了此次会议。就在会议进行时，通讯委员会派人给议会送来了一封信，宣布波士顿将于 6 月 1 日被英国当局封闭。信件一经宣读，整个弗吉尼亚议会为之哗然。会议的中心议题当即转为声援波士顿人民的正义斗争。

5 月 24 日，弗吉尼亚议会通过决议，宣布 6 月 1 日为“蒙耻日”，号召弗吉尼亚人民斋戒，并为波士顿人民祈祷，恳求上苍保佑人民安全，坚决反对一切损害美洲自由的行为。然而，正当议员们热烈讨论的时候，邓莫尔总督来到议会，再次冷冷地宣布解散议会。和上次一样，议会虽然被解散了，但议员们并没有各自散去。他们自发聚集到一个旅馆的会议室中继续开会，并通过了好几项决议。

这些决议的内容为：谴责波士顿港法案破坏了整个北美洲宪法规定的自由和权利；号召大家不仅要停止饮用茶叶，而且要停止使用东印度公司的一切商品；宣布对一个殖民地的进攻，比如说征收各种捐税，就是对所有殖民地的进攻；提议全体市民院议员在8月1日举行弗吉尼亚全体会议；命令通讯委员会和其他殖民地的通讯委员会联系，研究美洲各殖民地是否应该派出代表，每年在某个固定的地方举行大陆会议，讨论保卫各殖民地共同利益所应采取的应对方案。

这是美洲史上破天荒第一次有人提议召开的大陆会议。这项决议马上得到各殖民地普遍认同，并确定于9月5日在费城举行第一次大陆会议。

1774年6月1日，波士顿港法案被付诸实施。波士顿城陷入困顿：港口被封闭，码头上空无一人，商店关门停业，一切工作停滞下来。然而民众并没有因此而慌乱，大家也都没有轻举妄动，一切显得井然有序。这反倒弄得北美英军总司令盖奇找不到下手的借口。北美其他城镇纷纷以各种形式表达了对波士顿的支持，一切真正的爱国者都把这一天当做斋戒和屈辱的日子，各地的教堂里挤满了为和平祈祷的群众。当时仍在威廉斯堡的华盛顿也严格地执行决议：禁食并到教堂为波士顿人民祈祷。

6月20日，华盛顿离开威廉斯堡，返回弗农山庄。不久，他就在费尔法克斯县的一次会议上以主席的身份主持了会议。会议决定在7月18日召开全县大会，并成立了以华盛顿为主席的委员会，负责起草在全县大会上提交的决议书。

18日，费尔法克斯县全体代表会议如期举行。在这次大会上，由华盛顿主导起草的决议书被通过。该决议书再次强调自治的原则，强调征税问题和代表权问题不可分割的原则。

决议书指出：英国政府各项政策法令的实质是在逼迫人民进行反抗，逼迫殖民地人民取消依附于英国国王的盟约。该决议书还建议各殖民地人民应当团结起来，精诚合作。并订立公约，在不进口问题上以及不交往问题上决不妥协，坚决拒绝同违反该公约的省份和城市有任何来往。

最后，决议书还呼吁即将召开的大陆会议以臣民的身份毕恭毕敬地向英王提出请愿和劝告，恳求英王不要迫使自己忠实的美洲臣民铤而走险，以致最后只能对英王诉诸战争手段。

这份由华盛顿主导起草的决议书从整体上表达了华盛顿在这个风云多变的时期的思想和情感。一方面，他想要团结北美各殖民地人民的力量去反抗英国政府的暴力统治，从而维护北美殖民地人民的自由和权利；另一方面，他对英王及英国依然怀有真实的情感，希望能够找到更好的途径来和平解决英国与北美殖民地之间的争端。

但同时他也暗示，如果英国政府仍然不为所动，坚持用现有方式对待北美殖民地人民，那么人们则有可能被迫诉诸武力以反抗英国政府的殖民压迫。此时，华盛顿试图诉诸武力以反抗殖民压迫的思想再次显露。

在费尔法克斯全县大会上，民众一致推举华盛顿作为本县代表，去出席将于8月1日在弗吉尼亚首府威廉斯堡举行的弗吉尼亚省全体代表大会。8月1日，在人民的热切期盼之中，弗吉尼亚第一次全体代表大会在威廉斯堡举行。

此次大会气氛空前紧张，代表们一致厉声斥责英国封锁波士顿的暴行。华盛顿也被代表们纷纷谴责英国政府暴行的激动情绪所感染，一向感情深沉、谨言慎行的他以异乎寻常的雄辩口才为他带来的费尔法克斯决议案辩护。他甚至在大会上慷慨激昂地宣布要招募1000名士兵，自己出钱供养，并亲自率领他们前去解救波士顿。与会代表被华盛顿的奉献精神所感动，纷纷表示支持他的意见。大会随之通过了与费尔法克斯县决议案在本质上基本一致的决议。

这次弗吉尼亚全省大会共开了6天。大会除通过一系列决议之外，还推选出了7名代表前往费城参加定于9月5日举行的第一届大陆会议。他们是：佩顿·伦道夫、理查德·亨利·李、乔治·华盛顿、帕特里克·亨利、理查德·布兰德、本杰明·哈里逊和埃德蒙·彭德尔顿。

英雄与时势之间的关系就是这样：时势造英雄。英法两国争夺北美殖民地的斗争以及英国与北美殖民地之间的一系列激烈的斗争，给一些具有远见卓识、有思想有勇气的伟人们提供了海阔天空、纵横驰骋的空间，华盛顿便是其中一位。

在北美大陆上空重新布满战火阴云的时候，时局的变化打破了弗农山庄的平静，催促着华盛顿放弃自己舒适安逸的田园生活，投身到一场波澜壮阔、惊天动地的宏伟事业中去。伟人的伟大之处不仅在于他能够正确地做出判断，还在于他能够适应历史发展潮流，紧紧把握历史发展所给予的机遇。华盛顿这两点都做到了。

于是，这位弗吉尼亚的大种植园主自然地被人民所选择，走向了带领人民反抗英国暴政的道路，成了叱咤风云的一代枭雄。

北美独立战争序幕拉开

第一届大陆会议的召开

1774年9月5日，第一届大陆会议在费城开幕。本届大陆会议有12个州51名代表参加，代表了除未有代表参加的佐治亚省以外所有的北美殖民地。此次会议盛况空前，汇集了北美洲最具有政治头脑、最有组织才能、最有名望的杰出人才。他们过去只是彼此闻名而互不相识，是整个北美大陆共同的利益使他们聚集在了一起。整整三百万人以及他们的后代的自由，都系于他们汇合在一起的智慧和力量。这样一群伟大的人们，从这个国家的各地不远万里来到费城，为了一个宏伟帝国的崛起而共同努力奋斗。在谈到这个风云多变的时期时，我们可以说："那个时代是不乏巨人的。"

同时，我们也看到了，这51位代表来自不同的殖民地，此前都是各自为政，代表着本地区各自的利益。人们的宗教信仰、教育程度、兴趣爱好等也各不相同。从表面上看，他们根本无法统一在一个共同的行动计划之下。所幸的是他们有一个基本的共同之处，那就是：他们全都满怀爱国激情，立志要争取北美13个殖民地的自由权利。由于第一届大陆会议是秘密进行的，会后没有留下原始记录，因此除正式发布的文件外，会议的许多详情细节都是根据知情人的回忆、日记、书信等整理而来。故而，后世的学者们对此次会议所做的诠释有所出入、见仁见智便不足为怪了。

大陆会议首先通过决议，表明了他们对英国议会近期通过的侵犯马萨诸塞人民权利的法令所持的态度以及他们反对将这些法令付诸实施的决心。而由每个省代表组成的委员会提出的一系列提案，在大会中也都一一通过，这就是著名的殖民地权利宣言。

宣言中指出了北美殖民地人民应拥有享受生命、享受自由的权利，也应该拥有作为英国公民的基本权利，这其中就包括参加立法会议的权利。虽然他们无法派代表出席英国议会以行使该权利，但却有权利在各省议会中制定法律。至于英国议会为调节贸易而必须通过的法令，他们表示可以同意，但对于英国政府为了增加财政收入而在美洲征收的一切捐税都拒绝接受。

宣言还宣布，每位殖民地人民都应享有受英国法律保护的权利，这包括公开举行集会的权利、向英王请愿的权利等，也有权享受法律所规定的各种豁免权和特权。此外，英国政府在和平时期不经殖民地同意仍然在该地区维持常备军，这一做法是违反法律规定的。宣言还指出，由英王任命的任意行政委员会在殖民地行使议会的立法权会不仅违反了宪章，还破坏了美洲的立法自由。宣言同时还列举了英国议会所通过的各项破坏和侵犯殖民地人民利益和权利的法令。

宣言表明，美洲人绝不会屈服于这些法令，但由于还寄希望英国政府能够修改这些法令，因而决定采取一些和平措施：成立抵制英国进出口联合会；草拟告英国人民书和告美洲人民书；草拟上英王书。

上述联合会成立后，便委派各地委员会监督协议的实施。之后大陆会议也发表了一系列告各地人民书。此次大陆会议针对许多问题进行了深入的研究讨论，而其所发表的文件更是大家集体智慧的结晶。大陆会议从 9 月 5 日一直开到 10 月 26 日，历时 51 天，并商定于下一年 5 月，召开第二届大陆会议。

由于第一届大陆会议是在严格保密的情况下进行的，我们无从得知华盛顿在这次会议中所起的作用。但是从会议的决议以及会议所采取的措施，在精神上和实质上都同他所主持的费尔法克斯县全县大会所通过的决议十分相似，据此我们可以推断华盛顿应该在第一届大陆会议上扮演了重要角色。

第一届大陆会议的情形大致就是这样。我们注意到，尽管北美人民用召开大陆联合会议的形式来表达他们对英国的不满与抗议，但此次会议还是十分策略地避开了“独立”这一敏感的口号。关于这一立场，我们或许可以从华盛顿与一位拥护英国王室的友人罗伯特·麦肯齐上尉的往来书信中，看出当时这些美洲人民领袖们的思想和情感。

华盛顿在给麦肯齐的回信中曾表示争取独立并不是哪个政府的愿望或兴趣，但保护自己的权利不受侵犯却是每个政府必须做到的事情，因为权利对一个国家而言是不可或缺的，没有权利，生命、自由和财产都无法得到保障。英国议会最近通过的有关北美和马萨诸塞殖民地的法令所带来的必然后果就是这样。所以人们想要躲开这种侵犯、想要阻止这种侵犯，又或者想要在无法躲开侵犯时予以反击以自卫，这种做法并没有什么不可理解的地方。但如果英国政府将事态推进到无法挽回的境地，那么流血便在所难免，而这个国家的安宁也将从此遭到破坏。

在信的最后华盛顿又重申了自己对独立的看法，他深信北美洲人民并不希望发生这样的事情，热爱自由的人们都希望能够在和平的环境中过着安宁的生活，谁都不想看到诉诸武力解决问题的那一天。

从这封信中，我们可以清楚地看到当时的华盛顿以及北美人民运动的领袖们在这个重要时刻的意见和看法。很明显，此时对于宗主国的依恋之情还在北美人民的心中萦绕，完全脱离宗主国这一想法还没有成为北美各殖民地人民共同的心声。

虽然华盛顿非常支持北美各殖民地人民为争取宪法赋予的各项权利和自由而进行斗争，也希望这种斗争能以和平方式进行下去。但同时他也表明，北美殖民地与英国当局之间的斗争最终很可能会发展成流血冲突，这说明他对日后与英国的武装斗争已经做好了思想准备。

并行不悖的政治与人情

第一届大陆会议结束以后，华盛顿就匆匆赶回弗农山庄。他这几年忙于公务疏于对庄园的经营管理，庄园里的一切大小事务全都依赖马撒完成，他心里深感过意不去。他和马撒结婚数年但一直没有子女，但他对此并没有十分介意。对于马撒与前夫所生的子女，他像亲生父亲一样对他们关爱有加，忠诚地履行着委托给他的这项神圣的任务。

这一年，由于马撒的女儿因病亡故、儿子也不在身边，华盛顿又离家忙于公务，她甚感孤独和忧伤。而近邻兼好友的贝尔沃庄园庄园主乔治·威廉·费尔法克斯也回英国去接管他在英国继承的地产，这样一来，连邻里之间的欢乐气氛都有所减少，因此马撒的悲痛和寂寞更是沉重，她比平常更迫切需要华盛顿回到她的身边。

华盛顿是个家庭责任心极强的人，回家之后他便承担起庄园的管理工作，陪伴夫人共度时光，疏解马撒心中的忧愁。实际上，在华盛顿的一生之中，不管局势变得多么紧张，也不管军务政务有多么繁忙，他都会考虑家人的利益和幸福并抽出时间来陪伴家人、照顾家庭。

群众性反英运动疾风暴雨式的进展，使得与华盛顿关系密切，但又忠贞不渝地忠实于英国王室的费尔法克斯一家深感不安。费尔法克斯一家虽然也具有自由主义的思想和观点，但是他们对英国王室十分忠诚，因此，对于激烈的群众运动，他们总是用不安的目光密切地观察着事态的进展。

华盛顿的好友乔治·威廉·费尔法克斯的弟弟布莱恩·费尔法克斯，见华盛顿积极主动地参加各项反英运动，便写信给华盛顿，劝他采取请愿、陈情、上书等温和的办法来促使英国取消对北美殖民地的各项高压法令。对此，华盛顿体现出政治与人情并不矛盾的态度，他在回信中委婉但又清晰地表达了自己的观点。

他在信中回复，如果有一线希望，他也愿意用和平的方式来解决这些问题。他们也尝试过向上议院递交陈情书，向下议院递劝告书，但这根本毫无作用。他们所反对的并不是别的，而是英国对北美殖民地征税的权力。在他们徒劳无功地尝试完各种方法之后，难道还要继续眼睁睁看着一个接一个的殖民地被英政府的暴政所蹂躏，却只能摇首乞怜、苦苦哀求，期待英国政府所谓的“正义”吗？信末，华盛顿带着复杂的心情表达了自己的感情，他非常惋惜自己与布莱恩·费尔法克斯在这一重大问题上观点如此大相径庭。

当初，费尔法克斯一家曾对华盛顿的人生发展产生过巨大影响。他们不仅帮助华盛顿形成了高雅的气质和良好的教养，而且在华盛顿的事业发展上也给予过很多帮助。对于费尔法克斯一家曾经的帮助，华盛顿铭记于心并心存感激，但此时的政治风波却将他们逐渐疏远开来。这如何不叫华盛顿伤感呢？但是在如此重大的政治和原则性问题面前，华盛顿没有将个人情感掺杂进去，他毅然选择了投身到北美殖民地人民正义斗争的滚滚洪流之中。

费尔法克斯走后，贝尔沃庄园就由其管家代为管理。后来庄园的一座老屋不慎起火，整个庄园也因此被焚为平地，以后也再没有重建。时局的变化促使华盛顿离开安静的弗农庄园投身北美革命；时局的变化也迫使虽有自由主义思想，但却忠于英国王室的费尔法克斯一家离开了可爱的贝尔沃庄园，越过大西洋返回了英国。弗农山庄和贝尔沃庄园之间的友好往来就此中断。

一触即发的战争形势

看到北美殖民地人民并没有在压力下屈服，英国政府准备投入更多军事力量，对群众的反英运动实行残酷镇压。他们开始调动部队，修筑工事，运送军火弹药。在马萨诸塞，省督盖奇更是将炮兵部队部署在广场上，并在波士顿隘口——波士顿市唯一的陆上通道上安置了四门重炮。不仅如此，他还趁北美殖民地忙于召开第一届大陆会议的时候，派部队悄悄地将查尔斯顿西北部的一个军火库中的弹药运到威廉斯堡，并下令把一切公共弹药库中的军火运到波士顿来。

而各殖民地人民则纷纷加强了对抗措施。各地区的人民都尽一切可能来武装自己，他们到处搜集武器弹药，储藏在一旦有事他们随时可以取用的地方。根据大陆会议的决议，各地纷纷成立了安全委员会，督导抵制英货并建立武装民团来与英军抗衡。在风暴中心的波士顿，当地居民由于得知大陆会议对他们的处境深表关切，而各地人民群众也纷纷表示波士顿的事业就是美洲的共同事业，斗志变得更加高昂。在安全委员会的领导之下，波士顿人民搜罗出大量军火，储存在康可德和伍斯特。此时矛盾双方都已剑拔弩张，战火一触即发。

马萨诸塞境内这种半交战状态，在北美各地引起普遍的不安。之前，军事武装的对抗只限于北部新英格兰各殖民地，现在则蔓延到了中部和南部各省，隆隆的军鼓声响彻北美大陆各殖民地。

在弗吉尼亚，当地居民已经开始厉兵秣马。其实弗吉尼亚居民长期以来形成的习惯就是自己出钱购买装备，他们组成独立的民兵连队，自己选出合适的军官，训练他们的连队。随着华盛顿在弗吉尼亚的声望逐渐升高，大家都非常肯定他在军事方面的权威性，因而不断请求华盛顿给予指导和帮助，于是华盛顿便经常到各地检阅民兵连队。

自此，华盛顿在的弗农山庄那种宁静闲适的生活一去不复返了。尽管在这段时间，山庄里每天还是宾客盈门，但已经不是沙龙里的社交应酬。来宾中都是各地群众运动的领袖，像乔治·梅森、托马斯·杰弗逊、詹姆士·麦迪逊和查尔斯·李、霍雷肖·盖茨等。特别是后面提到的两位，他们都是北美军界中的名人。查尔斯·李很有个性，是一员思想活跃、敢打敢拼的猛将。霍雷肖·盖茨有过在英国正规军中供职的经历，具备丰富的军事知识和作战经验。

因此弗农山庄又像华盛顿当年学习军事技术的时候那样，笼罩在了浓厚的军事氛围之中。

1774 年冬天渐渐逼近，此时盖奇总督发现自己的处境越来越危急。由于波士顿是马萨诸塞唯一一个有驻军的地方，因此，“保皇派”们纷纷来此避难。但“保皇派”们大多与当地居民有较大矛盾，而波士顿由于受天然地理条件所限，本就几乎与外界隔绝，此时又加上充满敌对情绪的居民包围在四周，使得波士顿看起来就像是一座被围困的城市，这更让盖奇总督感到危机四伏。

1775 年 3 月 20 日，弗吉尼亚第二届全体议会在里士满举行。华盛顿再次以费尔法克斯县代表的身份出席了会议。会上两派不同意见的代表发生了争论，一方认为三项禁令已经取得了初步成效，因而没必要采取过激的行为，因为英国政府一定会改变初衷，应该对当前局势持乐观态度，不要太过悲观。另一方则认为英国政府不会就此善罢甘休，因此需要立即扩大民兵队伍，以确保殖民地的安全。正在双方相持不下之时，英国议会传来消息，英王对大陆会议所递呈的“上英王书”极度不满，他要用血的教训来答复大陆会议。

英王的表态使得北美殖民地人民陷入了绝境。被誉为美洲第一演说家的帕特里克·亨利再一次大声疾呼，希望北美人民开始行动，因为再向英国政府请愿并等待结果已毫无意义，此时是上战场的时候了，虽然和平是如此美好，但却不值得人们用备受奴役来换取片刻的安宁。此时大家已别无他法，所以必须要起来战斗，只有诉诸武力，才能换取永久的和平。

亨利的演说激情奔放、谈锋犀利，具有极大的煽动性，他的提议得到代表们的热烈拥护。华盛顿没有帕特里克·亨利雄辩的口才，也不喜欢大声疾呼。他是一位沉着冷静、办事稳重的实干家，但他同亨利抱有一样的信念。他表示，他的弟弟约翰·奥古斯丁正在招募一个连队，一旦形势需要，他将会毫不犹豫地将这个连队投入战斗。在写给弟弟的信中，华盛顿诚恳地写道："必要时，我愿把我全部的财产和生命，献给我们的正义事业，这是我全部的希望。"

北美独立战争第一枪

对于北美殖民地人民一系列反抗英国压迫的行动，英政府当局恼羞成怒。英王乔治三世力主对北美殖民地人民的叛逆行为进行镇压。他将驻波士顿英军增加到4000人，并授权马萨诸塞总督盖奇将军用武力对桀骜不驯的殖民地人民进行压制。

盖奇接到命令后，认为首先必须摧毁殖民地人民的武装反抗能力。经侦察得知，当地民众正在离波士顿20英里的康科德镇，征集军火弹药，建立一个秘密军火库。1775年4月18日夜晚，盖奇将军秘密派遣史密斯中校带领800名英军前往康科德，收缴武器并逮捕反英分子首领。

但是，英军的异常调动很快就被马萨诸塞安全委员会成员约瑟夫·沃伦医生注意到。他立即将英军的异常情况通知了正好在列克星顿的马萨诸塞通讯委员会领导人萨缪尔·亚当斯和马萨诸塞议会主席约翰·汉考克。安全委员会怀疑盖奇可能故伎重演，像上次袭击查尔斯顿军火库那样，偷袭康科德军火库，遂将此处的枪支弹药运藏他处。

接着，沃伦医生又派两名北美民兵赶在盖奇的戒严令之前，兵分两路、策马飞奔，将英军行动的警报报知各地通讯委员会和民兵。最先得到消息的波士顿郊区民兵立即紧急集合，陆续赶赴康科德。

史密斯中校率领夜行军的部队刚走了几英里，就听到报警的枪声和村庄的钟声响彻夜空。史密斯中校意识到英军的偷袭计划已经泄密。他一方面派人回波士顿请求援助，另一方面命令皮凯恩上校率领先头部队全速前进，夺取康科德的桥梁。经过一夜急行军，4 月 19 日凌晨，皮凯恩率领的部队到达一个叫作列克星顿的村庄。然而，当他率军进入村庄时，已经有七八十名手持武器的民兵，排成军事阵列，在教堂附近的草地上等候他们。

军鼓声和民兵的军事阵列说明，他们决心用武力抵抗英军公开的敌对行动。皮凯恩下令士兵装上炸药和子弹，他自己则策马向前，命令“叛乱分子”解散。在他的身后，英军士兵端着滑膛枪，列成战阵步步逼近。民兵们对皮凯恩的命令未予理会，他们既没有放下武器，也没有散开让路。双方的距离不断缩短，很快一场混战开始了。

这具有历史意义的第一枪说不清是哪方先打的，一直以来，这都是一个有争议的问题。

民兵们顽强抵抗，在英军的猛烈火力之下，有 8 名民兵牺牲，10 名受伤。英军方面也有一些人员伤亡，但他们仗着先进的武器，还是杀开了一条血路，直扑主要目标康科德。很快，史密斯中校也率领前来支援的英军部队赶到，他们汇合在一起后，朝着大约六英里外的康科德继续前进。

北美殖民地侦察人员将英军在列克星顿的暴行传到了康科德，康科德的民兵们义愤填膺，大家准备着给来犯的英军以迎头痛击。由于列克星顿阻击战为民兵们赢得了时间，他们已经占据了南北两座桥头和市中心的一座高地，库存的武器弹药大多均已转移出去。当英军匆匆赶到康科德时，迎面就遇到民兵们射出的复仇子弹。

由于英军在武器装备和军事技术上占有明显优势，他们根本没把这伙业余民兵放在眼里。之后他们花了两小时来搜索和破坏军火，但收效甚微，因为大部分军火都已被转走或隐藏了起来。在这段时间内，附近城市的民兵们也闻讯赶来，他们手里拿着顺手抄来的武器和康科德的民兵会合。

最后，这支民兵队伍达到了450人左右，战斗继续进行着。此时，由于一切可以找到的军火均已销毁，史密斯中校准备撤退。他把散在各处的英军士兵集合起来，为伤兵们找来车辆，大约在中午的时候，他们开始向波士顿退去。实际上，他也该撤退了。他的士兵由于一夜行军和一上午的战斗，再加上不断遭到民兵们的袭击，已经疲惫不堪。

但是，英军很快发现退却比来时更为艰难。由于警报已传遍四方，民兵们从各个地方涌向战斗地点。当英军退却的时候，民兵们就开始对英军予以痛击。在空旷的大道上，英军不断地遭到躲在大树或石墙后面的农村神枪手的射杀。道路两旁都是树林的地带，英军在两侧都遭到看不见的民兵们的扫射。英军派出侧翼掩护部队企图把袭击他们的民兵赶走，但他们每次停下来搜索袭击者的时候，都会有更多的追击者从四面八方赶来发动攻击。在撤退的途中，英军部队的人数越来越少。有些人中弹身亡，有些人筋疲力尽，留在原地，束手就擒。士兵们急着赶路，他们无暇顾及疲惫的士兵或伤员。还没回到列克星顿，史密斯中校腿部便已受了重伤。

就在史密斯中校率领的英军部队处于极其危急的境地时，珀西勋爵率领一个 1000 人的旅和两门野战炮赶到，英军的困境才稍有缓解。但援军的到来并没有从根本上改变英军的命运。他们一开始退却，追击的民兵们就从两翼和后面对他们加以骚扰和攻击。

最后，英国士兵恼羞成怒，他们就像在敌人的国土中一样大肆烧杀起来。他们纵火烧毁撤退途中的房屋和店铺，抢掠私人房屋，虐待当地居民。这一切使农民们更加义愤填膺，不断有新的民兵队伍赶来增援，人数越来越多。

退却的英军遭到来自四面八方的攻击，每走一步都有死伤。就连指挥官珀西勋爵也被子弹射中胸前的纽扣，险些送了性命。民兵们占尽天时地利人和，充分利用地形，猛烈地向穿着红色制服、被当地人蔑称为“虾子兵”的英军射击。英军且战且退，但很快撤退就变成了溃逃。民兵们乘胜追击，对英军穷追猛打。等英军收拾残兵败将，逃回波士顿时，他们发现此次战斗中 73 人死亡，174 人受伤，同时还有 26 人下落不明。而北美民兵方面，阵亡 49 人，受伤 39 人，失踪 5 人。

这是北美殖民地人民为美国独立战争洒下的第一滴鲜血。虽然这只是一场小规模的战斗，但其意义却影响深远。历史学界对列克星顿的战斗非常重视，称之为“美国独立战争的第一枪”。正是这一枪，揭开了北美独立战争的序幕，从此之后，北美各殖民地和它们的宗主国——英国，分道扬镳了。

列克星顿的枪声很快就传遍了整个北美大陆，人们纷纷拿起武器到处袭击英国军队。在新罕布什尔，曾参加对法战争的老兵约翰·斯塔克，得到警报后不到十分钟就策马赶到波士顿，一路上他还通知马萨诸塞边境的志愿兵，马上到波士顿附近集合。

在康涅狄格，和斯塔克同样敏捷的还有他的老战友伊斯雷尔·普特南。当普特南听到列克星顿战斗的消息时，他正在田间犁地。他顾不得回家，身上穿着劳动服，骑上犁田的马直奔前线而去。在弗吉尼亚，由于省督邓莫尔勋爵遵照英国内阁所发命令，夺取了该省份的军火。

华盛顿的老战友休·默塞尔便准备率领他在弗雷德里克斯堡招募和训练的700名士兵前去威廉斯堡讨伐邓莫尔。幸亏邓莫尔及时做出了让步，才没有被默塞尔围困在他自己的官邸中。康科德事件激起了北美各殖民地人民的斗志。勇敢无畏的农民从各地涌向波士顿，手中只拿着随手抄来的武器。

尽管如此，大家还是奋勇向前，毫不退却。数日之后，从新英格兰和其他地方聚集到波士顿的武装民兵达到了15000余人。他们集结在波士顿周围，把驻守在波士顿城内的英军团团围住。

波士顿围城之战

出任大陆军总司令

华盛顿得知列克星顿战斗时，他正在弗农山庄，准备赴费城参加第二届大陆会议。得到消息的他，心情是万分复杂的。一方面，他为自己曾经的母国和现在的家乡之间流血冲突感到痛心；另一方面，他又无法对英国统治者对北美人民自由和权利的粗暴践踏熟视无睹。

在写给挚友乔治·威廉·费尔法克斯的信中，他这样写道："一想到同室操戈，兄弟相煎，一想到曾经和平幸福的美洲大陆要么陷入血与火的战争中，要么就只能成为奴隶的居所，我就心如刀割。这真是一个痛苦的抉择！但是在北美人民视之为生命的自由受到侵犯时，我们在选择的时候还有什么可犹豫的？"是的，尽管当时的华盛顿内心十分纠结，但他还是义无反顾地站在了北美人民的一边。

1775年5月10日，第二届大陆会议在费城召开。大会成立了一个由与会代表推选的12人组成的权力执行委员会。这个委员会随后就开始行使作为一个自主的权力机构所拥有的权力。此外，大陆会议还成立了一个联邦，规定一切与整个北美安全和福利事务有关的立法制定的权力，均由大陆会议管制下的联邦负责，包括对外的缔和宣战、订立盟约以及管理全面贸易等权力。至于各殖民地自己的内部事物，则由各殖民地按照各自的宪法自行处理。

大陆会议规定，没有派代表参加大陆会议的殖民地，只要愿意加入联邦，同意大陆会议制定的章程，也可以申请加入联邦。很快，一直犹豫不定的佐治亚省也加入了进来。这样，这个联邦就从新斯科舍一直延伸到了佛罗里达。

大陆会议还颁布了征兵令，在殖民地各处修筑碉堡，筹集武器弹药等军用物资。同时，为了筹集部队经费，会议决定发行300万美元的钞票，在这些钞票上面统一印制“联合殖民地”字样，由联邦担保予以兑现。

此外，大陆会议还通过了一项报复英国的法令，规定各殖民地禁止向英国船只提供补给。同时，会议还宣布由于英国王室违反了自己制定的宪章，建议马萨诸塞省自己组建政府，不再受英国王室的约束。

华盛顿在这次会议上担任的职务是处理军事事务的委员会主席，他负责制定军队的规章条例和防御措施，这说明公众对他的军事才能和经验已经非常认可。

除了上述讨论的内容之外，大家的讨论也一直没有离开如何处理实际围困波士顿的新英格兰民兵部队这一议题。这支部队没有武器弹药，没有服装薪饷，事实上，到目前为止，它也没有得到任何立法机构的同意和认可。如果大陆会议对它不加以协助或支持，它很快就会分崩离析。但问题是，如果这支部队解体，如何才能阻止愤怒的英军在波士顿烧杀劫掠呢？如何才能快速地重新集结一支新的军队呢？

会议讨论的结果是，大家都同意对这支军队进行接收和改编。但新的问题又随之而来，谁来指挥这支军队呢？这是一个重大的问题。这一职务需要一个精通军事、众望所归、能力超群的人来担任。对此，代表们意见不一、无法抉择。

亚当斯在他的日记中向我们隐约地谈到当时会议内部就总司令人选问题产生的意见分析。亚当斯在他的日记中称，是他督促代表们做出了决定。他在日记中写道："我向大会简要地说明了局势的紧迫性，提议大陆会议接管新英格兰的军队，并任命一位指挥官。我认为有一位来自弗吉尼亚的先生最适合担任这一重要职务。他历任重要军职，有着很高的声望和宝贵的实战经验，同时他的政治主张稳妥而可行。他能把所有的殖民地团结起来，共同奋斗，具有常人无法比拟的号召力和凝聚力。"

但是，也有好几位代表反对任命华盛顿为总司令，还有一些人愿意推选阿蒂马斯·沃德为总司令，因为沃德将军此时正在波士顿统领着围困波士顿城内英军的新英格兰部队。但是，总地来说，舆论明显地倾向于华盛顿，而且这种舆论并不是任何赞助者集团制造出来的。因为，华盛顿在这一场合，像他在其一生中其他重要场合一样，没有试图做出任何努力来夺取这一荣誉。

由于华盛顿的出色的军事才干和卓越的领导能力，因此，普遍的呼声都明显赞成华盛顿，最后，少数反对的几个人也都放弃了自己的意见。

1775年6月15日，大陆会议正式决定接管围困波士顿的新英格兰军队，并确定总司令的薪水为每月500美元。由于很多代表仍然认为大家所做的一切都只是反对英国内阁的措施，而不是反对英王的权威，因此，代表们把这支北美军队命名为大陆军，而把盖奇的军队仍然称为政府军。随后，会议提议以投票方式决定总司令的人选。选举结果表明，华盛顿全票当选。

对于这次选举，华盛顿在第二天的会议上作了简短发言。他对大陆会议授予他这种荣誉表示十分感谢，他将坚定地忠实于这一事业。同时他又表示，为了避免今后出现对他的声誉不好的说法，他希望在场之人都能够记住他曾诚恳地宣布，自己并不配担任如此重要的指挥重任。而在薪饷方面，他向议会保证，自己接受此重任并不是出于金钱上的考虑，他将专立账目以记载自己的一切花费。

对于华盛顿的上述表态，亚当斯曾在一封信中表示，他对华盛顿的行为深表感动，虽然华盛顿家产丰厚，但他却为了祖国和人民放弃了安逸的生活，离开家人和朋友，投身到艰苦的革命事业当中去。他的行为是如此的无私、高尚而伟大！

大陆会议随后又任命了四名少将，经过讨论，代表们提名的人选中有阿蒂马斯·沃德将军和查尔斯·李将军。大会推选沃德将军为大陆军第二把手，李将军为第三把手。其他两位少将为纽约的菲利普·斯凯勒和康涅狄格的伊斯雷尔·普特南。紧接着，大陆会议又任命了八名准将，他们分别是：塞思·波默罗伊、查理德·蒙哥马利、戴维·伍斯特、威廉·希思、约瑟夫·斯潘塞、约翰·托马斯、约翰·沙利文和纳撒尼尔·格林。后来，应华盛顿的要求，大陆会议又任命了霍勒肖·盖茨少校为准将衔副官长。

接受任命之后，华盛顿知道自己已经重任在肩，这一重大变化将使他的全部生活历程都要为之改变。而且他必须立即奔赴前线，不可能再回弗农山庄与妻子马撒告别。在这样的时刻，他最关心的便是这种变化给妻子带来的痛苦。6月18日，华盛顿在费城给马撒写了一封情意绵绵的信。

在信中他写道："大陆会议任命我担任保卫美利坚事业的北美军队的总指挥，并且我必须立即前往波士顿接受这一任命。亲爱的马撒，我向你保证，我没有主动去谋求这一职位。实际上，我曾尽力试图摆脱。一方面，我不愿弃你和家庭而去；另一方面，这副担子过于沉重，我的能力承担不了。但是，既然命运给我安排了这一职务，我想这应该是上苍有意指派我去完成这项重要使命。危机四伏的军旅生活不会让我感到痛苦，但一想到你一个人孤孤单单地待在家中，为我的安危担惊受怕，我就十分难过。生命总是无常的，为了预防不测，我特请彭德尔顿上校根据我的口述为我起草了一份遗嘱，现随信寄去。希望你会对我为你所做的一切准备感到满意。"

在北美大陆军总司令这一职务问题上，华盛顿没有做任何主动的要求，但是一旦被人民所选择，他就挺身而出，勇于担当。最难能可贵的是，他表示会将在职期间的一切开支详细入账，这足以表明他对北美人民革命事业的赤胆忠心，愿意无私地奉献自己的一切。在之后发生的事情上，我们可以看到他言必行，行必果，把自己的每一句话都落实到了实际行动上。

6月20日，华盛顿从大陆会议主席那里接受了委任状。由于波士顿前线战事紧急，第二天，华盛顿和新任命的将军们就从费城出发，直接北上波士顿走马上任了。临走之前，应民兵军官的请求，他检阅了好几个步骑兵民兵连。此时 43 岁的华盛顿正值盛年，相貌堂堂，一表人才，言行举止威严高贵。很少有人能像他那样完全符合公众心目中司令官完美的标准。因此，当他威风凛凛地骑马检阅部队的时候，官兵们都被他的军人气质所折服。不管他走到哪里，空中都响彻着一片欢呼之声。

奔赴波士顿抗英前线

1775 年 5 月 25 日，大批英军增援部队抵达波士顿，协助坚守城内的盖奇将军镇压殖民地人民的武装。这批增援部队是在三位英国军界赫赫有名的军事将领的率领下来到波士顿的。这三位军事将领分别是：相貌堂堂、在士兵和军官中很有威信的威廉·郝将军；出身显赫、专注军事的亨利·克林顿将军；以才干和战功而闻名的约翰·柏高英将军。他们都是颇负盛名的指挥官，他们身经百战，熟悉北美情况，军事理论造诣颇深。强将手下无弱兵，与他们同船而来的这批援军是 11000 名武器弹药充足、军事训练有素、久经战争考验的士兵。

由于援军的到来，盖奇将军精神大振。他按照英国陆军大臣的指令，在 6 月 12 日发布公告：全省戒严，一切继续持枪及对英国政府不满的反抗分子，均按叛乱分子论处，但放下武器，停止反叛者，可以不予追究其责任。对于这一公告，波士顿城内的爱国者均嗤之以鼻。他们已经做好了心理准备，并随时把英军在城内将要采取的措施通知大陆军。

与此同时，围困波士顿的部队每天都有新兵和志愿人员补充进来，现在数量已经达到 15000 余人。这支由各殖民地人民出于爱国之情自发组织起来的部队，其性质和组织方式是很奇特的。

它既不是哪个国家的军队，又不受大陆会议的管辖，因为一开始的时候大陆会议对它加以承认的法令还没有通过，而且就连大陆会议本身的权威也还没有得到承认。事实上，它是由来自四个不同省份的四支不同的部队组成的大杂烩。这四支队伍各自有自己选择的军事将领。

第一支队伍来自于马萨诸塞，人数最多，约 10000 之众，由阿蒂马斯·沃德将军指挥，司令部设在坎布里奇。第二支部队来自新罕布什尔，由我们前面提到的约翰·斯塔克上校指挥。第三支部队来自罗德岛，由纳撒尼尔·格林将军指挥。第四支部队来自康涅狄格，由老将普特南将军指挥。

6 月 21 日，华盛顿一行从费城出发，策马前往波士顿。陪同他一起前往的有李少将和斯凯勒少将，护送他们的是马凯上尉率领的费城的轻骑兵。他们刚走了 20 英里，就在途中收到了一份紧急公函，得悉波士顿前线发生了般克山战役。

原来在 6 月 16 日，也就是大陆会议任命华盛顿为大陆军总司令的那天，北美民兵以 3000 兵力主动出击，一举攻占了可以俯瞰波士顿城的般克山，这里居高临下，英军的活动尽收眼底，对英军构成了极大的威胁。英军因此于次日对该高地进行了多次猛烈反扑，但都被新英格兰的民兵击退。

最后，英军付出了很大代价，向山头发动了三次攻击才最终把北美民兵赶走。英军虽最终占领了般克山，但是，他们损失惨重。在 2000 人的进攻部队中，英军的死伤人数就多达 1000 多人，这其中军官还占了很大比重，而北美民兵方面的损失却不超过 450 人。般克山战役作为英军和北美军队之间的第一场正式战斗，它大大鼓舞了北美人民的斗争士气。

这场战役使北美人民对自己有了信心，他们向世人证明了他们是能够同训练有素、装备精良的英军士兵进行较量并让他们付出惨痛的代价的。而此次战斗对英军来说比一次普通的败仗更可耻。在这之前，他们嘲笑和轻视北美民兵，骂他们是胆小鬼、一盘散沙。然而在这场般克山战役中，这支由经验丰富的英军军官所率领的正规部队却屡次被一群临时聚集起来的农民从一夜之间仓促修筑的工事中击退，并且还遭受了巨大损失。

华盛顿得知北美爱国民兵竟然如此英勇，不禁感慨万千。他激动地大声喊道："国家的自由现在万无一失了！"

1775 年 7 月 2 日，华盛顿一行到达波士顿的沃特敦。在这里，马萨诸塞议会对他们的到来表示了欢迎。欢迎仪式结束后，因为惦记前线战事，华盛顿顾不上休息就马不停蹄地前往三英里外的坎布里奇司令部。当华盛顿在一群军官簇拥下骑马穿过营地时，身着各种"便服"、手拿"十八般武器"的民兵们早已夹道欢迎他的到来。因为华盛顿的军事声誉遐迩皆知，大家都盼望着一睹其风采。事实上，他也确实没有辜负大家的期盼。因为他身材高大魁梧，举止威严庄重，尽管经过长途跋涉、风尘仆仆，但在众多陪同的军官之中，他依然显得卓尔不群、光彩夺目。

7 月 3 日上午，华盛顿在坎布里奇正式接管了新英格兰民兵部队的指挥职务。在李将军等人的陪同下，他来到了司令部附近的哈佛广场，以军队总司令的身份检阅了长达半英里的民兵队伍。在民族兴衰存亡的危难关头，华盛顿正式就任了北美大陆军总司令。随后，华盛顿便迫不及待地骑马到各个前哨观察敌情，并策马来到俯瞰波士顿及其近郊的各个高地，了解两军实力和双方形势。

在骑马视察军营的时候，华盛顿注意到，北美民兵不规则地分布在一条长约八、九英里的半圆形防线上，这条半圆形防线的左翼驻扎在最北面的据点——冬令山上，右翼则在南面一直延伸到罗克斯伯里和多彻斯特隘口的地方。因为围困波士顿的民兵们来自不同的省份，他们分别安营扎寨，各有各的规章制度和自己推选出来的指挥官。

他们中有些人有帐篷，有些人住在兵营，还有些人则自己随便找了一个栖身之所。他们虽号称 15000 人，实际上远不足此数。民兵们中有些人在抗击法军的边疆战役或抗击印第安人的丛林战中当过兵，但他们中的大多数都没有接受过正规的军事训练，对欧洲军队的正规作战纪律更是一无所知。事实上，他们几乎不知道军纪军法为何物。

此外，这些士兵们大都没有军服或军事装备，因为他们当中许多都是匆忙聚集而来的农民。有些人从家里拿来了自己的猎枪，出来时还穿着田间劳作的衣服。他们是一支志愿部队，依靠各自城市的供应品来维持生活。除了愤怒的爱国主义的共同感情外，没有什么组织纪律把他们凝聚起来，一致行动。

针对这一现象，当时的一位随军牧师威廉·埃默森曾生动而又真实地对这支民兵队伍进行了描写：“各营地营房的面貌非常有趣。有的营房用帐篷搭成，有的用木板搭成，有的用一半木板一半帐篷搭建而成，还有一些用石头和树枝搭建而成。有的简单朴实，有的则装饰有花环和图案，无奇不有，正如营房主人身上的服装一样，形形色色，种类繁多。”

这也难怪当时赶来增援波士顿英军的柏高英将军远眺大陆军部队时，不禁发出一阵惊讶而轻蔑的感言：“什么！ 10000 农民把

5000 名皇家部队包围起来了！好吧，让我们试试吧。我们很快就会让这些农民不战自退的。”

为了摸清英军在波士顿的军事驻防情况，华盛顿来到了可以看到整个波士顿及其周围地区的展望山。在般克山战斗之后，为了防止英军进攻这里的高地，驻守在这里的普特南将军已在这里修筑了牢固的工事。

般克山就在展望山以东一英里处，从展望山可以清晰地看到般克山上飘扬的英国国旗，以及郝将军在那里挖掘的坚固壕沟，般克山山头两侧林立的白色帐篷也都闪烁可见。身着猩红色服装的英军哨军布满了般克山战役中北美民兵撤出的隘口，在隘口的对面，海面上还有 3 支由军舰组成的浮动炮队。有一艘配有 20 门大炮的军舰停泊在半岛和波士顿港之间。同时，在从陆路进入波士顿的唯一隘口罗斯伯里，英军方面也有大批士兵驻防。总之，英军的一切兵力配备和工事修筑情况都显示出了正规部队的严谨缜密和无可挑剔。

在对英军整体防线和各个据点进行侦察之后，华盛顿发现英军的一切工作都井然有序，他们的工事构筑得坚实牢固，他们的士兵纪律严明。

相反地，北美军队的驻防情况却让他感到一丝失望。他原本希望这里有超过 15000 名士兵，但实际人数却远不足此数；他原本希望这里的部队也具有一定的组织纪律性，但实际上部队成员全都是未经训练的民兵；他原本希望这里的工事构建能够符合实际需要，但实际上很多工事都缺乏合理性，不够完善。

尽管托马斯将军在罗克斯伯里隘口构筑了坚实牢固的工事和壕沟，普特南将军也在展望山构筑了坚不可摧的碉堡和路障，但是连接南北两端据点的半圆形防线却基本上都是由构筑的很粗糙的工事组成。并且，这些工事形成的战线太长，以现有的兵力去驻防这些工事，势必会极大地分散北美民兵的力量。与之形成对比的是，在这个兵力稀疏、防守薄弱的半圆形防线内，英军却非常集中，火力非常猛烈。一旦他们集中火力对某一个薄弱的地点进行突破，他们就可以把美洲军队的阵营分隔开来、拦腰斩断。

这支人数不足、装备缺乏、仓促间组成的杂牌部队分散在山头和溪谷中粗陋不堪的营地里。而它所围困的城市和海港则有军舰和炮队保卫，由 11000 名构筑了坚强工事、富有作战经验的英军正规军部队驻守，市区周围还有一批坚固的堡垒互为犄角。当华盛顿想到这批士兵时，他深感自己的责任重大。

不过，在面对这危险而又艰巨的任务时，华盛顿既没有悲观失望，也没有目空一切。他坚定而又满怀希望地信赖着上天的旨意。他说，为了北美人民的革命事业，他必须积极勇敢地担负起这项困难重重的任务。他坚信上天一定能帮助他顺利地完成这一使命。

整顿军队，加强防务

对部队的巡视结果，特别是部队的松散混乱以及军事装备的缺乏，令华盛顿深感不安。所幸的是，这支部队的大部分官兵都有一种强烈的反抗精神。华盛顿知道当务之急，就是要整顿部队，然后才能进行下一步的军事行动。为此，他从以下几个方面开始着手：

首先，统一全军建制，华盛顿要在组织和纪律上对这支光怪陆离的军队加以整顿。他把来自同一个殖民地的官兵划为一个团，由此把大陆军分为若干个团。同时，让不同级的军官佩戴不同的军衔标志，以示区别。通过这种措施，他把来自四面八方的民兵大杂烩，统一成了一支属于全北美的军队。

其次，严肃军纪。为了使大陆军做到纪律严明、令行禁止，他制定了一系列规章制度来规范官兵们的言行。严禁官兵打家劫舍、侵扰百姓。凡违反军规或扰乱社会治安者，予以严惩。

再次，加强后勤保障。在视察全军之后，华盛顿立即向大陆会议主席致函，说明了部队供应严重缺乏的情况，要求大陆会议迅速成立后勤供应保障机构，尽快给部队提供急需的武器、弹药和粮食。他还督促大陆会议要尽快提供经费，改善部队状况。在他的催促下，大陆会议陆续成立了一系列后勤供应机构。同时，为了解决士兵军装统一问题，华盛顿在经费紧张的情况下，根据自己以往在边疆作战的经验，采用了变通的办法。他建议大陆会议采购一万套猎装，这样既经济实用，又能够打破各殖民地间的界限，把士兵们团结起来。

最后，注重内部团结。华盛顿十分重视大陆军内部南方士兵和北方士兵之间的关系，努力采取措施，促进他们相互团结。当时在大陆军中占绝大多数的士兵都来自北部的新英格兰地区，而华盛顿本人则来自南方的弗吉尼亚。但是，他在处理全军事务时，完全没有地域上的偏见。

他不仅对全体官兵一视同仁，还经常勉励北方的士兵。他曾以无不同情的语气评价来自马萨诸塞这一北方省份的士兵："对于从这个一直遭受沉重压迫省份招来的士兵，我们应该非常体谅。虽然他们在纪律和物资上有所欠缺，但我们认为他们的斗志胜过他们的实力。"这番话出自一位南方军官之口，对北方的士兵来说，显得尤为温馨。这表明华盛顿在处理南北方关系这一问题上，已经超越于一切宗派地域的偏见。通过华盛顿的努力，他把 13 个殖民地的民兵从建制上和思想上凝聚成了一个整体。

经过华盛顿一段时期的整顿，大陆军的面貌大为改观，部队的组织纪律性得到明显提高。随军牧师威廉·埃默森在日记中记述，经过华盛顿总司令整顿后的军队焕然一新，由于部队管理严格，赏罚分明，所有官兵都各司其职、恪尽其守，因而整个部队显得井然有序、有条不紊。整顿部队初见成效后，华盛顿开始着手军事部署工作。

大陆军由于防线过长，中间暴露出了很多薄弱环节。英军兵力十分集中，如果他们用优势炮火突袭，大陆军必被突破，有拦腰切断之险，这也是华盛顿就任以来最关心的问题。为此，他专门召开了一次军事会议来讨论这个问题。由于与会的大多数将领认为，这条防线花费了不少人力物力才构筑起来，放弃这一防线，会助长英军的嚣张气焰，并且会使附近的广袤地区暴露出来，任凭英军蹂躏。

此外，如果放弃防线后退的话，也没有比这条防线更为安全的阵地。由于这一点得到与会将领们的公认，故而军事会议决定继续坚守目前防线，同时通过增加兵力的办法来加强防线的薄弱环节。

于是华盛顿着手加强防线的薄弱环节，改善前敌防务，并在主要碉堡附近增修工事。

在修筑工事方面，普特南将军尤为擅长，在他监督下修筑的工事比其他任何工事都修得快、修得牢。华盛顿几乎动员了一切人员来增修工事，成千上万的人每天从早上 4 点钟到晚上 11 点钟都在劳动。随军牧师埃默森对大陆军的劳动迅速收到的成效惊讶不已，一直感慨怎么一下子就修筑了那么多的工事。由于防御工事几乎从坎布里奇延伸到了神秘河，这使得敌军根本无法穿越这些工事。当然，这当中也有故意不设防的地方，目的是引蛇出洞，引诱敌军离开他们的大本营。

除了上述部署之外，华盛顿还命令哨兵骑马到各交通要塞蹲守，随时向司令部传送英军任何特殊行动的情报。最后，他还对大陆军作了重新部署，将部队分为左中右三个部分。右路军驻扎在罗克斯伯里隘口的各高地上，由沃德少将指挥，下面配有斯潘塞准将和托马斯准将；左路军驻扎在冬令山和展望山，由李少将统率，下面配有沙利文准将和格林准将；中路军驻扎在坎布里奇，由普特南少将指挥，下面配有希思准将。这 3 支部队相对集中，防区责任明确，进可以合击，退能够联防。

正当华盛顿把全部兵力用于围困波士顿的时候，英军军舰对北美沿海地区进行了小规模的骚扰。马萨诸塞和康涅狄格等殖民地因此要求华盛顿派遣部队保护沿海各个地点，以防英军的武装舰艇到那里去掠夺。

在和他的将级军官以及当时恰好在军营中的大陆会议议员共同商量之后，华盛顿对这种请求给予了婉言拒绝，并在他给马萨诸塞议会的答复中作了令人信服的透彻分析："大陆会议讨论并决定，对于防范个别小规模的侵扰，各省可以使用当地民兵或其他地方武装力量，而民兵们也足以胜任这些任务……敌军由于拥有海上的控制权，很容易运送军队来袭扰我们，但每次收到警报后都匆匆赶去追击敌人，其实收效并不大。因为当我们的军队收到消息赶到战斗现场时，敌军早已达到袭扰目的撤退了。"

在给康涅狄格省督的复信中，华盛顿也表达了类似观点："对于沿海人民的处境我绝不是漠不关心。虽然我希望能够保护更多的人，但是要杜绝此类侵扰，就必须将部队分为无数个小分队派遣至各沿海地区，这也就意味着要解散我们原有的大部队。同时我们也会因为穷于应付几艘敌人的战舰和海盗式的侵扰而放弃更重要的战斗。"

原本，华盛顿拒绝派出小分队的决定曾在一些地方引起很大不满。现在，经过他的一番耐心解释，大家逐渐意识到华盛顿的决定是明智的。事实上，这是一个涉及整场战争命运的极为理智的决定。经过这一事件，大家都承认，华盛顿在处理问题时，既有远见卓识，又有坚定的态度立场，不愧为北美大陆军总司令。

经过一段时间的整顿，大陆军的面貌焕然一新。官兵们士气高昂、求战心切。而英军方面，波士顿城被华盛顿的防线切断了城里和乡村的一切联系，封锁波士顿的地方军队不让物资从陆路运入市区，临近的地区也不肯从水路供应物资。市区已买不到新鲜食品和蔬菜，波士顿城开始经受被围困的苦难。华盛顿觉得，现在是时候出击英军，收复波士顿了。他目前的重要目标就是诱使英军从波士顿出来，进行一场决战。

勇往直前，力主进攻

然而，正在华盛顿加紧围困波士顿、力图进行一场大决战的时候，却发生了一段令所有人都瞠目结舌的小插曲——军中所有的弹药竟然只够每人 9 发子弹！这是怎么回事呢？

原来，早在华盛顿就任总司令时，他就曾要求补给委员会清查弹药数量，当时他得到的答复是库存的弹药在 300 桶以上。但事实上，因连续的战争消耗，库存的火药早已损耗殆尽。现在，等华盛顿下令再次清查时，补给委员会这才发现库存弹药实际只剩 32 桶!

这个惊人的发现顿时让华盛顿坐如针毡、寝食难安。他的秘书约瑟夫·里德也以同样的心情谈道:“我一想到我们的弹药库存和我们目前面临的险境，就不寒而栗。我们现有的弹药根本谈不上库存，士兵们枪支里面的子弹几乎就是整支北美部队的全部子弹。”

幸运的是，虽然大陆军和英军双方的阵营离得很近，两军阵营中双方人员之间偶尔也有偷偷摸摸的往来，大陆军方面弹药不足的情报可能已被英军所获，但是，由于大陆军方面仍然英勇地保持自己的阵势，英军司令对于这种情报并没有相信。就这样，大陆军的营地在这种极度危险的状态下安然地度过了两个星期。最后，经华盛顿派人到罗得岛、新泽西和其他省份的殖民地多方催促，新泽西运来了部分弹药军火补给，这才缓解了燃眉之急。

但是，从新泽西运来的这些补给并没有从根本上解决大陆军弹药紧缺的困境，一旦全面开战，现有的弹药库存只够大炮用一天。

因此，华盛顿下令美方士兵要节约使用弹药，不得浪费。他甚至还下令如果英军对美方阵地偶尔进行炮击，大陆军方面不得还击。

波士顿围城战进行了好几个星期，这中间除了双方小规模的冲突之外，没有任何重大战事发生。英军驻守在城里，拒不出战，并且还在不断地加固防线。而大陆军方面，虽然有更多的弹药补给运送而来，但士兵们面对这种不战不和的局面越来越焦躁。

8 月底，华盛顿获悉英军准备出击，他决定主动发起挑战。他派出 1400 人在夜间攻占了英军防线内的一座高地，试图诱逼英军与之展开全面战斗。但是英军并没有接受这种挑战，他们只是以般克山为基地对大陆军阵地进行炮轰，却始终没有走到城外一步。大陆军军队由于弹药仍属匮乏，他们为了把炮弹留到全面战斗时使用，只是偶尔回敬一枚炸弹。不过，有一枚炸弹落在查尔斯顿隘口，刚好把英军驻守在此隘口的一个活动炮队给炸毁了。

英军这种不战不和的态度让大陆军方面很是迷惑不解，司令部对此也是猜测不一。英军既然看不起大陆军军队，但为何又躲在城里，不肯出战。

华盛顿对此的猜测是：英军要么是在固守待援，要么是因为看到大陆军方面基本都是由民兵改编而来，他们要消耗大陆军士兵的士气，使其自行瓦解。对于后面一点，华盛顿也非常担心。由于大陆军是由从各个不同的偏僻地区招募而来的新兵组成，他们没有接受过系统的训练，纪律也相对松弛。华盛顿担心随着他们生活必需品的逐渐消耗，时间一长，他们会慢慢地自行溃散。

为此，展望即将到来的冬季作战，华盛顿忧心忡忡：筹措帐篷、棉衣、燃料等，这些都需要大笔开支；在整个严冬季节，留住不习惯过艰苦军旅生活的士兵们更是困难重重；而长期作战所必需的弹药补给依然十分匮乏；最令人忧虑的是，全体士兵的服役期限到 1 月 1 日就要期满，如果让这批士兵回家，由谁来接替他们防守这道防线。

为了尽早结束这一怨声四起、不战不和的局面，为殖民地人民解除庞大的战费负担，1775 年 9 月 11 日，华盛顿集合将领，召开了一次军事会议。在会上，华盛顿提出利用小艇向波士顿英军发动进攻，同时在陆路上向罗克斯伯里英军防线发动袭击进行配合的进攻方案。但经过讨论，诸将领认为时机尚不成熟，在目前的形势下，发动这样一次进攻是不明智的，因此该计划遭到军事委员会的否定。

10月15日，大陆会议派出以本杰明·富兰克林为首的委员会来到大陆军部队驻地。与他们同来的还有康涅狄格、罗得岛、马萨诸塞、新罕布什尔等省的代表。他们聚在一起和华盛顿共同协商军队改组问题，并提出向波士顿发动进攻。华盛顿再次召集军事会议，讨论进攻的可行性。但由诸将领组成的军事委员会以目前的力量尚不足以发动一场有效的进攻为由，再次否定了华盛顿向波士顿发动进攻的计划。

改组军队，困难重重

这次商讨军队改组事宜的会议连续开了四天。会后，大陆会议根据会议达成的协议通过了一项决议，决定成立一支由两万多名官兵组成的新军队，兵员尽量从现役官兵中招募。

但此次会议有一项重要的问题没有得到很好的解决，并且在之后整个独立战争期间一再地成为麻烦的根源，那就是：士兵们的服役期限太短，在现行情况下，他们只用服役一年时间就可以回家，由新的士兵来接替。这使得大陆军始终处于由毫无经验的新兵组成这一尴尬的境地。

在协商会议结束之后，华盛顿的秘书里德先生因事返回了家乡费城。里德先生是一位学识渊博的人，曾在伦敦系统地学习过法律，在费城律师界享有很高的声誉。美洲革命爆发后，他抛家舍业投身到人民的正义事业之中。由于观点相同，华盛顿在很短的时间就和他成为无话不谈的亲密战友。他们之间彼此绝对信任，友谊坦率而真诚。

对于里德的离去，华盛顿深表遗憾。他的文笔对华盛顿帮助极大，华盛顿的许多信件都是由他执笔起草的。在前途渺茫、困难重重的时期，华盛顿更是觉得他明智的见解和真挚的友情弥足珍贵。里德去职之后，总司令秘书一职先后由马里兰的罗伯特·哈里逊和米夫林上校担任。但是他们两人始终没能从华盛顿那里获得如对里德先生般的信任感。

里德去职后，华盛顿和他之间有过多次通信，其中华盛顿写给里德的信件尤为珍贵。正是因为里德先生当时不在军中，后来的我们才有可能看到华盛顿在极其痛苦的时刻，内心的真实感受。这些信件不仅向我们展示出当时的华盛顿对周围事件的见解，而且还透露出当时的他内心深处的真实情感。这些真实的文件是华盛顿坦荡胸怀的最好证明。

1775 年 12 月至 1976 年 3 月，是华盛顿在围困波士顿过程中最忧愁不安的日子。因为在寒冷的季节，大陆军所在营地和波士顿之间的海湾就会冻结成冰，那么战争就有可能要在冰面上进行。郝将军虽然一直以来都按兵不动，可他一旦得到增援，必然会有所行动。

华盛顿认为，此时大陆军必须尽全力来守卫最容易遭受敌人攻击的地段，而加强防守的最好方法就是建立炮队，但大陆军一直以来都非常缺乏武器弹药，这让华盛顿备感为难。就在这个时候，亨利·诺克斯上校主动提出愿意前往香普兰边疆据点去找寻弹药补给。诺克斯上校原本是波士顿一个富有的书商，后来为了北美的自由事业而弃商从戎。由于他精通军火器械，大陆会议便根据华盛顿的提议，任命他为炮兵团团长。

根据大陆会议关于军队改组的决议，华盛顿开始从现役军人中招募人员，组建新军队。事实证明这一工作着实让人头疼。在给大陆会议主席的信中，华盛顿这样写道："有近半数的上尉级军官打算退伍回家……而愿意留下来的军官，彼此心生嫌隙，不同殖民地的军官往往不愿混编在一个团中。而且他们当中许多愿意留任的目的就是为了得到升迁。还有些军官则持观望态度，希望能有机会从中得到好处。而此时，即便有可能重新招募士兵，也是困难重重。因为士兵们往往不愿在不熟悉的军官麾下效力……这说明大家缺乏一心为公的精神。我原本以为大家会为了国家和人民而争先恐后地报名服役，但实际情况并非如我所料，我们很有可能在最危急的关头被人民所抛弃。"

在给他的挚友——前任秘书里德的信中，华盛顿完全表达了内心的想法和感受："我从没有想到，人们会如此缺乏一心为公的精神。我也从没想到，在军队人事变更这一重要时刻，人们却在相互倾轧，只为从中得到一些好处。这种发生在一个集体内部的尔虞我诈最终会导致怎样的恶果，我无法想象。而想到未来，更是让我觉得不寒而栗。因为直到 11 月 28 日，我们只招募到了 3500 名士兵。为了让这些人留下来，我不得不允许官兵们休假，每个团中就有超过 50 人在休假，也许实际情况比这个还要多。至于康涅狄格的士兵，任凭你怎样苦口婆心地规劝，他们当中的许多人就是不肯在服役期满之后继续留在军中，只有部分士兵报名参加下一次的战役。我现今就统领着这样一支雇佣观念贯穿全军的队伍，这让我觉得，此后无论遭遇怎样的灾难都不足为奇……假如当初我能预见到会遭遇此情形而且今后还有可能遭遇此情形的话，我是无论如何都不会接受这一任命的。”

在处理军中一切大小事务之外，华盛顿还时刻挂念着弗农山庄的家庭。早在6月他在费城接受大陆军总司令一职时，他就在给马撒的信中写道：“我将在秋天平平安安地回到你的身边。”

但以目前的情况来看，他可能整个冬天都要滞留波士顿前线了。华盛顿十分担心马撒生活寂寞，为他担心忧虑。

于是，他在11月份派人送信给马撒，邀请她到军中团聚。同时，华盛顿还写信给他弗农山庄的管家伦德，委托他照料庄园。在信中，华盛顿明确指示管家伦德，要继续保持庄园款待穷人的习惯，不能让任何穷人饿着肚子离开。在不鼓励他们偷懒的前提下，每年应拿出一定的善款和粮食来救济穷人。

经过长途跋涉，半个多月后，马撒在儿子和儿媳的陪同下，抵达坎布里奇司令部。自此，大陆军军营中增添了一位可爱而高贵的总司令夫人。她在司令部招待客人时，庄重而又和蔼。有时，她还在副官陪同下深入基层，查看各处营舍，关心下级将士的生活疾苦。马撒的到来给寒冷枯燥的军营带来了些许温暖和生气，在形势严峻军务繁重的情况下，她的倩影处处使人感到安慰。她给司令部带来了一种女性特有的温柔光辉和愉快气氛。因此，她很快就赢得了全体将士的尊敬和喜爱。

由于华盛顿十分担心康涅狄格士兵在服役期满之后，绝大部分会选择回家。为此，他召开军事会议讨论这一问题。会议经过讨论后决定，为了应对由于康涅狄格士兵退伍和部分士兵休假而造成的兵力不足的情况，即刻下令马萨诸塞3000名民兵和新罕布什尔2000名民兵于12月10日前赶到坎布里奇。华盛顿将此安排告知康涅狄格即将退伍的士兵并要求他们坚守到服役期满有人接替他们为止。但是刚到 12 月 1 日，许多士兵就已按捺不住，决心立即回家。军官们纷纷前来劝阻，但都毫无效果，好些士兵还将枪支弹药一并带回了家。

需要补充说明的是，这些提前回到家中的士兵在家里并没有受到欢迎，并且因为他们擅自离开岗位，引起了群众极大的愤慨，他们在回家的途中连吃的都讨不上，因而吃尽了苦头。结果，他们当中很多人很快又返回了军营。

就在华盛顿担心康涅狄格士兵提前离岗的先例会传染开来的时候，一支满载军械和军用物资的车队，在大陆军士兵和民兵的护送下，隆隆地开进了军营。原来华盛顿派出的巡逻艇缴获了一艘满载军火的巨型帆船。整个军营顿时一片欢腾，军官们纷纷利用这一事件进行广泛宣传，这在一定程度上抵消了军中的消极情绪。

老将军普特南利用一个漆黑的夜晚攻占了英军防线内的鹅卵石山。这虽然是一个制高点，英军却出乎意料地没有加以阻拦。两天之后，普特南就在这个高地上建成了一个异常坚固的工事。现在，他又着手在波士顿西城的对面——莱西米尔角修建另一工事。他打算通过威利斯溪上的一座桥梁和一条廊道，把这一工事和鹅卵石山上的工事连接起来。由于英军军舰“斯卡巴勒”号就停泊在莱西米尔角附近，普特南决定利用一个大雾弥漫的日子展开行动。

12 月 17 日，他率领 400 名士兵一大早在莱西米尔角的一个山头破土动工，同时派出另一支队伍在堤道上给河流架桥。直到将近中午时分，英军才发现普特南的行动。停泊在莱西米尔角的“斯卡巴勒”号以舷炮齐射，波士顿的英军也发炮射击。普特南不得不撤离莱西米尔角，但是，到了夜间，这位勇敢的将军又开始继续修筑工事。

18 日上午，鹅卵石山的守军对“斯卡巴勒”号进行炮击，迫使这艘军舰起锚，驶到渡口下面。希思将军也率领一支队伍，前去协助修筑工事，英军再次发起炮轰。就这样，在敌人连续不断的炮火下，普特南将军还是把两座碉堡都建了起来。华盛顿在视察这一工事时说：“如果我们手头有充足的炸药，而大陆会议又下达了命令，我军就可以从这个地点对波士顿守城英军进行炮击了。”

整个 12 月对大陆军而言都是一个需要经受严峻考验的月份。因为长期以来没有发生战事，士兵们都待在军营中无所事事，过着单调生活的士兵们革命热情早已消逝。非作战时期士兵们无法享受到作战时期供应部门所提供的各种条件，他们缺衣少穿，粮食供给也非常有限。面对即将来临的严寒冬季，士兵们感到心灰意冷，因此都急切盼望回到家中与家人团聚。服役期一满，士兵们就迫不及待地离开军营，迅速返回家乡。

眼见着士兵们三三两两地离开部队，华盛顿便试图号召大家积极发扬爱国主义精神，留在军中，但这一号召收效甚微。因为此时，每位士兵心中都充满了归乡之情，回家是他们最大的愿望。事实上，军中出现这一情况不足为奇，因为大陆军士兵大都是农民，原本就不能适应部队的军事化管理，在服役期即将届满之时更是归心似箭，一刻也不愿再忍受军营之中的苦寒生活。

面对此时的种种困境，华盛顿忧心忡忡，愁眉不展。而此时陪在华盛顿身边最亲密的战友莫过于格林将军了。时年 39 岁的格林将军体格健壮、精力充沛、性情爽朗、为人真诚，极富生气和男子气概。他对华盛顿怀有真正的敬意，因此也深受华盛顿的信任。

事实上，在整个独立战争期间，他从来也没有辜负华盛顿对他的信赖，始终是华盛顿最忠诚、最有效率的战友之一。现在，看到华盛顿为军队的改组而忧心忡忡，他对华盛顿遇到的苦恼也感到十分痛心。

在 12 月这个难熬的月份里，格林始终都陪在华盛顿身边，与他并肩作战。他和华盛顿有着同样的忧虑和担心。他自己手下士兵的秩序和纪律一向是他的骄傲。但是，这些士兵也普遍想要回家。他曾在信中写道："士兵们似乎已经厌倦了这种单调乏味、无所事事的生活，迫切想要回到家乡，我非常担心我手下那些优秀的士兵很快也要回家了。"为此，格林刻意加强了他所在营地的防御工事，以便能够在士兵减少的情况下依然能够守住自己的阵地。

格林将军是天生的乐天派，即便面临这样的困境，他仍然保持着乐观的精神，他经常在巡山时向士兵们发表演说，试图不断鼓舞士兵们的士气。他还将积极乐观的精神分享给华盛顿，并经常安慰华盛顿说，某某事情很快就会好起来的。正是这种积极乐观的态度和忠诚的爱国主义精神，才使得华盛顿对他信赖有加。

1775 年 12 月 31 日到来了，这是大陆军最危急的时期。因为随着月底的到来，最后一批士兵的服务期限也届满了。

格林写道："明天最后一批老兵们也都要复员了，随着他们的离去，我们军队的力量也到了最薄弱的时候。"

第二天，也就是 1776 年 1 月 1 日，华盛顿的军队人数已不足 10000 人。即便是一支这样人数不足的部队，也还是在华盛顿允许许多士兵探亲休假的条件下招募而来的。

同时这支部队还普遍缺乏武器弹药，他们不得不让退伍的士兵将武器折价留给前来接替他们的士兵。而前来报名应征入伍者，必须自带枪支又或者上交一元钱，才能在作战时使用枪支。如果士兵能自带一条毛毯那就再好不过了，部队会奖励他两元钱，这说明部队的物资严重匮乏。因此部队也无力给士兵们提供统一的制服，所以士兵们的服装颜色和款式五花八门、各不相同也就不稀奇了。至于士兵们所穿服装的费用，则从他们的薪饷中扣除。

此外，前来接替复员士兵的为各省份的民兵部队，因而也只能在此待较为短暂的时期。尽管华盛顿已经做出了最大努力，但部队各方面配置依然十分薄弱，尤其是兵力方面，这使得大陆军阵地很容易被英军突破。

面对部队这种危急的状态，华盛顿心急如焚。他在给里德的信中写道："我们没有武器弹药，却要在英军面前固守阵地达六个月之久。我们要让老兵复员，同时还要招募一支新兵队伍，人员始终都处于极度匮乏状态，至于招募新兵的效果如何，还很难评说。而此时英军却不断得到新的增援。面对部队兵力不足满员时一半的团队和5000名只服役到本月中旬的民兵，我只希望这个月赶快过去。虽然我们迫切需要士兵们留下来，但他们却纷纷离开。过去的两个月，我就是在不断摆脱困难，又不断陷入新的困难当中度过的。至于最后的结局如何，只有上帝才能知道了。据说我们的军队很快就能满员了，然而，面对太多无法实现的事情，我已不知该如何相信了。但我仍非常感激上帝直到现在一直保佑我们平安无事。"

当初华盛顿之所以被迫放弃进攻波士顿这个计划，是为了尊重作战会议的意见。在重新谈到进攻波士顿的计划时，华盛顿在信中说:“如果当初我能预见到现如今所遭遇的种种困难,又或者如果当初我知道老兵对于继续服役持有如此态度的话,即便所有将领都前来阻止,我也不会把进攻波士顿的日期推迟到现在,可究竟什么时候能发动进攻,仍然是个未知数。但这个日期绝对不会比我所期望的早。”

就在此时,情绪低落的华盛顿收到了诺克斯的来信。诺克斯在信中说:“我们已经设法克服了种种困难,将大炮和弹药运送到了乔治湖源头。就在三天前,我们还无法确定能否把大炮和弹药赶在明年春天前运送过来。但现在我们的货物即将起运了。我们制作了 42 个坚固的雪橇,并找到了 80 对公牛来拉这批武器弹药,我想可以一直拉到斯普林菲尔德。从那里我们再寻找牲口将它们运送到部队。”

在艰难困苦面前,诺克斯充分展现出了一位自愿为国家奉献的革命军人的崇高精神,也让华盛顿总司令充分认识到,谁可以成为他最信赖的人。

围困波士顿整整持续了一个冬天,却没能给英军任何的打击。英军仍旧躲在防御工事中,任由围城部队进行活动。对于围城部队无所作为,全国人民都感到非常不满。大家都希望能够得到振奋人心的消息,希望围城部队能够予以英军一定的打击。

华盛顿又何尝不想这样,但他屡次在军事会议上提出对波士顿发动进攻,都被手下大多数的将级军官否定了,出于对军官们的尊重,他一次次放弃了攻打波士顿的计划。他原本希望利用冬季寒冷,港口结冰这一最后机会,从冰面上对敌人发起进攻,谁知天不遂人愿,整个冬天一直很温暖,海湾始终没有上冻。

在公众一片窃窃私语声中,华盛顿更觉坐立不安、心急如焚。

2月10日，他在给里德的信中写道："我现在深陷左右为难的困境中。我深知人们寄期望于我，也知道在所有配置都十分薄弱的情况下，想要取得一定战果基本不可能。但如果我向世人宣布是因为物资和人员匮乏，我才迟迟没有对波士顿发动进攻，那必然就会向敌方暴露我方弱点，这对于革命事业来说是极大的损害。因此除了少数人了解此情况外，我不能对外宣布这一情况。但这样一来，我的处境便变得十分窘迫。一直以来，我们的目标是能够拥有一支装备良好的20000人的部队，但无论从人员数量上还是从武器配备上，实际情况都与之相去甚远。但面对如此境况，除了尽量隐瞒，我别无他法。"

就在华盛顿这封信发出去不久，波士顿港天气骤然变冷，几天之后，海湾就冻得结结实实，军队都可以在冰面上活动了。华盛顿知道冰冻的时间不会持续太久。他认为，这是进攻波士顿城最好的时机。2月16日，华盛顿再次召开军事会议，并向军事委员会提出进攻波士顿的主张。但是，与会的军官们认为军营里兵力不足，武器和弹药也严重匮乏，因此，这种进攻是不可取的。最后，华盛顿只得再次默默地接受了按兵不动的决定。

大获全胜，收复波士顿

诺克斯上校终于带着武器弹药抵达了军营。他带来的不仅有大量的弹丸和燧石，还有50多门大炮、迫击炮和榴弹炮。对于得到这样大量的武器补给，全军上下都感到非常高兴。诺克斯上校在寒冷的冬季经过长途跋涉，穿越白雪皑皑的荒原和冰冻的湖泊，将武器弹药运抵军营，这需要多大的勇气和力量啊！

而在完成此项任务过程中，他一直都在努力寻求各种办法，好让这批在数量上和重量上都十分庞大的物资安全抵达，充分展现出了他极大的智慧与热情。当然，这位杰出的将领在今后战争中的表现更是可圈可点，完全获得了华盛顿对他的信任与爱护。

随后，其他地区的军火库也相继运来了许多武器弹药，此外，还有 10 个民兵团也赶来增援华盛顿。至此，华盛顿所提出的进攻波士顿的计划应该不会再遭到反对了。3 月 2 日，华盛顿召开军事会议，讨论具体的进攻计划。

最后会议决定：派出部队夺取波士顿城南的多彻斯特高地。同时，向普特南驻守的波士顿城北的莱奇米尔角运送重炮，让普特南居高临下地控制波士顿北部。

这样，如果英军对城南多彻斯特高地进行反攻，普特南就从波士顿城北发动进攻，以牵制英军。一旦占领多彻斯特高地并构筑了工事，大陆军就可以居高临下地控制波士顿市区的一大部分，并且基本能够控制整个波士顿港。到时候，大陆军再把工事推进到努克山和波士顿对面的其他据点，从这些高地据点用大炮猛轰，就一定能把英军赶出市区。

在明确了作战目标为城南的多彻斯特高地之后，大陆军就开始为此做多方面的准备。士兵们在行动开始之前的两个夜晚，搜罗了柴把、箩筐和草捆等物品，用于占领高地之后构筑胸墙和碉堡。为了防止英军发现大陆军所进行的这些准备工作，引开英军的注意力，大陆军从一些和英军遥遥相对的地点开始向英军开火，于是双方激烈的炮火声使所有其他声响淹没其中。大陆军成功转移了英军的注意力。

3 月 4 日晚，托马斯将军率领部队秘密地从罗克斯伯里和多彻斯特的防线出发，开始行动。虽然当晚皓月当空，但由于双方激烈的炮火声和炮弹爆炸所发出的光亮转移了敌军注意力，于是这支部队在未被发现的情况下顺利到达高地，开始构筑碉堡。

华盛顿也到达现场，因为第二天恰巧是波士顿惨案 6 周年纪念日，华盛顿便号召将士们为惨遭英军杀害的同胞们报仇雪恨。战士们因此士气大增，他们争分夺秒修筑工事，一夜工夫就建立起了一座坚固的堡垒。凌晨时分，英军发现了这个一夜之间凭空而起的碉堡，顿时惊得目瞪口呆。

郝将军也因此感叹："我军一个月才能完成的任务，叛军竟然在一夜之间就修筑完成，这不得不让人惊叹！"

郝将军十分清楚，失去多徹斯特高地就意味着丢失了波士顿城市的屏障。英军陆军和海上舰队已完全处于大陆军的大炮射程之内。现在，摆在英国军队面前的只有两条路：要么不惜一切代价夺回多徹斯特高地，要么撤出波士顿城。而第二条路太丢脸，是郝将军所不能接受的，因此他决心发动反攻。

当晚，英军趁大陆军立足未稳之际，开始组织反攻。他们集中全部火力猛烈地攻击多徹斯特高地。同时，还出动多路兵力，水陆并进大举进攻。但是，当晚天公不作美，风暴来袭，大雨如注，英军的运兵船无法到达预定的目的地，军舰也无法掩护和支援他们，英军只得无功而返。第二天，依然是狂风暴雨，英军的进攻只得再度延期。在这段时间里，大陆军方面争分夺秒地加固工事，调配兵力。等到风暴平息时，大陆军阵地已是固若金汤，无法攻下了。

英国海军司令警告郝将军，如果多徹斯特高地夺不回来，他的军舰就不能久留港内，否则可能会被大陆军的炮火击沉。同时，高地上不断有炮弹发射到英军阵地上来。最后郝将军不得不做出撤出波士顿城的决定。

在英军决定撤出波士顿的过程中，还出现了一个小小的插曲。英军害怕撤退登船时遭到大陆军炮火攻击，便放出风来说：若大陆军方面开炮，他们就放火焚烧波士顿，以此来掩护英军退却。城内的士绅们闻讯大吃一惊，他们通过中间人找到郝将军谈判。谈判的结果是：由几名行政委员会委员起草一份文件，请大陆军别开炮，以免波士顿招致可怕的灾难。同时郝将军也间接地放出话来，只要英军登船时不受骚扰，波士顿市就可以安然无恙。

8 日晚，这项文件被送到大陆军防线，随后又被转送至大陆军司令部。收到文件的华盛顿和军官们进行了商议。他们看到这份文件上没有郝将军的签字，因此，难以证明这项文件的真实可靠性。同时，文件上也没有任何别的条文规定英军会遵守他们许下的诺言。因此，经过谈论，大家认为，对于这项文件，司令部可以置之不理。但同时，大陆军应该让英军知道大陆军司令部已经收到了这份文件。

大陆军方面暂时停止了向英军阵地的射击，但大家仍在继续加固工事。波士顿城内人心惶惶，英军每天都在为撤退做准备。但由于风向不利，他们登船的时间又向后推迟了好几天。华盛顿对波士顿城内的情况不甚了解，他担心英军又要耍什么阴谋诡计，于是决心继续施加压力。

3 月 16 日，华盛顿派出一支部队到努克山，在英军连续不断的炮火下，连夜筑起一道胸墙，居高临下地控制了市区南部和波士顿隘口。同时，他还派出一名间谍投靠英军，谎报军情，说大陆军方面准备发起总攻。

这样，英军再也不敢耽搁下去了。次日清晨 4 点钟，英军的撤退工作就在一片混乱中开始了。很快，波士顿码头就熙熙攘攘、乱作一团。78 艘军舰和运输船载着蜂拥上船的 12000 多名海陆军士兵和王党分子驶离海湾。这些王党分子之前一直迷信英国的军事力量，因此他们做起坏事来比英国正规军还要肆无忌惮、暴虐猖狂。现在，他们只能把身家性命交给波涛汹涌的大海，走向了逃亡之路。

在英军仓皇撤离的时候，大陆军从多彻斯特高地的炮台中密切地关注着英军的一举一动，没有发一枪一炮。与此同时，英军方面也做好了放火的准备，一旦大陆军开炮，他们就纵火焚烧波士顿。到 10 点钟的时候，英军已全部登上军舰，驶向了大海。普特南将军控制了波士顿全城，他派兵占领了一切重要据点，将联邦的旗帜——星条旗，在所有碉堡上高高升起。

华盛顿于第二天进入波士顿市区，在那里，他受到市民的热烈欢迎。全城人民欢欣鼓舞，像庆祝重大节日般夹道欢迎自己的军队。英国军队虽然从波士顿城仓皇撤走了，但载着他们的舰队却滞留在楠塔克特岛碇泊处。

华盛顿担心英军可能还会卷土重来、趁夜袭击。因此，他下令在居高临下俯视整个波士顿港口的炮台山上构筑起坚固的工事。英军舰队见波士顿被大陆军部队防守得天衣无缝，他们这才放弃最后的幻想，从海岸边完全消失了。波士顿终于获得了彻底的解放。

在华盛顿的领导下，这场围城战终于在僵持了近一年之久后取得了胜利。这其中的辛酸与不易，只有当事人才能知晓。人员不足、物资匮乏，种种困难都在考验着华盛顿的智慧与能力。而华盛顿则充分展现出了他运筹帷幄、驾驭全军的杰出才能，领导着大陆军将一支训练有素的英国正规军逐出了波士顿，取得了这场持久战的最终胜利。

为了对大陆军官兵收复波士顿的胜利予以表彰，1776 年 3 月 25 日，大陆会议通过了一项向大陆军部队表示感谢的决议，并下令铸造印有“波士顿的解放者——华盛顿”肖像的金质奖章，以表彰华盛顿在这次战争中的卓越表现。

波士顿的收复，其政治意义和影响远远超过了它的军事价值。在这次战争中，北美殖民地的大陆军部队以弱胜强，彻底打破了英军不可战胜的神话。同时，波士顿围城战是华盛顿担任大陆军总司令后的第一仗，华盛顿在这场战役中的表现使他赢得了大陆军官兵和整个北美大陆人民的信赖。从此以后，北美人民就把战胜英国殖民者的希望寄托在了他和他领导的大陆军身上。

情况危急的纽约战事

布防纽约城

波士顿战役进行的同时，在北美其他各殖民地，战争也在如火如荼进行着。为了不让英军利用英属加拿大作为基地，从北方南下威胁驻波士顿的大陆军部队，华盛顿决定派遣阿诺德远征加拿大。1775 年 5 月，阿诺德组织一支志愿军，收复了被英军占领的位于纽约境内的提康德罗加炮台，随后，他挥师北上，进军加拿大。11 月，蒙哥马利将军率领另外一支大陆军队伍也向加拿大进发。

1775 年年底，两军会师，并开始进攻加拿大的魁北克省。但不幸的是，在这场战役中，阿诺德受了伤，而蒙哥马利将军则壮烈地战死在了沙场。虽然他们的进攻受挫，但这场战役却牵制了将近一半的英国驻北美部队，为北美大陆军在其他战场的作战创造了有利条件。

1776年3月，载着英国陆军从波士顿撤离的英国舰队最终离开了，但作为总司令的华盛顿却一刻都不敢懈怠。他立即召开军事会议，商讨下一步的军事行动。商讨的结果是，众将领一致认为英军在以后的战役中会把作战的矛头指向中部殖民地和南部殖民地。据此，华盛顿将这些殖民地划分成两个防区。中部防区包括纽约、新泽西、宾夕法尼亚、特拉华和白消安，华盛顿派了一名少将和两名准将前去指挥防务。南部防区包括弗吉尼亚，南、北卡罗莱纳和佐治亚，华盛顿派遣一名少将和四名准将前去统筹安排。

按照这种新的部署，华盛顿在人事安排上也做了一系列相应的调整。他任命李将军担任南部防区司令，负责南部防区的防务，同时密切监视英军亨利·克林顿爵士所部动向。鉴于英军非常有可能进攻纽约，他在任命普特南将军统领纽约市和哈得逊河两岸的军事防务之外，还命令希思将军和沙利文将军立刻率部前往纽约，加强该地区的军事防备。同时，他还写信给康涅狄格议会，要求康涅狄格再提供3000兵力增援纽约。

4月13日，华盛顿亲自抵达这座港口城市进行布防。由于长岛上布鲁克林附近的高地能够俯瞰整个纽约，华盛顿因此担心英军会选择在长岛登陆，并占领长岛。他决定派一名能干得力的军官镇守那里，于是，他指派了格林将军前往。接到命令后，格林立即前往该地，并着手熟悉周边地形和修筑工事。

哈得逊河是南方各殖民地和北方各殖民地的汇合点，是整个美洲的钥匙，同时还是通往加拿大、大湖区和印第安人地区的通道。而纽约则位于哈得逊河口，它既是北美13个殖民地的中心要地，同时它还是北美人民抗击英军的巨大军械及军需品仓库。纽约的力量和地位都使得它成为联邦的重要环节，如果失去纽约，北部殖民地和南部殖民地之间的一切联系就有可能被英军切断。因此华盛顿对这个地区的防御尤为重视。

早在 10 月间，还在波士顿围城战的时候，大陆会议就收到一份情报。该情报据说是英国内阁大臣们给在波士顿的英军指挥官的一份秘密作战计划。该情报的大意是：联系纽约省省督特赖恩以占领纽约和奥尔巴尼（奥尔巴尼是当时的纽约省首府）。用重兵防守这两个城市，同时宣布一切不参加英王部队的人为叛军。用军舰控制哈得逊河和东河，以此来切断纽约和北部各省份以及纽约市和奥尔巴尼市之间的水路联系。同时还要布设兵力，切断纽约市和新泽西、宾夕法尼亚两省以及南部各省份之间的一切联系。

该情报引起华盛顿对纽约和哈得逊河的关注，并促使他采取措施保护这一地区。1776 年 1 月初，波士顿港口的英军进行了大规模的调动活动。华盛顿预测他们要进攻纽约地区，于是，他授权李将军在康涅狄格招募士兵，并率领这支招募来的部队开赴纽约。他提醒纽约和哈得逊河畔各据点做好防守准备，同时，他还请求新泽西在纽约遭到突然进攻的时候给予军事援助。除此之外，他还下令把长岛和其他地方的危险分子和一切敌视大陆会议见解的人解除武装，并没收他们的财物供美军使用。

1 月 8 日，李将军动身前往纽约去执行华盛顿的命令。不过，对于华盛顿本着温和态度和考虑周全的秉性所做出的指示，李将军反而觉得华盛顿优柔寡断、不够严厉。仅仅解除亲英派的武装，在他看来是完全隔靴搔痒，因为他们总能从英军那里得到武器。李将军认为这样只会激起亲英派的仇恨，使他们更加心狠手辣。对于华盛顿所说的“把最危险的分子抓起来”的方案，他也认为概念含糊不清，不能收到多大效果。他说："这些亲英分子的看法根深蒂固，我认为即便是天使下凡，拿着喇叭对他们的耳朵吹，让他们弃恶从善，他们也不会理会的。"

关于李将军本人，我们在此有必要对他做一个简单的介绍。我们前面说过，他曾在对法战争期间在英国部队中打过仗，具有丰富的实战经验和卓越的指挥才能。但是，他是一个为了享乐和发迹而从军的人。他之所以拔剑而起，加入大陆军队伍，并不是因为他多么重视北美人民应当享有的自由并要坚决地维护各殖民地的权利，而是因为他之前在英军部队服役期间，英国政府对他始终没有重用，因此他心怀不满。

的确，在军事问题上，李将军深谋远虑，运筹帷幄，是华盛顿精明的顾问。但同时，他脾气暴躁、刚愎自用、一意孤行，经常任性胡来。他既不热爱国家，也不同情人民的疾苦，对家乡和宗主国的纽带同样也是漠不关心。因此，华盛顿在涉及民生政策问题上和他探讨时，总是不得不保持一定的分寸和警惕。

李将军认为鉴于目前严峻的形势，大陆军部队应该采取的措施是：逮捕美洲大陆上每一个省督、政府人员、官吏、保皇派和自由的敌人。解除一切阶级不满分子的武装，用收缴上来的武器来装备大陆军部队。没收他们的财产，作为确保行为端正的保证金。让他们立下毒誓，宣誓不论在任何时候，他们都要支持大陆军军队。

最后，把顽固不化的人迁到内地的某些地方作为人质，使他们不能继续为害，并用来保证由于战事失利而落入英军之手的大陆军方面人员得到良好待遇。从以上李将军所制定的措施我们可以看出，在对待敌人方面，李将军是非常严厉的。同时，他的一些措施有时会过于激进，以至于招致市民和大陆会议的不满。但对此，李将军向来都是不屑一顾的。

5月中旬，大陆会议得到了英军即将进攻纽约和哈得逊河地区的准确消息，因此，大陆会议紧急召集华盛顿到费城商讨对策。5月21日，华盛顿携夫人动身前往费城。在费城，华盛顿向大陆会议表达了自己的看法：既然英国方面宣布战争已经打响，并且坚持要用高压手段让北美殖民地完全臣服。那么，同英国按照可以接受的条件达成和解已无可能。所以大陆军必须有充足的兵员和较长的服役期限，才能应付一场持久的战争，但现行的士兵服役期限和现有的兵力都不足以应对这场战争。最后，在华盛顿的力争之下，大陆会议通过了以下决议：

（1）将现行士兵服役期限由1年延长至3年，奖励每一位入伍新兵10美元。

（2）抽调13800名民兵增援纽约，在纽约湾设置障碍物，防止英军军舰进入。

（3）授权华盛顿在紧急情况下调遣临近各殖民地民兵的权力。

（4）设立由约翰·亚当斯等5人组成的“军事与军械委员会”，作为常设作战机构，专门处理军事问题。

在这段时期，殖民地各处突然开始流行起了天花。夫人马撒在军中看望士兵时，华盛顿常常为她感到担心。到达费城后，马撒接种了牛痘，并且平安无事，华盛顿这才放下心来。在此期间，华盛顿还遇到一件高兴事：由于副官长盖茨得到提升，这一职务空缺出来。在他的推荐下，他之前的秘书兼挚友约瑟夫·里德被任命为副官长，又回到他身边工作了。

在北美方面加紧对纽约进行军事布防的时候，郝将军所率领的从波士顿撤出的英军并没有选择直接进攻纽约，而是选择了北上，他们驶向了英属加拿大殖民地的哈利法克斯。郝将军要在那里等待他的兄弟——英国海军上将查理德·郝勋爵的舰队到来。与此同时，4300名不伦瑞克军队和将近13000名黑森军队，正在从大洋彼岸的英国开来。他们是被英国政府雇佣的德意志雇佣军，心狠手辣、嗜血成性。

6月29日，华盛顿收到一份由驻守在斯塔滕岛的大陆军瞭望哨送来的紧急情报：有40艘英军舰船正向纽约港驶来。

6月30日，华盛顿再次收到情报：大批英军舰船从海面源源而来，它们停靠在斯塔滕岛附近的纽约湾，数量有130艘之多。紧接着，英国军队就在塔滕岛登陆了，白色的帐篷布满了整个山坡。

事实上，29日到达的这支英军正是3月份被迫撤出波士顿的部队，他们在海上和六艘满载着苏格兰军队的运输船汇合后，现在从哈利法克斯开来。与此同时，前来助虐的德意志黑森雇佣军也开到了纽约湾，三支队伍会合后，英军的总兵力已达到将近3万人。

曾经被迫从波士顿仓皇撤退的郝将军也乘军舰来到了纽约港外，他打算在其兄弟——海军上将查理德·郝勋爵的舰队支援下，夺取纽约，控制哈得逊河。这样，他就可以将北美殖民地拦腰斩断、分割为南北两部分，之后再派兵围困和歼灭华盛顿的大陆军，雪洗波士顿战场上的耻辱。

在纽约，前纽约省督特赖恩待在停靠在纽约湾的一艘军舰上，通过联系斯塔滕岛、长岛以及附近其他地方的亲英分子，进行遥控指挥。此外，他还制定了一项收买政策：凡是为英王效忠的人，每人可获5个英镑的奖金和200英亩土地，其妻子和每个子女可分别获得100英亩和50英亩的土地。这些亲英分子的任务是配合英军登陆，发动叛乱，杀害大陆军军官，炸毁军火库等。他们到处煽风点火、造谣生事、招募人员、发展组织。其分支已经延伸到哈得逊河上游，上游各县的许多不法分子都参与到了这个阴谋之中，甚至连纽约市长、华盛顿身边的警卫员等也都被收买了过去。

华盛顿密切地关注着形势的发展。他知道，郝将军之所以到现在为止还按兵不动，只是在等待他兄弟的到来。华盛顿写信给大陆会议主席，要求他再呼吁各省议会募集一支10000人的机动部队，驻守在东新泽西，作为一支中间力量，随时视情况需要，投入任何方向的战斗。

同时，为了打击市内亲英分子的嚣张气焰，华盛顿命令将该名叛变投敌的警卫员交军法审判后处以绞刑，并且雷厉风行、大张旗鼓地予以执行。所有当天不执勤的士兵都要列队到场观看，以便以儆效尤，警示每一个军人不要再犯类似的罪行。同时，他还紧急写信给安全委员会，指出当前市内的严峻形势。安全委员会因此通过一项决议，禁止居民同英国船只保持任何联系，违者将予以严惩。

7月2日，华盛顿发布命令，要求官兵们做好一切准备，迎接一场决定北美人民自由和命运的生死攸关的战斗。在这场战斗中，英勇作战的官兵将给予最大程度的褒奖，而贪生怕死者将处以极端严厉的惩罚。

合众国诞生

在北美殖民地人民处于英军大军压境的危难时刻，费城的大陆会议代表们关起门来，开始秘密地讨论一项极其重大的决议——在 13 个殖民地的基础上，建立独立的联邦，同英国政府断绝一切附属关系。

是什么原因让北美殖民地人民做出如此决绝的决定呢？实际上，一开始，北美殖民地的绝大多数群众甚至包括华盛顿在内的著名革命家，都不曾想过要从英国统治下独立出来，在北美建立一个全新的国家。

北美著名的民主人士乔治·梅森在 1770 年还依然认为独立思想过于激进，美洲能接受这种思想的有识之士屈指可数，北美人民仍习惯于将美洲的繁荣幸福建立在和宗主国的联系之上。甚至连在费城召开的第二届大陆会议还对外宣布：“我们并没有同大不列颠分离以及建立独立国家的野心。”

然而，随着英国将一项项严重侵害殖民地权利和自由的法案付诸实施，而北美殖民地代表的各种请愿、陈情、上书都无果而终之后，北美殖民地人民对宗主国的各种幻想开始逐渐破灭。殖民地人民逐渐意识到，如今的英国早已不再是他们曾经的母国，它早已成为各殖民地人民的压迫者。列克星顿事件更是将北美人民和英国政府的对抗推向了无可挽回的地步。

随着各殖民地反抗英国殖民统治斗争的深入，从 1775 年起，要求独立的呼声开始在北美上空回荡。为了响应人民的呼声，1775 年秋，资产阶级民主主义者托马斯·潘恩写成了《常识》一书。这本书语言通俗、文笔犀利，像一篇战斗檄文一样直指英国政府的专制暴政，号召人民为争取自由和独立而战。因此，它一经发表，立刻给北美人民的革命斗争注入了新的动力，也给处于十字路口的美洲革命事业指明了方向。

没有革命的理论就没有革命的风暴，《常识》一书对北美有识之士产生了巨大的影响。受这本书的鼓舞，在反英斗争态度上曾一度犹豫彷徨的华盛顿，也最终从一个英国忠顺的臣民转变成了一个站在抗英斗争前沿的斗士。独立思想已经开始在北美大陆汇集成为势不可当的滚滚洪流。

面对沸腾的民意和热血激扬的人民，1776 年 7 月 2 日，大陆会议通过了一项对美洲乃至世界影响深远的重大决议，宣告："这些联合殖民地现在已经是，而且根据权利也应当是，自由独立的联邦了。"会议提名以托马斯·杰弗逊为首的 5 人组成的委员会，负责《独立宣言》的起草工作。

1776 年 7 月 4 日，大陆会议再次召开会议，最终通过了由托马斯·杰弗逊执笔起草的《独立宣言》。此刻，人们敲响了费城议会大厦顶端悬挂的大钟，大钟上面刻有圣经上预言性的铭文："在全国各地向全体居民宣告自由。"这是北美人民宣告自由独立的钟声，也是宣告英国殖民统治终结的丧钟。在这伟大的时刻，费城内外一片欢腾，人们奔走相告、欢呼雀跃。从此，坚强而伟大的美利坚合众国诞生了。由于《独立宣言》在这一天问世，7 月 4 日被定为美国的独立日。

对于《独立宣言》的发表，华盛顿感到十分高兴。7 月 9 日，华盛顿向全体大陆军官兵宣读了《独立宣言》，并希望它能激励全体官兵英勇作战，为国家的独立和自由而战，为人民的和平幸福而战，官兵们听后欢声雷动。与此同时，纽约城内的居民也敲响了象征自由和平的钟声。官兵们和纽约市民一起动手，将城堡前草地上安放的一座英王乔治三世的铅像推倒砸碎，把它铸成子弹，以此来表明北美人民摆脱英国殖民统治和捍卫独立自由的决心和勇气。

在向全体将士们宣读完《独立宣言》之后，华盛顿就此事向大陆会议做了汇报，他说："《独立宣言》激起了官兵们空前的爱国热情。现在，将士们都清醒地意识到自己所从事的这场战争的神圣与高尚，也意识到自己正在为保卫自己国家最宝贵的权利和自由而努力战斗。"

事态白热化

7 月 12 日，当人们还沉浸在《独立宣言》所带来的欢乐情绪中时，几艘英军军舰的到来打破了数日来的欢乐气氛。很快，哨兵回报：这是英军海军上将郝勋爵率领军舰来了。华盛顿心里明白，郝勋爵的到来很可能意味着英军马上就要登陆作战了，一场大规模战役即将打响。

早在波士顿围城战期间，华盛顿就和当时驻守波士顿的英军主将盖奇之间有几次书信往来。互相通信的起因是，英国军方一贯态度高傲，他们看不起大陆军军队，一直拒绝把大陆军看作平等的交战对手，而称之为叛军；盖奇本人也一直把华盛顿视为叛军首领。英军对他们俘虏的大陆军军官兵肆意侮辱虐待，拒绝承认他们的战俘身份。

为此，华盛顿特致函盖奇，并向他宣布：他是一位为人民革命事业而自发成立的人民军领袖，因此英军应平等地对待他本人和他领导下的北美大陆军。在他同盖奇将军的往来信件中，他坚持要求英军方面应尊重其作为大陆军总司令的身份，否则他将拒绝接受所有没有写明他正式头衔的公函。

7月中旬，英军海军的布朗上尉举着郝勋爵的旗帜前来，要求会见华盛顿。原来，郝氏兄弟仗着自己在兵力和武器装备上的巨大优势，准备对大陆军进行和平招降。现在，从礼仪上维护华盛顿及其统领的大陆军名誉的机会来了。

大陆军副官长里德上校在海上会见了布朗上尉。布朗通知里德说，郝勋爵委托他将一封信送给华盛顿先生。里德告诉布朗，美国军队中没有一个叫“华盛顿先生”的人。最后，布朗拿出一封抬头为“乔治·华盛顿先生”的信。对此，里德以“用这样的称呼，信不能收”为由，拒绝接受。就这样，布朗上尉带着尴尬和失望，返回英军阵营。他们的这次会见就此结束。

7月19日，郝将军的一位副官来到美军阵营，希望了解英军副官长帕特森上校能否获准面见华盛顿将军。这一次，华盛顿按照军礼在司令部接见了这位英军副官长。帕特森上校带来了一封致华盛顿的信件，上面写着“乔治·华盛顿先生，等等，等等”，帕特森希望“等等”这样可以代表一切职位的词汇能让华盛顿顺利接收此信。于是，他竭力辩解说这样的称谓合乎礼仪规范，而且美方去年也曾这样称呼过郝将军，郝将军并无贬低华盛顿将军之意。

对于英方的狡辩，华盛顿回答说：“‘等等，等等’的确可以代表一切职位，但他们也可以代表任何的职位。至于我方也曾这样称呼过郝将军，那是因为郝将军的来信使用的是这一称谓，我方不过是按照原信所用称谓回复而已。公函与私信的区别就在于公函是有一定书写要求的。因此任何以私人身份称呼我的公函，我都不予接受。”

帕特森见华盛顿不肯收下信件，便凭借记忆，努力将此信的内容转达给华盛顿。信的大概意思是：郝将军兄弟是英国政府派来的和平大使，他们的到来是英国政府关心爱护美洲殖民地人民的表现，如果英美双方能够和平解决所有问题，便是皆大欢喜了。最后，帕特森说，他希望能够把自己此次的到来看作是实现这一目标迈出的第一步。

对于英方的招降，华盛顿大义凛然地回答说，根据郝将军的信函判断，郝将军和郝勋爵似乎是来宽恕美洲人民的，但没有过失的人又何须别人的宽恕？美洲人民不过是在保卫自己的自由与权利。华盛顿不卑不亢地维护了自身权利和尊严，因此，他的这一行为受到了大陆会议的充分肯定。大陆会议也因此号召全体将士在和英军交涉的时候，都要学习华盛顿这种做法。

同时，华盛顿这一做法也收到了成效，自此之后，郝勋爵在他致华盛顿的信函中改变了抬头。需要指出的是，华盛顿这样做并不是因为他过于重视礼仪细节和喜欢摆架子，他这样做只是为了争取双方军队处于平等地位，维护美国的地位和尊严。

郝勋爵见和平招降不成，立刻着手准备以武力消灭大陆军。7月下旬到8月上旬，英国军舰以及各类供应船只陆续抵达纽约湾。苏格兰高地部队、黑森部队还有英国本土援军相继登陆斯塔滕岛，并在此安营扎寨。

8月初，英国将领亨利·克林顿爵士的分舰队也到达纽约港外停泊。自从从波士顿撤出后，亨利·克林顿率领的这支分队曾一度游弋于弗吉尼亚和南卡罗来纳等美国南部沿海，伺机偷袭。但他每次的偷袭均被驻守南部防区的李将军所部及时击退，最终无功而返。和亨利·克林顿爵士所部一同前来的，还有康沃利斯勋爵率领的3000名陆军部队。这样，集结于纽约的英军总兵力达到30000余人。

除此之外，英军还拥有一个巨大的有利条件，那就是他们有一支机动灵活、可以随时随地发动攻击的海军舰队。

与集结在纽约湾附近的约30000兵力的英军相比，此刻驻守纽约的美军兵力只有20000人，他们大都是没有经过严格训练的新兵，而这20000人中还包括一部分病号和休假中的士兵。虽然华盛顿将剩下的美军分配到各个驻地，但由于兵力不足，各阵地之间的间隔长达15英里。

在这种紧急情况下，纽约省议会下令迅速招募民兵，保卫哈得逊河河流两岸的地带，一旦英军军舰企图登陆，就给他们以迎头痛击。还有一些民兵被派去增援长岛上的阵地。这些仓促从田间征召而来的农民军部队，很多连武器都没有。

因此议会只好命令他们随身携带一把铁锹、铁锨或铁镐，以此来抗击来犯的英军。实际上，在革命的生死攸关的时刻，这些仓促应征而来的农民的大力支援是美国革命的光荣特点之一。

根据纽约省议会的授权，华盛顿指派乔治·克林顿将军带领这支新组建的农民军队伍迅速开往新近在国王大桥附近建立的炮台。同时，因为从纽约通往奥尔巴尼的大路，要经过安东尼地角，他又派出一名机智勇敢的军官带领200人在此处的隘口建立工事。不仅如此，华盛顿还要求将部分骑兵部队派驻到哈得逊河沿岸，密切监视敌人动向。

此时的华盛顿已经做好了最后的战争准备。凡是有可能趁机兴风作浪的亲英分子都被迁往别处，一切有关国家事务的重要文件都整理收藏起来，移交给了大陆会议。华盛顿夫人，连同其他曾经给司令部带来柔和文雅和生机勃勃气氛的将领夫人们，也全都被送走了。种种迹象表明，一场疾风暴雨般的风暴即将来临，一场生死大战即将打响。

8 月 17 日，华盛顿收到情报：大量英军已经备好粮食，登上了运输舰，种种迹象表明他们打算离开斯塔滕岛。从普特南送来的情报也表明，英军至少四分之一的舰船都已经驶离了斯塔滕岛。华盛顿所在的司令部一时对英军下一步的具体作战目标无从知晓，但有一点可以确定的是，事态正在趋向白热化，战争的风暴就要来了。

纽约一向是个容易激动的城市，面对空前的紧张局势，市民们难免开始陷入不安和惊恐之中。对于市民们的反应，李将军轻蔑地将其描述为“歇斯底里的恐慌”。但同样的情景，在华盛顿那颗仁慈为怀的心中却激起了不同的情感。

他在给纽约省议会的信中写道：“由于纽约市在未来不久很可能成为下一场战役的中心，面对这些留在市内的大量老弱妇孺，我深感内心焦虑，可怜的人们怀抱孩子奔走呼喊的情形始终在我脑中挥之不去，让人觉得心碎，难道不能想办法让他们离开这里吗？”

这段话让人鲜明地回想起他早年在弗吉尼亚的温切斯特与法军指挥作战的情景。当时的他曾写道：“妇女们恳求的眼泪和男人们的苦苦哀告使我心如刀割，我愿意牺牲自己，任凭敌人杀戮，如果这能使人民得到安宁。”正如当年一样，华盛顿立即采取行动，他发出通告劝告市民尽快疏散，并安排官兵帮助那些孤苦无依的居民离开。不久，省议会也响应华盛顿的号召，成立专门委员会帮助居民疏散撤离。

长岛大溃败

从各方面传来的情报让华盛顿坚信：英军会选择在长岛登陆并夺取长岛上可以俯瞰纽约的布鲁克林高地。同时，他们还可能派另一支部队，在纽约北面登陆，把长岛包围起来。布鲁克林镇坐落在北边的沃拉鲍特湾和南边的戈瓦纳斯湾两个深水湾形成的半岛形的狭长地带，它位于纽约的正对面，与纽约中间隔着东河相望。

鉴于长岛的特殊地理位置，华盛顿决定派出得力干将格林将军率领一支精锐部队驻守布鲁克林。格林已经察看了长岛上所有地理形势和军事要冲，并据此制订了防御计划。他沿着沃拉鲍特湾起，穿过半岛的狭窄部分，一直到南边的戈瓦纳斯湾修筑了一道由堑壕和堡垒组成的防线，以确保布鲁克林的安全。

同时，在这道防线前方约 2 英里半的地方，有一条郁郁葱葱的山脉由西南延伸至东北，形成了横贯这一岛屿的一道天然屏障。为了确保防线的安全无虞，格林又在穿过这条山脉抵达防线的三条必经之路上设置了防卫。

这三条道路分别是：由贾梅卡镇经过贝德福隘口向西延伸到贝德福，从而到达防线左侧的一条路；由弗拉特布什穿过森林密布的高地来到防线正对面的一条路；沿着格雷夫森德湾和纳罗斯海峡一直通到戈瓦纳斯湾进入防线右侧的一条路。布防布鲁克林防线，保护防线前方穿过山脉的各条道路的防御计划原本是格林将军制定的，但不幸的是，就在格林辛苦规划的时候，他发起高烧，卧床不起。他的指挥职位只好由刚刚从香普兰湖返回的沙利文将军代行。

8 月 22 日上午，华盛顿的猜测变成了现实，从长岛传来了大炮和滑膛枪的轰鸣声。亨利·克林顿率领着第一梯队的 9000 名英军和 40 门大炮在格雷夫森德登陆。和他一起登陆的军官还有康沃利斯伯爵、珀西伯爵、格兰特将军等。驻守在那里的美军汉德上校率领宾夕法尼亚步枪团退守到了防线上。他们在通往弗拉特布什的中央大路的一个高地上构筑了一个坚固的堡垒，居高临下监视着中央通道，以阻止英军向弗拉特布什推进。

华盛顿担心英军会以重兵进攻布鲁克林的防线，因此他从纽约的驻军中再次抽调 6 个营前去增援。他最多也只能抽调 6 个营前去援助，因为英军军舰也可能会把剩下的陆军运来进攻纽约市。尽管如此，他还是命令剩下的 5 个营做好准备，在情况紧急的时候驰援长岛。

康沃利斯伯爵率领的 2 个步兵营和多诺普上校的黑森军迅速向前挺进，企图从山脉的中央大路通过。但他们很快发现美方的汉德上校和他的步枪团已在此修筑了堡垒，挡住了他们前进的步伐。因为他们事先奉有命令：如果中央大路受阻，先不要冒险发动进攻。于是他们就在弗拉特布什镇安营扎寨，驻扎起来。

很明显，英军的目的就是要突破布鲁克林防线，占据高地，居高临下地控制纽约。如果让他们的阴谋得逞，纽约的安全就会受到巨大威胁。8 月 24 日，华盛顿亲自从纽约渡河来到布鲁克林，视察防线。视察的结果让华盛顿坐立不安。因为他看到，由于格林将军长期卧病，部队内部变得非常混乱，部队与部队之间缺乏有效配合，军官们各自为政，办事毫无章法可循。士兵们军纪松弛，经常随意外出，见人还随便开枪，毫无组织纪律性和道德约束力。

鉴于他所看到的混乱场面，华盛顿一回到纽约就命令普特南将军接手长岛的指挥事务。他指示普特南要杜绝军队中的无组织无纪律现象。他还指示要在军营周围挖掘壕沟，在地形险要的地方修筑工事。同时，华盛顿还提醒普特南要对双方营地之间树木茂密的山岭特别注意。要在穿过山岭的几条道路上尽可能地设置路障，并派最精锐的军队防守。至于民兵，因为他们缺乏训练和经验，可以用来防守山脉后面防线上的工事。

在这段时间里，英军在长岛上持续不断地增加兵力。25 日，大陆军收到的新情报表明，德海斯特中将指挥的两个黑森旅也驶离斯塔滕岛。借助望远镜，华盛顿看到：斯塔滕岛上的帐篷被一顶接一顶地拆除，一艘接一艘的军舰向长岛驶来。事实上，德海斯特已经率领他的黑森部队到达费拉特布什，担任了中路指挥官；而亨利·克林顿爵士则悄悄将部队调至德海斯特的右侧后方，形成了部队的右翼；格兰特部队形成的左翼则延伸到格雷夫森德湾附近地带。

此时的华盛顿忧心忡忡，一切迹象表明，英军马上就要发起总攻了。但是，因为长岛地域广阔，许多地方便于登陆。毫无经验的美军士兵要保卫许多互不相连、彼此相距很远的据点以及这些据点之间的广大区域，还要抗击一支纪律严明、装备精良、拥有水陆作战军舰等便利条件的优势军队。华盛顿拿不准英军会选择在哪里发动攻击，他也不确定他手下的这支没有经验的军队能否经受得起这个严峻的考验。同时，纽约如果遭到英军军舰的进攻，是否能够防守得住。对于这些问题，华盛顿深感忧虑。

事实上，华盛顿的焦虑不无道理。此时的英军总司令郝将军正在酝酿一个偷袭美军的作战方案。按照这一方案，亨利·克林顿爵士要通过迂回行军的方式，率领由精兵组成的先锋部队，趁夜攻到从贾梅卡通到贝德福的大路上，夺取贝德福隘口，从而绕过美军阵地的左侧。同时，为了防止美军发现英军偷偷包抄美军左翼，转移美军的注意力，格兰特将军要快速地向格雷夫森德挺近，佯攻美军右翼。而德海斯特的黑森军将炮击汉德上校驻守的美军中央阵地，从而掩护亨利·克林顿的行动。等亨利·克林顿鸣炮表示他已经成功绕过美军左翼时，英军就要从各个方位对美军阵地发起全面攻击。

8 月 26 日晚，亨利·克林顿爵士率领先锋部队悄悄向贝福德进发。这支军队的行动极为保密，他们不打鼓也不吹号，在长岛一名亲英分子的带领下，沿着乡间小路，越过原野，悄无声息地到达贾梅卡大道。正当他们停下来准备对贝福德隘口发动突然袭击的时候，他们捕获了一支美军巡逻队。经审讯，英军意外地得知，贝福德隘口竟然没有美军士兵把守。

事实上，在贾梅卡通往贝福德隘口的道路上，除了少数的志愿轻骑兵外，全部也都无人防守。威廉斯上校和迈尔斯上校的两个团，位于汉德上校的左侧，但他们只是偶尔派出巡逻队在这条路上巡逻，却没有在贝福德隘口驻扎军队。或许是格林没有将这条大道和这个隘口列入自己的防御计划之内，或许是美军方面认为这个地方处于偏僻的山林之中，无须特别防守。但事后证明，这条大道和这个隘口的失守给美军带来了致命的后果。

现在，亨利·克林顿爵士不费一枪一炮就占领了贝福德隘口。虽然他已经推进到距离贝福德不到 3 英里的地方，但美军依然没有发现他们。因此，占领隘口后，亨利·克林顿命令部队稍作休息，以便迎接即将到来的战斗。

在亨利·克林顿率领部队从左侧迂回包抄美军的同时，另外两支英军部队也分别实施了他们各自的进攻方案。按照预定计划，格兰特将军于午夜时分从格雷夫森德湾出发，沿着戈瓦纳斯湾旁边的大道快速地向美军工事的右侧挺进。美军方面，由艾特利上校率领的宾夕法尼亚和纽约警戒卫队且战且退，退到了山林里的阵地上，并向美军防卫部队求援。普特南将军命令斯特林勋爵率领离那里最近的哈斯利特上校的特拉华团和斯莫尔伍德的马里兰团前去增援。

天色大亮的时候，一阵射击声在英国轻步兵和美国步枪团之间响起了。战斗在持续约两个小时之后，英军先头部队撤退到了他们主力部队那里。斯特林勋爵将两门大炮架设在山坡上，以便控制这条大道和附近周边地区。英军方面，格兰特将军把他那个旅布置到对面的山头上，和美军隔着山头相望。斯特林勋爵的目的仅仅只是要阻挡英军前进，而按照预定计划，格兰特将军在亨利·克林顿包抄美军左侧之前也不会全力进攻。因此，双方都偶尔开炮轰击，但是任何一方都没有展开全面进攻。

在山脉的中央通道上，德海斯特率领英军的中路军从弗拉特布什的营地开始向汉德上校步枪团驻守的堡垒开炮。驻守在后方防线上沙利文将军听到炮声，立即赶往汉德上校的驻地察看情况。

但是，德海斯特按照预定的作战计划，只是不断地向汉德上校驻守的堡垒进行猛烈炮轰，并没有从弗拉特布什向前推进。作为回应，美军方面也同样猛烈地开炮还击。这些都极大地分散了美军对防线左翼的关注。

直到此时，华盛顿依然拿不准英军是仅仅进攻长岛，还是把纽约也囊括在总进攻的一部分。英军的五艘巨型军舰正在试图朝哈得逊海湾进发。敌舰是打算炮轰纽约呢，还是要在纽约北面登陆，对此，华盛顿依然琢磨不透。值得庆幸的是，此时，海上刮起了一阵风暴，挫败了英国舰艇的登陆企图。华盛顿看到英舰不大可能立即进攻纽约，就急忙渡河来到布鲁克林，到防线一带视察。他到那里的时候，正好目击了美军的一场大溃败。

贝德福方向传来了隆隆的大炮声，德海斯特明白那是亨利·克林顿爵士发出的他已经绕过美军左翼的信号。于是，他立即命令麾下的黑森军团向前挺进，猛攻中央大路上的堡垒。在此驻守的沙利文将军从贝福德方向传来的炮声中已经明白英军突破了他的侧翼，他有被英军从侧面包围的危险。他没有选择死守堡垒，而是下令向后撤退到防线上。但此刻撤退已经为时过晚，他们的队伍刚从山脉的高地上撤下来进入平原，就被从左翼迂回过来的英国轻步兵和龙骑兵赶回到山林中。

此时，在正面攻击的德海斯特率领的黑森部队也追了过来。沙利文将军这支美军队伍受到了英军的前后夹击，开始了一场混乱的突围战。在战斗中，原来驻守山脉左侧的威廉斯和迈尔斯指挥的两个团美军也被卷入其中。被团团围住的美军部队在英国部队和黑森部队的夹击之中，展开了殊死的搏斗。大道变成了战场，武器的射击声、马蹄的奔踏声还有交战双方的呼喊声响彻着整个山林。在战斗中，有一些美军士兵经过拼死搏斗，终于杀出一条血路，撤退到了防线上，另一些人跑到山岭的树林躲藏起来。但是，大部分美军官兵不是阵亡就是被俘，就连沙利文将军也被英军俘虏了。

此时的华盛顿在布鲁克林防线上目击了整场灾难。他焦虑万分，但却无能为力。除了防守防线的民兵之外，他所有的精锐部队已经全部投入了战斗。此时，他想起了驻防在防线前哨右翼的斯特林勋爵率领的部队，对他们的安全深感担忧。透过望远镜，华盛顿看到一大队英军在康沃利斯的率领下，正沿一条岔路绕到斯特林所部的背后。眼看着斯特林这支部队又要陷入英军的两面火力夹击之中，华盛顿焦虑万分。

斯特林听到自己身后的炮声，他知道英军穿插到了他的部队和美军防线之间。此时，之前一直与斯特林正面对峙的格兰特将军也开始了全面进攻，他率部挺近，俘虏了艾特利上校。眼下，斯特林最迫切的任务就是要想办法退回到防线上。他突然想起了一条小河，渡过该河就可以迂回到防线上。于是，他分出一部分队伍对付格兰特，自己率领剩下的部队试图抢渡小河。但是，康沃利斯率领的部队从后面赶来，挡住了他们撤退的道路。

站在山头瞭望的华盛顿看到了这一情况，他原以为斯特林率领的部队在发现退路被切断之后，会选择放弃抵抗、集体投降。但事实恰恰相反，斯特林勋爵再次分兵，他用斯莫尔伍德团的一半兵力抗击康沃利斯，他则率领着特拉华团和其余的部队越过小河继续退却。

这是一场生死之战，在这场战斗中，斯莫尔伍德团表现出了视死如归的精神，他们屡次被英军冲散，又屡次重新集合在一起继续战斗。在突围的过程中，斯特林勋爵身先士卒，用自己的榜样激励了他手下年轻的士兵奋勇作战。这场激战历时将近 10 分钟，但美军方面终因寡不敌众，最终，包括斯特林勋爵在内的美军官兵都被英军所俘虏。

有关美军在这场惨败中蒙受的损失，到现在为止，还是众说纷纭。不过大部分人认为，在这场战争中，死伤和被俘的美军官兵将近 2000 人，英军方面承认他们死伤了 380 人。

现在的史料一般认为：英军之所以能在长岛战役中取胜，在某种程度上是由于华盛顿始终猜不透英军打算怎样进攻、选择何时何地进攻。因此，他不得不分兵防守纽约，并命令驻扎在布鲁克林的军队分散到各个彼此相距很远的据点，把守广阔的区域。最后，以至于兵力薄弱而分散，犯了兵家大忌。

关于这次惨败的原因，人们还认为跟格林将军也有一定的关系。他长期卧病在床，以至于军队管理混乱。在英军已经登陆的紧急情况下，普特南才被任命去接替他的指挥职务，他根本来不及熟悉自己的职务和周边地形。

同时，还有一个致命的错误在于美军没有在横跨岛屿的这条山脉的几个大路上构筑坚固的工事，不仅防守薄弱，还忽视了左侧那条道路，造成重大失误。这才使得英军乘机从这条道路绕到美军前沿部队的后面，将美军与他们身后的防线之间的联系切断，致使美军受到夹击、腹背受敌。

长岛巧撤退

战斗结束的 27 日当晚对美军来说是一个疲乏不堪，却无法入眠之夜。伤员们默默地承受着痛苦的煎熬，疲惫沮丧的士兵们枕着枪支露宿旷野。反观近在咫尺的英军营地，白色的帐篷搭满了整个山坡，仅目测便可知英军有 20000 余人。对于整个美军官兵的身家性命都系于一身的华盛顿来说，这天晚上更是一个焦虑不安的不眠之夜。一切的迹象都预示着接下来又将是一场短兵相接、殊死拼杀的战斗。

让华盛顿感到欣慰的是，第二天一大早，米夫林将军就带着驻守在华盛顿堡和国王大桥的希伊上校的费城团和马戈上校的宾夕法尼亚团赶来增援。与此同时，格洛弗上校指挥的马萨诸塞团也来到营地。这几支部队会合起来总共约有 1300 人，全都纪律严明，训练有素。天光大亮后，英军开始用大炮轰击美军防线。他们着手在营地周围挖掘壕沟。但是，天降大雨把他们又赶进了帐篷。这一天，美军前沿哨所的士兵和英军的先头部队整天都有小规模的对射，有时候，这些冲突还会进行的相当激烈，但是英军始终没有对美军防线发起大规模攻势。

8 月 29 日，华盛顿召开军事会议，分析目前美军的处境。大家一致认为，经过此前一天的战斗，士兵们现在疲惫不堪、情绪低落。此外，布鲁克林防线过于绵长，防守的区域过于广阔，这对于兵力本身就十分匮乏的美军来说，构成了极大的挑战。在这样的情况下，要想守住布鲁克林防线面临着极大的困难。

并且，现在又出现了一个新的情况：如果天气转好，浓雾散去，英军舰队就会趁势驶入哈得逊河海湾，制服河流两岸力量薄弱的炮队，进入东河。一旦盘踞在东河上的英军舰队将美军同纽约的联系切断，长岛上的美军就会四面受敌，有被英军全歼的危险。情况紧急，考虑到以上种种情况，华盛顿立即做出决定，下令军队当晚就渡河撤到纽约。

如何让几千名美军士兵带上全部武器弹药，从近在咫尺的英军营地撤走，同时还要乘船渡过一条水域宽广、水流湍急的河流，华盛顿为此殚精竭虑、费尽心思。为了使部队对这次撤退有所准备但又不泄露机密，华盛顿向全军下达了相反的命令。他命令官兵们带上武器弹药和一切军用物品，做好夜袭英军的准备。

同时，为了迷惑英军，不使他们发现美军撤离从而进行追击，华盛顿摆出了一个空城计。他命令米夫林将军率领他手下的宾夕法尼亚军队以及哈斯利特、斯莫尔伍德和汉德上校的3个团留在防线上，照常布设岗哨，守卫警戒，好像什么事情都没有发生一样。他们要一直坚守到美军主力登上船只并驶离海岸，方可撤离。

在这一期间，华盛顿亲自来到渡口监视着部队快速登船。为了尽快完成撤退，他派遣他的随从副官斯卡梅尔上校督促所有还在途中的部队加快步伐。但粗心的斯卡梅尔在执行华盛顿这一指令时却犯了一个重大错误，并且这一错误差点使华盛顿苦心经营的撤退计划毁于一旦，甚至给美军带来灭顶之灾——他给米夫林将军也下了这道命令！

接到命令后，米夫林将军立即率领所有执勤站岗的士兵和哨兵迅速从防线上撤下来，极速行军，赶往渡口。此时，因为风向发生变化，运送士兵和物资的帆船无法顶风逆流前进，而具有动力的木桨船数量又太少，不够美军使用，情况开始变得有些混乱。正在此时，米夫林将军带着从防线上撤下来的全部部队来到渡口，这就使得局面更加困难，人声更加嘈杂。华盛顿马上命令米夫林将军把部队重新带回防线。

此时，从米夫林率部撤离到哨兵们重新各就各位，美军防线空无一人的险境已经持续了长达45分钟的时间。幸亏当时大雾弥漫，在这段时间里，英军方面始终没有发现美军的防线无人值守。这些勇敢的士兵们重新回到他们的执勤岗位，坚定地留在那里，一直待到美军主力完全渡过河去。

在美军整个撤退期间，浓雾始终笼罩着长岛，聚集不散。而在河流的纽约一侧，却是一片月白风清。后来，就连逆风也逐渐平息下来，河面变得十分平静，满载士兵和物资的木桨船几乎可以全速航行。再后来，又吹来了一阵顺风，帆船也可以满载士兵和物资驶向对岸了。所有的一切都像上天安排的一样。

到第二天天亮的时候，全部士兵、大炮、弹药、粮草、马匹等顺利地登上船，安全到达了纽约。在这期间，米夫林将军也在美军主力登船之后，命令掩护部队悄然无声地撤离防线，撤到了渡口。在美军撤退期间，官兵们一再恳请华盛顿登船到纽约指挥，但华盛顿全都坚决地予以了拒绝。最后，直到所有的官兵全都登船离港，他才乘最后一艘船渡过河去。

一个成熟的军事指挥官，不但要能攻善守，而且还要能够审时度势，适时撤退。在敌军近在咫尺的情况下，能将千军万马从敌人眼皮底下撤走而不被发现，这本身就是天才的指挥艺术体现。这次美军从长岛巧妙地撤退，其非凡之处可以和波士顿战役中，大陆军一夜之间在般克山修建工事的奇迹相媲美。

此次巧妙突围为美军在以后在战争中保存了实力，使华盛顿的名声大振，同时，它也进一步加深了北美人民对华盛顿军事才能的信赖。虽然总地来说，长岛之战美军失败了，但是，从战前的拒不投降、维护尊严的强硬态度，到战斗中的他详尽而又周密的军事部署，再到后来他所筹划的巧妙而及时的撤退，这一切都说明华盛顿是一个勇敢坚强、坚忍不拔、思维缜密而又明智现实的人。大丈夫能屈能伸，这才是男子汉的气概。

华盛顿堡沦陷

美军虽然安全撤出长岛，但是整个部队的士气却因长岛之战而一蹶不振。长岛失守使纽约市区失去天然屏障，完全暴露在英军的火力之下。不仅市民人心惶惶，士兵们也开始成群结队地开小差回家。

9 月 2 日，华盛顿在给大陆会议的信中万分焦虑地写道：“我们现在的处境极其艰难。因为长岛战役的失利，我军士气低落，官兵们灰心丧气、悲观失望。他们不但没能奋起抵抗，尽量挽回败局，反而不服从指挥调度，急于返回家乡。现在，大批民兵已经悄悄地从军中离去。面对军队的这种状况，再加上我们目前适合作战的士兵人数还不足 20000 人，我不得不承认，对于这样的一支军队我非常缺乏信心。要保证国家的自由不至于陷入危险的境地，唯一的办法就是组织一支在整个战斗期间长期服役的军队。”

鉴于布鲁克林高地已经陷落，纽约很快就会遭到英军的大举进攻，华盛顿一方面命令部队暂时把一切非急需物资运离纽约，另一方面于 9 月 7 日召开军事会议，分析下一步的军事行动。在这次会议上，华盛顿指出：英军意图用军舰遏制美军的正面防线，同时派军队绕到美军背后进行登陆，从而切断美军与大陆的联系，把美军封锁在纽约岛上。他们希望通过这样的部署迫使美军同各方面都占据优势的英军进行决战，否则美军就只能选择无条件投降。

基于以上分析，华盛顿认为，要想不让英军的阴谋得逞，现在唯一的办法就是尽量避免与英军决战，这样才能最大限度地保存实力。为此，他提出了一个完整、成熟的战略构想：坚持防御战和堡垒战。在任何情况下都应该避免采取大规模的军事对抗，利用北美辽阔的地域与英军长期周旋。

在商讨美军是该继续保卫还是撤出纽约这一亟待解决的问题

上，军事委员会内部出现了争执。以普特南和格林将军为首的将领们主张立即撤离这个城市。他们认为美方的战线两端相隔太远，各部队可能来不及相互支援就会被英军分隔开来，逐一围歼。而且，即令全部美军集合起来，在人数和装备方面和英军相比，也处于极端不利的地位。

最为危险的是，如果英军调遣长岛和哈得逊河军舰上的部队登陆曼哈顿岛，在纽约和美军驻地之间挖掘壕沟，构筑防线，美军就只能被迫同英军决战，否则就有被全歼的危险。相反地，如果美军撤离纽约，英军的军舰便不能很好地发挥优势。

此外，英军在追击美军的过程中，兵力会有所分散，这样就威胁不到美军主力了。而美军方面不但可以保全军队，还能把战争所需的军用物资及重炮转移和保存下来。但是以默赛尔将军为首的将领们则认为：纽约各处的工事是美方花了巨大人力和物力才构筑起来的。而且此处是连接南北方殖民地的关键之所在。如果纽约沦陷，官兵们的士气势必会受到极大影响，独立事业也会因此陷入低谷。而英军方面，他们一旦夺取了这个城市，士兵们必然会士气大增。

而此时，北美的冬天即将来临，这样会给英军提供一个好的处所，让英军在这个天然的营地得到休养，同时他们的军舰也得到了一个安全的港湾。

就撤出还是保卫纽约的问题，美军司令部内部意见分歧很大，双方都据理力争，争执不下。9 月 10 日，大陆会议通过一项决议，将放弃或保卫纽约的最终决策权授予华盛顿。华盛顿立即召开第二次军事会议，再次讨论撤离还是守卫纽约的问题。

在这次会议上，华盛顿发表意见，他认为撤出纽约不仅是明智的，而且是绝对必要的。丢失的阵地可以收复，但官兵们的性命一旦丧失，就无法挽救了。因此，他不顾留守派的数位将军的意见，毅然决定撤出纽约。他下令将军队驻留期间除必需物资之外的全部军需储备撤走。

9 月 14 日，美军向北撤至纽约曼哈顿岛通向大陆的唯一桥梁——国王大桥。在这里，美军遭到了英军军舰的袭击。英军打算把美军包围在岛上进行歼灭。由于美军刚刚在长岛战役吃了败仗，士兵们士气低落、无心恋战，部队一度出现混乱局面。后来华盛顿亲自赶往前线稳定军心，在他机智勇敢的指挥下，美军才得以突围。在这之后，华盛顿又决定放弃纽约北郊的阵地，并加快了撤退的步伐。

9 月 24 日，面对美军被英军围追堵截，而大多数美军士兵的服役期在年底到期的困难局面，华盛顿在撤退途中致函大陆会议。在信中，他言辞恳切地向大陆会议陈述组建常备军的必要性，指出现行军事编制的危险之所在。他说："我们的部队再一次面临分崩离析的危险局面，除非我们立即提出有效的解决方案，否则我们的革命事业将功败垂成。"

接着，他对组建这支常备军提出了自己的见解：奖励每一位愿意长期服役的士兵 20 美元和 100 英亩土地。此外，每年给他们配发一套衣服。军官的待遇在此基础上，再丰厚一些。由于华盛顿言辞恳切、据理力争，加之当时形势十分危急，大陆会议最终同意了华盛顿的提议，并通过决议，正式颁布命令，改组现行美军部队为常备军，延长官兵的服役时间。13 个北美殖民地省份根据自己的实际情况，按定额提供兵员。

这一决议使华盛顿得到了极大的安慰。同样使他高兴的还有，经过和英军司令的多次信件交涉，英美双方最终同意交换俘虏。这样一来，长岛战役中被俘的斯特林勋爵和沙利文将军又回到了美军阵营。

1776 年 10 月 26 日，华盛顿率部撤退到纽约北部，位于纽约州东南的怀特普莱恩斯，但英军很快就追到了此地。28 日，英军集结部队，向怀特普莱恩斯的美军发动猛烈进攻。经过几个小时的激战，美军抵挡不住，在损失了 300 人之后，继续撤退至纽约州的北堡，并在此修筑工事。接下来的几天大雨如注，英军的军事行动受挫，美军方面便趁机加固工事。因为敌我悬殊，华盛顿命令美军固守堡垒、坚守不出。两军在北堡的战斗进入僵持状态。

虽然华盛顿决定放弃纽约，但是，军事委员会却决定要留下部分兵力驻守纽约曼哈顿的华盛顿堡，以此来牵制英军军舰在哈得逊河自由往来。于是，华盛顿命令马戈上校驻防华盛顿堡，同时派遣格林将军驻防哈得逊河对岸的李堡，与华盛顿堡遥相呼应。

11 月 4 日，英军突然频繁调动，大批英军开始向哈得逊河上的多布斯渡口集结。随后，英军在同美军进行了几次小规模战斗后，便从北堡消失了。英军究竟要开往哪里，他们下一步的进攻目标会选在何处，华盛顿不得而知。对于英军的突然调动，美军司令部里也有各种猜测。有将领认为，英军可能是要开进他们的冬季营地，他们冬季在纽约不会有所作为，最多也就是围困华盛顿堡而已。

但华盛顿则担心，英军不仅要包围华盛顿堡，而且会派遣一部分军队进犯东新泽西，夺取李堡。因此他在给格林的信中，指示格林立即把李堡中不是防务所必需的物资尽快撤走。同时，华盛顿还疑心英军登船前往东新泽西，只是一个表面现象，意图在于声东击西，使美军疏于防备，以便攻击美军现在据守的北堡。

基于以上种种猜测，华盛顿做出新的部署：普特南率领哈得逊河以西各州军队，驻防东新泽西；希思所部和乔治·克林顿指挥的纽约民兵合作，确保河流两侧的高地安全，扼守哈得逊河峡谷通道；李将军所指挥的部队作为机动部队留守纽约州的北堡和怀特普莱恩斯。一旦英军调动他们的全部或大部军队进攻东新泽西，李将军就率军前去支援，留下民兵来防守此处。

11 月 5 日，在一艘快速舰的护卫下，两艘英军运输船突破河面上设置的铁链、石块等障碍，载着供应英军部队的补给品沿着哈得逊河而上，将物资运到了多布斯渡口英军营地。尽管华盛顿堡的美军大炮对此进行了猛烈的轰击，但却无力阻止英军舰船的前进。这说明华盛顿堡已经失去了它原有的阻碍作用。

11 月 8 日，华盛顿得知这一消息后，写信告知格林："如果我军驻守华盛顿堡，却无法阻止英军军舰逆流而上，只能任凭英军占领周围所有的地方。那么我认为，驻守这个要塞就没有什么价值了。我们没有必要让华盛顿堡的驻军和我们的军用物资、武器弹药遭受危险。由于你在第一现场，我请你根据具体情况相机行事，随时准备下令撤离华盛顿堡，并同时撤销让马戈上校坚守到底的命令。"

11 月 9 日，格林将军复信给华盛顿。在信中，他依然坚持死守华盛顿堡，因为在他看来，这个堡垒十分牢固，短期内英军难以攻克。马戈上校是直接负责华盛顿堡的防卫工作的，他曾在 10 月 27 日击退过从哈得逊河开来的英国军舰，在 11 月初的时候，他又数次击退英军前哨部队对华盛顿堡的进攻。因此，他对这个堡垒的防守相当自信。他认为，英军要攻下华盛顿堡，至少得打到 12 月底。在这段时间里，如果形势真的变得对守军不利，美军可以随时撤离此处，甚至一切军需弹药也都来得及撤走。但是事后证明，他们的判断过于乐观，并因此犯下了很大的错误。

11 月 10 日，华盛顿离开北堡，前去视察哈得逊河口高地以及华盛顿堡、李堡等要塞。13 日，他在里德的陪同下到达李堡，同时隔河观察对岸华盛顿堡的驻防情况。直到这个时候，华盛顿才发现格林将军并没有采取任何撤出华盛顿堡的措施，相反地，他还在不断地向这个地方增加兵力。此时，这里的兵力已经增加到了近 3000 人。事实上，华盛顿堡的城墙用泥土建造，并非坚不可摧。同时，由于堡垒内部空间狭小，最多只能容纳 1000 人，其余的美军士兵只能分布在外围的各条防线和工事里。华盛顿堡的存亡，很大程度上取决于堡垒外边的多重防线。

而此时，华盛顿堡已处于英军的三面包围之中。珀西勋爵率领的军队向华盛顿堡南面防线逼近；克尼普豪森的部队在国王大桥和华盛顿堡之间的地带进入阵地，从华盛顿堡北面推进；原来驻扎在多布斯渡口的郝将军的部队也开始向华盛顿堡进发。

此时的华盛顿虽为华盛顿堡担心，但他对郝将军的真实意图依然猜测不透。虽然情报表明，英军正在大举进犯华盛顿堡，但他对郝将军会动用主力部队来进攻这个堡垒深表怀疑。在他看来，这个堡垒对于英军而言，动用一部分英军的力量就能将其包围。因此，华盛顿怀疑郝将军是在声东击西，意在进攻东新泽西。但是，后来事情的发展表明，华盛顿错误地估计了郝将军的意图。眼下，郝将军的主要目标就是要攻占华盛顿堡。

11 月 15 日，郝将军派人向驻守华盛顿堡美军送去劝降书，扬言：如果驻守美军负隅顽抗，他将被迫采取极端措施。而负责防卫的美军指挥官马戈上校则针锋相对地表示：为了美国的独立事业，他们将誓死抵抗，血战到底，直到最后一寸土地。

按照郝将军的作战方案，英军将从东西南北四个方向对华盛顿堡发起全面进攻。第一路由驻扎在国王大桥附近的尼克普豪森指挥，负责攻击华盛顿堡北面。第二路由马修准将指挥，他们要在军舰的掩护下渡过哈莱姆河，攻击华盛顿堡的东面。第三路进攻是佯攻，目的在于转移美军的注意力，他们将顺哈莱姆河而下，从华盛顿堡防线的西侧发动进攻。第四路由珀西勋爵率领，将从华盛顿堡的南面发起攻击。

16日中午时分，在隆隆的炮声和步枪的急促射击声中，英军对华盛顿堡发起了总攻。尽管驻守美军浴血奋战、奋勇杀敌，并一度重创英军，但由于装备悬殊、寡不敌众，最后，在四面受敌的情况下，外围防线上的美军全部退守到华盛顿堡之中。英军指挥官再次派人向堡中美军送去劝降书。此时的华盛顿堡内人满为患，拥挤不堪，想转个身子都困难。此外，英军还在堡垒外布设了十几门大炮，如果他们以炮轰之，后果将不堪设想。在一片混乱之中，马戈上校已经无法指挥士兵继续战斗了。因此，他被迫率领全体士兵向英军投降，华盛顿堡就此陷落。

华盛顿堡的失守对逆境中的美军来说又是一次沉重打击。在这次战斗中，美军在不仅损失2000多人，同时还失去了大批军用物资和粮草。战后许多人将这次失败归咎于华盛顿当断不断，以至于错失撤退的大好时机。李将军就曾在他写给华盛顿的信中抱怨地说："你为什么不按自己的判断从华盛顿堡及时撤军，而选择听从判断力不如你的人的意见呢？"就连华盛顿的副官蒂尔曼上校也在一封信中指出："这次战斗如果将军按照自己的意见行事的话，我们原本可以及时撤军，并把一个废弃的堡垒丢给英军，让郝将军颜面无存。但因为格林将军言之凿凿地说‘我军可以随时在李堡大炮的掩护下撤出’，因而才造成此次战斗的重大挫折。”

就连华盛顿自己也对这次战斗的失利追悔莫及。在他给他的兄弟奥古斯丁的信中写道：“我对华盛顿堡的陷落深感自责。本次战斗我们不仅损失了2000名可敬可爱的士兵，而且损失了大批军事物资和一些精良的武器。更使我懊恼的是，在英军军舰已经突破这座堡垒的限制，在哈得逊河自由通行的时候，我们仍在死守此堡，这是违背我的意愿的。之后，在英军最后一批军舰通过时，我也曾建议负责防卫堡垒的总指挥格林将军撤出此地。但由于我只是请他见机行事，而没有下达绝对的命令，而他的判断又与我相左，因此这一指示被拖延，这使我十分难过。”

自1776年下半年以来，华盛顿率领的美军部队连吃败仗，节节败退。8月份的长岛战役，美军损兵折将，被迫退守纽约。9月到10月期间，美军又在英军的步步紧逼之下，被迫从纽约撤出，一路向北撤至纽约州境内。进入11月后，华盛顿堡又被英军攻陷，美军损失惨重。一连串的失败和挫折使美军官兵情绪低落，意志消沉。北美严寒冬天的临近更使得本就缺吃少穿的美军困苦不堪，士兵们纷纷找各种借口开小差弃美军部队而去。美国的独立事业因此陷入十分危险的境地。

面对着强大英军的步步紧逼和美军部队的节节败退，别说是美军士兵心灰意冷，一蹶不振，就连华盛顿本人也时常感到灰心失望，前途渺茫。但是，尽管因指挥失误而屡屡遭人非议，华盛顿仍然以极大的勇气和坚韧的毅力，克服重重困难，带领美军继续战斗。正是靠着华盛顿这种生命不息、战斗不止的顽强拼搏精神，美国的独立战争才能够渡过重重难关，转败为胜；也正是靠着他不屈不挠，勇往直前的不懈奋斗，美国的独立事业才能够在形势极其危急的情况下继续向前发展。

新泽西州力挽狂澜

李堡失陷，败退特拉华河

华盛顿堡失陷以后，华盛顿下令尽快撤走李堡的全部弹药和余下的军需物资，但最新情报却说此时敌军已经渡过了哈得逊河，打算从哈得逊河到哈肯萨克河形成包围圈，把美国的全部守军围困在这两条河流之间。此时除了放弃李堡之外，再没有其他补救的办法。但由于撤退工作十分紧急，又缺乏马匹和车辆，大量的行李、储备物资和军粮，以及大多数的大炮被迫放弃。情报的确十分准确，敌人的部分军队当晚就开进了美军放弃的李堡。

华盛顿所率部队撤退到哈肯萨克时，军队人数已不到3000人，而且由于战争失利，缺衣少粮，战士士气消沉。为了避免被围困在两河之间，华盛顿再次下令部队主力撤退到纽瓦克附近，只留下三个团守卫哈肯萨克河的各条通道并担任掩护部队的任务，而此时的英军却占尽了天时地利，人员充足、物资丰富。由于形势极端困难，华盛顿只得四处求援。他请求新泽西州州长威廉·利文斯顿派出新泽西州的部分民兵，请求大陆会议和地方当局给予支援，而华盛顿最大的希望则寄托在李将军身上。

撤退当天，华盛顿的副官格雷森上校奉华盛顿之命，给李将军写信，希望他能把指挥的军队转移到哈得逊河这一边来待命。华盛顿在第二天（11 月 21 日）也亲自给李将军写信希望他能前来增援，并希望两支主力能够尽快会合。华盛顿还告知李将军要十分小心，选择一条安全的路线前来，因为他得知敌人正在采取措施准备截击。

华盛顿所带领的疲惫之师境况日益危险，但他热切期盼的李将军的增援部队却迟迟未到，因此有将领主张将部队转移到莫里斯城去，华盛顿思量再三，仍希望能够先在拉里坦河畔的不伦瑞克进行抵抗，尽全力阻止英军渡过特拉华河，因此部队继续向布伦瑞克撤退。后来，由于新泽西州议会出现问题，华盛顿没能从新泽西州议会获得援助，而默塞尔将军从机动部队中调来的士兵服务期将满，却几乎无人愿意留下。但即便如此，华盛顿仍抱有一线希望，希望能得到增援。

直到 12 月 1 日，在华盛顿多方求援都没能获得帮助，而英军的前锋部队却出现在拉里坦河对岸时，华盛顿才不得不下令炸毁靠近市镇的大桥，阻止英军的追击并继续撤退。于是，华盛顿希望在拉里坦河岸对英军进行抵抗的计划落空了。

其实，时任大陆军副总司令的李将军自始至终都没有打算前来与华盛顿会合，却找出一些冠冕堂皇的理由来搪塞华盛顿，说什么有情报说敌军轻骑部队有所暴露，给他们提供了歼灭敌人十分有利的机会，因此他要活捉轻骑部队首领罗杰斯，并说如果出击成功，耽搁两天也是值得的。李将军根本不愿服从华盛顿总司令的命令，原因何在？从李将军写给马萨诸塞州议会主席詹姆斯·鲍登的信中，我们可以看出其中缘由：他认为华盛顿性格优柔寡断，才使得华盛顿堡失守，而优柔寡断会葬送美国自由的美好前程。促使李将军产生这一想法的还有华盛顿的密友里德上校，里德也曾在此期间写信给李将军，指出华盛顿性格优柔寡断，以致遭到惨败，而一个优柔寡断的将军对一个军队而言是最大的不幸之一。

至于李将军，他本人的确有一定的军事才能，作战时也堪称是一员猛将，但他为人狂妄自大，性格过于鲁莽，虽然适合打仗，却不适合统率全军。可是李将军并不愿屈居人下，因此对于没当上大陆军总司令这件事一直耿耿于怀，而此时美军接连战败，李将军便借此机会将责任全部推到华盛顿身上，认为是该华盛顿下台，自己粉墨登场的时候了。

而作为华盛顿的密友，里德对华盛顿此番不公正的评价才真正让华盛顿伤透了心。因华盛顿误将李将军写给里德的信当做公务信件打开阅读，面对信中李将军对自己的冷嘲热讽和横加指责，华盛顿才知道自己一向视为知己的朋友竟然与一位狂妄自大、自以为是的人在私底下诋毁和议论他的品格，他深感自尊心受到伤害，友谊受到玷污，对里德的信任受到了无法治愈的创伤，虽然事后华盛顿仍然尊重里德、重视里德的长处，在一些重要问题上征求里德的意见，但以往经常给里德写信，毫无保留地倾吐内心的华盛顿却一去不复返了。最后，两人的往来便只限于公务上的交流了。

12 月 2 日，华盛顿所率部队到达特伦顿。之后华盛顿在特伦顿集中了所有船只冒着严寒渡过特拉华河，同时下令将特拉华河70英里以内的所有船只撤到敌人无法触及的地方。英将康沃利斯后来追至特拉华河边，寻不见渡船又不能涉水而过，只好停止追击，留下了3个团的黑森部队和一支英国轻骑兵及若干轻步兵，与美军隔岸对峙。

虽然缺吃少穿，疲惫不堪的美军在强大的英军面前节节败退，连英方也预言，华盛顿所率领的大陆军即将土崩瓦解，但是在面临危险的阴暗岁月里，面对独立事业，面对自己所承担的责任，华盛顿仍然坚定不移，毫不畏惧。此时，华盛顿想起了早年作战的山岭地区，他询问当年和他一起打拼的默塞尔将军，如果他们退到宾夕法尼亚州的偏僻地区，是否会得到人民的支持？华盛顿认为就算退到弗吉尼亚的奥古斯塔县去，也要将革命事业进行到底。因此，美国的独立事业虽然遭受狂风暴雨，但正是由于华盛顿所拥有的这种不屈不挠的精神——困境面前毫不退缩，黑暗面前决不气馁，才使得这一事业得以进行下去并最终取得成功。

刚愎自用，李将军被俘

尽管华盛顿一再下令，甚至是恳求李将军火速前来增援，但李将军却一直故意延缓脚步。11月30日，他在给华盛顿的复信中推托说自己快速增援有困难，虽然他计划捕捉罗杰斯的计划失败，但他的部队却因延迟出发得到了很好的扩充，他预计进入东新泽西时他将拥有4000名优秀的士兵。他在信中还要求华盛顿尽量少束缚他，并说：“将领在外，如果不是确实非常无能，应当享有极大的行动自由。”大有一副将在外军令有所不受之势，完全不愿接受华盛顿的指挥。

之后，李将军到达了希思将军的驻地，为了扩充自己的军队，他想从希思将军这里带走 2000 人，但希思将军的部队是专门留下来守卫高地的前哨阵地和通道的，这些阵地和通道极其重要，是万万不能丢失的，华盛顿也亲自下令，不能调动此地的驻军。因此希思将军拒绝了李将军的要求，但李将军执意以上级身份下令带走希思将军的两个团。希思将军无奈，只得同意，但要求李将军写下字据，证明李将军在这个驻地行使了指挥权。但到了第二日，李将军又突然改变了主意，决定不带走这两个团了。希思将军曾回忆说李将军行事让人非常难以理解，脾气又相当固执，很少能容忍别人对他的反对意见。

直到 12 月 4 日，李将军才渡过了哈得逊河，面对急需增援的华盛顿，他仍旧不慌不忙，缓慢前行。在此期间，由于英军在布伦瑞克按兵不动，已撤退到特伦顿的华盛顿便趁机将军队的军需物资和行李运送到了特拉华河对岸。之后，在得到了米夫林将军带来的 1500 名民兵增援后，他立即亲自带兵前去增援留守在普林斯顿的斯特林勋爵。行军途中，华盛顿收到了格林将军的来信，告知华盛顿李将军尾随在敌军后面，但格林认为这并不是明智的做法，李将军应该按照总的作战计划行动，这样才有利于整个战事。但李将军一直自认为是军事天才，又怎会轻易听从他人的指令？

康沃利斯知道华盛顿的窘况，也知道李将军离自己有多远，因此实力强大的他迅速逼近普林斯顿。斯特林勋爵为了避免被包围，带领两个旅前往特伦顿，得知消息的华盛顿也立即返回特伦顿，并迅速组织军队渡过特拉华河。之后，华盛顿将军队部署在各个渡口的对岸，准备随时抵抗渡河的英军。其实当时华盛顿的后卫部队刚刚过河，康沃利斯的部队就赶到了，他们想找到船只立即组织追击，但此时华盛顿已经命令将沿河上下 70 英里以内的船只全部都停在了河对岸。康沃利斯只得停止追击，并希望不久之后能从冰面上渡河对美军发起进攻。

面对严峻的形势和李将军的故意延迟，华盛顿只得再次写信给李将军，告知他费城情况危急，而他的到来很可能能够保住这座城市，如果费城失守，他们整个事业都可能会面临危机。华盛顿现有兵力约 5500 人，而盖茨即将率领从北方军队中调拨的 7 个团前来，如果李将军的部队能速来增援，华盛顿希望能结合这三股力量对敌人发起一次进攻。而此次进攻如果成功，对敌人来说将是致命性的打击。

但李将军仍然漠视华盛顿的一再请求，在接到华盛顿指令近三个星期后，仅仅走到东新泽西的莫里斯城。他在 12 月 8 日给华盛顿的复信中还佯装不知情，说对于华盛顿还缺少兵力，他感到很惊讶，他原本以为华盛顿已经得到大量增援了。同时他还表示，他并不认为费城是敌人攻击的目标，而攻击敌人的后方在他看来可以给华盛顿更大的帮助，因此他恐怕很难与华盛顿会师。这位刚愎自用的将领到如此紧要关头还在固执已见！

12 月 9 日，李将军写给华盛顿的信中再次以缺鞋为由，提出要在莫里斯城停留两天，并说自己要越过布伦瑞克大驿路，前往柏林顿上面的渡口，让费城方面派船只去接应他。华盛顿此前早已在亚历山德里亚准备好大量的船只，供李将军的军队渡河，但李将军却不愿按应走的路线行军。华盛顿在给李将军的复信中再次提到自己的处境和他前来增援的必要，并告知李将军大陆会议已发出指示，要求全体官兵尽最大努力保卫费城，如果费城失守，后果不堪设想，而李将军的到来则可能是唯一的挽救之策，但李将军仍不为所动。

那一再违背华盛顿指令，缓慢行军、拒不增援的李将军又是以怎样的结局收场的呢？威尔金森将军亲历了这一切，在威尔金森将军的回忆录中，他记述道：当时他在一个旅任参谋官，跟随盖茨将军作战。盖茨将军受命率领7个团增援华盛顿，其中3个团从奥尔巴尼出发，开到皮克斯基尔。李将军得知此消息后，写信给盖茨，要求把这3个团带到莫里斯城去。于是盖茨将军按照李将军的命令将这3个团派往莫里斯城，而盖茨将军自己则随另外4个团沿着特拉华河和米尼辛克河前进。12月11日，盖茨将军所带部队遭遇大风雪，被阻隔在一个山谷中，因此派威尔金森带着信件去寻找华盛顿以确定他们的行军路线。威尔金森很快打听到华盛顿已经渡过特拉华河，但同时也撤走了所有渡河船只，因此威尔金森无法渡河，但他又听说李将军还在莫里斯城，于是前去找李将军要行军指令。

此时，李将军已到达离莫里斯城不远的维尔城，李将军将部队交给沙利文将军，自己则住在3英里外巴斯金里奇的一家客栈中。由于20英里以内没有一个英军营地，李将军自认为是安全的，只带了很少的卫兵保护自己。威尔金森见到李将军后说明自己的来意并将信件交给了李将军之后便去休息了。

第二天早上8点过后李将军才起床下楼，衣衫也没有穿戴整齐。他向威尔金森简单地询问了北方的作战情形，便开始介绍起华盛顿所带主力部队的作战情况，言语中尽是讽刺与不满。之后沙利文将军派人前来请示当日的行军事宜，李将军指示向南往普拉卡明前进。普拉卡明不在通往亚历山德里亚的路上，却在通往布伦瑞克和普林斯顿的路上，因此，威尔金森推断，李将军是想对普林斯顿的英国驻军发起进攻。

早餐过后，李将军开始给盖茨将军写回信，这时，威尔金森突然从窗口看到一队英国骑兵朝这边猛冲过来，并开始包围他们所在的房子。而李将军的卫队根本没有发现敌军的到来，因为清晨天气寒冷，他们都跑去晒太阳了，此时的他们正被敌军追得四处逃窜呢！

事情的经过是：头天晚上，一名亲英分子曾见过李将军，得知他会在此住宿，便前去布伦瑞克密报，之后英国骑兵便赶来捉拿李将军。当时旅店的女主人愿意把李将军藏在一张床下，但被他拒绝，于是李将军就这样被俘了。

英国骑兵欢呼雀跃，把俘虏带回了布伦瑞克，3 小时后，布伦瑞克方向响起了隆隆的礼炮声。至于威尔金森，他原本守住了一个只能容纳一个人出入的门户，决定奋死拼杀。但英军俘虏了李将军后便离开了，于是威尔金森躲过了危险。之后他便迅速离开旅馆，前去寻找沙利文将军。由于李将军被俘，沙利文将军成了司令官，于是沙利文将军改变了行军路线，带领 4000 美军士兵全速前进与华盛顿总司令会合。

李将军自酿苦果，他被俘后受尽种种侮辱，英国把他当做变节分子对待，因为他曾在英国正规军中当过军官。李将军此人，虽然战斗经验丰富，也具有非常杰出的军事才能，但他过于刚愎自用、固执己见，一味追求军人的荣誉，却始终没有从维护国家利益的角度去思考问题，最终落得个被敌俘虏的凄惨下场。

而华盛顿却具有李将军所无法企及的高尚道德品质，他的智慧、他的才能、他的正直善良和他的爱国之心都被美洲人们所认同。因此他能够很好地指挥和驾驭军队，很好地解决纷繁复杂的矛盾纠纷，并从容应对革命事业当中所遭遇的种种危机和情况。

奇袭成功，大败英军于特伦顿

遭遇了华盛顿堡失陷、李将军被俘等一系列事件，正当华盛顿感到举步维艰、一筹莫展之时，大陆会议在12月12日宣布：在大陆会议另有命令之前，华盛顿将拥有全权，可以在一切与军事行动有关的问题上对相关部门发布命令和指示。华盛顿得到这一权力之后，立即着手开始征兵，并增加薪饷、发放奖金，地方民兵开始踊跃前来服役。

12月中旬，约翰·卡德瓦拉德上校带来了一支主要由费城士兵组成的非常优秀的增援部队。12月20日，沙利文将军带着李将军的残部来到华盛顿处报到。同一天，盖茨将军带着北方军4个团的部队到达。经过三方汇合，华盛顿此时的总兵力达到近6000人，虽然兵力增加，但困难并未减少。一旦河水冰冻，敌人就会借由冰面过河并发起总攻。如果能赶在敌军总攻前发起一次反攻，则既可以鼓舞士气，还可能扭转战局，改变一直被动挨打的局面。

华盛顿派人侦察敌情，了解到郝将军住在纽约，康沃利斯准备乘船回英国休假。而郝将军的部队分散在特拉华河到布伦瑞克各个地方，仓促间不易集合。只有拉尔上校率领的3个团的黑森部队和一支英国轻骑兵及若干轻步兵驻守在特拉华河沿岸，与美军阵线隔河相对。

拉尔是一名德国雇佣军官，因在华盛顿堡战役中立下战功，成了这个部队的指挥官。拉尔是一位性情中人，他热情豪爽、勇猛善战，待人慷慨大方。他尤其酷爱音乐，天天组织军乐队进行演奏。常常玩至深夜，次日则到日上三竿才起床。拉尔的确勇猛，但他的“勇猛善战”仅限于在他人的指挥之下，他本人却委实不是一个将才。面对隔河相望的华盛顿部队，他缺少应有的警觉性，部队中的老军官曾建议他修筑一些工事也被他拒绝了。他自信满满地认为士气消沉的美军部队绝不会突然出现在他的面前。

而此时华盛顿则计划着对河对岸的黑森军团发动奇袭。他打算利用敌军的麻痹松懈，在 12 月 25 日夜间安排多路人马从不同地点渡河，对黑森军前沿驻地同时发起进攻。之所以定在圣诞节晚上发动进攻，是因为德国人非常重视这个节日，会在这个节日狂欢，而美军就可以趁乱进攻敌人。奇袭计划兵分三路进行：第一路由华盛顿率主力部队在特伦顿以北约 9 英里处的麦康基渡口过特拉华河，直奔特伦顿。第二路由尤因将军率军在特伦顿以南约 1 英里的渡口渡河，攻占特伦顿南侧阿森平克溪上的桥梁，切断敌军退路。第三路由普特南将军和卡德拉瓦德将军分别率军在柏林顿以南渡河，袭击多诺普伯爵指挥的敌军。几支部队渡河后，准备 5 点同时采取行动。

奇袭计划虽然完美，但想要全部付诸实施却非常困难，总会遇到各种未知的情况。在普特南将军出动前，费城内出现了叛乱迹象，普特南将军不得不留守费城。好在普特南将军派遣他的副官带领部分军队进入东新泽西配合卡德拉瓦德将军作战。

而盖茨将军，早在奇袭计之初，华盛顿就已经将行动计划告诉了他，并希望他能到布里斯托尔担任指挥，从那里进行配合。可盖茨推托身体不好，请求准假前往费城。当年盖茨因为华盛顿的举荐，当上了准将副官长。

华盛顿如此信任盖茨，但此时，盖茨却不想在华盛顿领导下作战，他和李将军一样，无法忍受华盛顿具有至高无上的权力。华盛顿曾希望他在去费城的途中在布里斯托尔稍作停留，以便帮助部队解决一些小的纠纷，但他连这个要求也没有遵从。盖茨非但不在奇袭计划中予以帮助，反而对华盛顿的各项计划冷嘲热讽，并前往巴尔的摩向大陆会议提议组建独立部队，打算另立山头。这与李将军想要凌驾于华盛顿之上的想法颇为相似。华盛顿虽为人善良，不轻易怀疑他人，但此时盖茨的行动也不得不让华盛顿对他前往大陆会议的目的有所质疑。

至于华盛顿本人，他非常重视此次行动，也了解其中的风险之大，一旦敌人发现这一计划，后果不堪设想，因此要求此次行动计划绝对保密。但即便如此，拉尔上校还是得知了美军打算进攻的消息以及进攻的时间，并对此进行了一些防备。

拉尔部队的一个下士曾在日记中记载，拉尔在 12 月 21 日带领一支分遣队查看了特拉华河两岸的情况，以便确定美军是否有渡河的动向。因为他没有发现什么动静，所以就回来了。但自那以后，拉尔就在市镇外面安排了警戒哨。12 月 25 日 6 时左右，也就是华盛顿率军准备渡过特拉华河时，特伦顿的前哨阵地上响起了阵阵枪声，全体驻军立即荷枪待命。拉尔上校赶到时已有 6 人受伤，原来有一股人从树林中窜出来向哨兵开火，然后立即撤退。拉尔随即带兵穿过树林，巡视了各个前哨据点，但没发现什么。他以为这就是他所要提防的美军进攻，觉得太不值得一提，于是放松了警惕。这次袭击哨所的究竟是什么人？一直无从考证。但此次袭击却在无形中转移了敌军的注意力，给华盛顿帮了大忙。由于当天天寒风大，拉尔允许士兵们把武器搁到一边，回营房避寒。就这样，当华盛顿的军队艰难渡河时，特伦顿的守军却在高枕无忧地睡大觉。

25日日落时分，华盛顿所率部队约2400人开始渡河。当天天气极度恶劣，风大浪急，河里漂浮着许多的冰块。虽然渡河经验丰富的两栖团一马当先，但想要过河仍旧困难重重，漂流的冰块把船只直冲得偏离航向，随时有撞沉的危险。华盛顿随军队渡河后一直站在河岸边焦急地等待，直到大炮全部运过河才放下心来。由于到凌晨3点，大炮还没完全运上河岸，4点钟军队还没整好行军队伍。而此时距离特伦顿还有9英里的路程，因此天亮前肯定是赶不到了。

兵贵神速，如果天亮后进攻，就失去了突袭的意义，但是渡河撤回去就会被敌军发现且被反攻。而此时从其他地点出发的军队可能已经过了河，相互配合对于保证大家的安全是非常重要的。面对以上情况，华盛顿当机立断，下令全军急速向特伦顿推进。

华盛顿将部队分为两路，一路由他亲自率领，经由彭宁顿大路迂回至特伦顿北面。另一路由沙利文将军率领走南边沿河大路，直抵特伦顿西侧。按照预定计划，两支部队一到特伦顿就开始解决外围卫队，在敌军还来不及组队前就攻入市内。

美军开始行军时，偏又遭遇了大风雪和冰雹，而且风雪越来越大，饥寒交迫加之极度疲惫，当晚就有两名士兵冻死了。而此时美军发现有许多枪支被风雪打湿，没法使用了，士兵们努力擦枪也无济于事。于是华盛顿下令装上刺刀，前进冲锋！暴风雪所带来的恶劣天气固然使美军行军变得异常困难，但也使得敌军因惧怕严寒而躲在屋内，疏于防范。

此外，虽然地上的积雪深厚，却减弱了军队行进的脚步声及大炮轱辘的滚动声。当他们逼近村庄时，一个砍柴人告知了华盛顿黑森军团哨兵队的所在地，于是进攻由此展开了。

斯塔克上校率领先头部队发起攻击，两边的攻击依照原定计划同时进行。很快敌军的前哨据点就被攻破，敌军向后撤退。黑森部队和轻骑兵都开始迎战，但敌军显然没有充分做好抵御突然袭击的准备，有的从营房窗口胡乱射击，有的蜂拥而出却无法形成队列，龙骑兵仓促上马，使得局面更加混乱。

华盛顿身先士卒，与部队一同进入到国王大街，并一直处于暴露地位。此时敌人在街上架起了两门大炮阻止美军进攻，华盛顿立即下令先锋部队带领部分先头部队将敌军炮手赶走，于是敌军还没来得及开炮，大炮就被夺了过来。此时，沙利文将军已接近市镇西部，并派出斯塔克向市镇南端进军。市镇的南端驻扎着约 500 名黑森军和英国轻骑兵及轻步兵，他们眼见着华盛顿从正面逼近，而斯塔克正在背后进攻，便纷纷沿着阿森平克溪上的桥梁逃向博登镇多诺普伯爵的营地。此时如果尤因将军没有因河面冰块受阻而顺利渡河，那敌军的退路就会被完全截断。

至于拉尔上校，睡梦中被惊醒的他面对美军的奇袭完全不知所措，最后好不容易骑马冲出了重围，想往普林斯顿方向撤退，但又觉得在美军面前逃跑太丢脸，行李物品也没带出来，如果被美军夺走会造成极大损失。于是他做出了轻率的决定，带着他的掷弹兵杀了回去。就在他骑马飞奔时，一颗滑膛枪的子弹击中了他，他跌落马下。而他手下的士兵群龙无首，顿时乱作一团。纷纷向北败退，打算逃往普林斯顿。华盛顿立即下令部队前去拦截，不知所措的敌军纷纷开始投降。

此次奇袭战果辉煌，俘获敌军近 1000 人，其中 32 人为军官，同时缴获了大量的武器弹药。而美军几无损伤。遗憾的是华盛顿此次的联合行动计划遭遇到了一些不可预知的情况，尤因将军和卡德瓦拉德将军都被河面冰块所阻，没能顺利渡河，否则便可以给多诺普的部队以迎头痛击，并彻底切断从特伦顿溃逃而出的敌军后路，取得更辉煌的战绩。

声东击西，佯攻普林斯顿

奇袭特伦顿虽然取得了胜利，但华盛顿却放弃了立即追击敌军的想法，甚至对特伦顿也不敢有太多的眷恋。在他的南边有多诺普指挥的部队，普林斯顿还有英军强大的步兵营。而他自己的部队，在极端恶劣的天气中经此一役已是筋疲力尽，同时他们还得看守 1000 名左右的战俘。于是华盛顿果断下令撤出特伦顿，带着战俘和缴获的大炮等战利品渡过特拉华河，返回对岸。

华盛顿离开特伦顿前去看望了生命垂危的拉尔上校，此时的拉尔上校已经丧失了他此前赢得的荣誉，宁愿离世而去，也不愿在荣誉尽失之后继续活下去。他临死前，请求华盛顿除了解除他手下士兵的武器以外，不要取走他们的任何东西。华盛顿答应了他的请求并恪守诺言，拉尔对华盛顿此举深表感激。

至于黑森战俘，他们被押送到宾夕法尼亚新城，军官们被安排在旅馆和私宅里，而士兵则住在教堂和监狱里。之后他们又被转移到了弗吉尼亚州的温切斯特。他们每到一处，都会受到当地老百姓的严厉指责。为了防止平民百姓对战俘的报复行动，华盛顿下令在城乡各处张贴布告，严禁虐待战俘。并告知百姓，敌军一旦放下武器不再与人民为敌，就不应当把他们当做敌人看待。至此，战俘们的境况才得以好转。

华盛顿奇袭特伦顿时，习惯养尊处优的郝将军正在纽约的东营休息，他悠闲地等待着特拉华河上冻，以便率领大军直取费城。不料此时却传来了黑森部队被突袭惨败的消息。郝将军十分震惊，他难以想象如此专业的作战团队竟然被一支临时招募的民兵队伍打得四散逃窜。他火速集合军队并留住即将登船去英国休假的康沃利斯勋爵，命其任英军指挥官，率领精兵直奔特伦顿，欲与美军展开一场大战。

虽然奇袭特伦顿后，迫于当时境况，华盛顿没能留守特伦顿，也没有立即追击敌军，但华盛顿想要乘胜扩大战果的想法却一直没有改变。他给了军队两天的休息时间恢复精力，希望在此之后他们能尽快投入新的战斗，从而完全扭转东新泽西的形势。随后，他下令莫里斯城的将领尽快征集一支人数尽可能多的民兵队伍，同时，由于高地在寒冷的季节无须防守，华盛顿便下令希思将军放弃所驻守的高地率兵南下。他认为此时是将敌人彻底赶出东新泽西的大好机会。

1776 年 12 月 29 日，华盛顿的军队开始渡河。由于仍然有大量浮冰，部队过河缓慢而艰辛。因此华盛顿提前派出了由里德上校指挥的两支轻步兵部队前去追击敌人，目的是尾随多诺普并不断袭扰他。卡德拉瓦德将军也被带领一支步枪队执行类似命令。之后又花了两天时间，费了很大的力气，华盛顿的军队和大炮才得以渡河。

但此时又出现了新的问题，战斗经验最丰富的几个军团的士兵，他们的服役期将满，经历了太多战争的苦难与艰辛，憔悴不堪的他们都极度渴望回家。但如果让老兵回家，只留下没有什么战争经验的新兵来对抗强敌是非常危险的。因此华盛顿希望通过发放奖金挽留这些急于离开的老兵，但军队金库无力支付这笔款项，于是华盛顿多方筹措，终于在紧急关头筹得了这笔经费。通过军官的劝说和 10 元美金的补助，大部分士兵同意延期服役。

由于美军渡河耗时较长，英军便利用这段时间将他们分散的军队全部集中到了普林斯顿。华盛顿很早就获悉了相关消息。因为早在美军渡河时，华盛顿就派遣里德上校前去侦察敌情，里德带兵突袭了一个普林斯顿附近的英军哨所，并从抓获的俘虏那里得知，康沃利斯勋爵已带领援军和格兰特将军在普林斯顿会合，他们组成了一支近 8000 人的队伍。

现在正在征集车辆，准备向特伦顿进军。同时华盛顿还获悉郝将军也正率领着 1000 名轻步兵向特伦顿进发。华盛顿意识到美军的情况开始变得危急起来，敌人的进攻迫在眉睫了。由于华盛顿所带领的美军主力部队力量单薄，因此他立即下令卡德拉瓦德将军和米夫林将军火速前来增援，援军人数共计约 3600 人。其实，华盛顿从内心深处并不愿召集两位将军前来增援，因为有可能使大家一起陷入危险之中，但情况紧急，做出这样的决定也纯属无奈。

1777 年 1 月 1 日，三军会合，华盛顿将主力部队部署在阿森平克溪东岸，溪面不宽但溪水很深，溪上有一座狭窄的石桥，前不久的特伦顿战役就有部分敌军是从这座石桥逃走的。大炮布置在高地，可以居高临下，控制石桥。1 月 2 日，据可靠消息，康沃利斯正率军节节逼近。美军派出格林将军指挥的小股部队与敌军发生小规模冲突，对敌军进行骚扰，延缓敌军前进的步伐。

由于美军节节抵抗，将近日落时分，康沃利斯才带着部队到达阿森平克溪的西岸。康沃利斯将部队分成几路轮番进攻，想通过石桥，华盛顿也亲自上阵指挥，屡次击退敌军的进攻。最后敌军见进攻无果，便退了回去，双方停止交战，安营扎寨点起了营火。此时，威廉·厄金斯爵士献策，请康沃利斯连夜进攻华盛顿的营地，但康沃利斯没有答应。

因为他已与留驻普林斯顿的英军指挥官约定，次日清晨两面同时夹击美军。他自信满满地认为，华盛顿这回肯定跑不了了，他必定能在明天上午逮住这只“老狐狸”。

华盛顿也在思考着第二天的战斗，这晚对于华盛顿来说又是一个不眠夜。美军一路走来，险象丛生，经历了不少的失败，但此次却是让人最焦虑不安的，因为危险就在眼前，无处躲避。一旦英军渡过阿森平克溪与美军正面交锋，美军将遭受毁灭性的打击。但如果退回特拉华河对岸，东新泽西就会落入英军之手，费城也会即刻面临失陷的危险，美国民众的情绪更会因此一蹶不振，这样的后果同样不堪设想。思量再三，华盛顿决定即刻召开紧急军事会议，并在会议上提出了声东击西，进攻普林斯顿的方案。

此时，英军基本上全部离开了普林斯顿，向特伦顿进军，而他们留在布伦瑞克的行李及军需物品却没有太多的兵力进行防守，如果此时突袭普林斯顿，然后向布伦瑞克推进，摧毁或夺取敌军的军需物品，英军内部必将大乱。这样不仅防止了英军切断美军后路，还可把英军从特伦顿引开。如果这一计划成功，身陷绝境的美军便会化险为夷，还可能就此获得战争的主动权。由于这一方案大胆且富有冒险精神，很符合美国人的行事风格，于是得到了与会者的一致赞同。

要实现这一计划，不仅要秘密行动，而且要快速行动，一定要打敌人个措手不及。为了扰乱英军视线，华盛顿派人在英军可见的地方挖掘壕沟，并保持营火不断，表现出一副不断加固工事，死守到底的姿态。而事实上，美军却早已在深夜悄悄离开营地，向普林斯顿方向推进。

黎明时分，受命完成伪装任务的士兵也迅速撤离，前去追赶大部队。默塞尔将军率领他手下350人的机动部队走在最前方，在距普林斯顿3英里处，华盛顿下令与默塞尔兵分两路前往普林斯顿，默塞尔率领他的机动部队走大路，任务是截击从普林斯顿逃出来的敌军，并阻挡可能在向特伦顿进军途中折回的敌军，而华盛顿则率领主力部队沿小路前进。

此时驻守普林斯顿的是英军第17团、40团和55团，外加3个连的龙骑兵。他们受命第二天前去与康沃利斯会合。默塞尔将军所率部队恰巧与最先出发的由莫胡德上校率领的17团遭遇，于是双方展开了一场激烈的战斗。默塞尔将军骑在他心爱的灰马上英勇指挥战斗，不幸的是一颗滑膛枪枪弹击中了将军的灰马，马儿受伤疼痛，将主人掀下身来。敌军趁乱端着刺刀将默塞尔将军团团围住，用刺刀反复刺他，直到认为他死去了才离开。

美军失去了总指挥，顿时乱了阵脚，敌军趁机反攻，开始追击默塞尔的军队。华盛顿听到开火声，立即派了一支民兵队伍前去支援默塞尔，谁知却被莫胡德的大炮所阻。华盛顿从一处高地上看到了溃退的默塞尔部队和受阻的民兵援军，意识到情况变得危急起来，于是不顾个人安危，带头策马冲向敌阵，鼓励美军前进。受到鼓舞的美军士兵士气大增，重新集合，开始向着炮火前进。

两军交战勇者胜，很快莫胡德的部队便被打得溃不成军，受到了严重损失，不得不向特伦顿方向全面撤退。与此同时，英军第 55 团也在与圣克莱尔将军所指挥的美军前卫部队的战斗中败下阵来，向着布伦瑞克退去。剩下的第 40 团，因出发较晚未能及时赶来参加战斗，当他们看到溃败的英军部队后，其中一部分便开始向布伦瑞克撤退，其余大部分则躲进了普林斯顿学院内。

华盛顿下令速战速决，用大炮攻击学院。谁知没打几炮，躲在院内的英军便坚持不住，缴械投降了。

此番战斗干净利落，打得非常成功。共歼敌 100 余人，俘获战俘近 300 人，其中 14 人还是军官。而美方损失了近 30 名士兵和几位军官。其中就包括忠诚善良、英勇善战的默塞尔将军，这对美军来说是一个巨大的损失。

至于康沃利斯勋爵，他夸口说此次一定要抓住华盛顿，却在第二天发现美军营地空无一人，华盛顿和他的部队早已不知去向。直到听到普林斯顿方向传来隆隆的炮声，他才意识到中了圈套，华盛顿逃脱了不说，就连英军在布伦瑞克的仓库都有可能不保。康沃利斯立即下令部队向普林斯顿火速进发，怎知又遇到美军将桥梁破坏。康沃利斯情急之下不顾水流湍急、冰冷难耐，强令部下涉水过河。

正在此时，一发 32 磅的炮弹射了过来，康沃利斯以为有大量美军抵抗，停止了前进并立即派兵侦察，但最后得知那里一个人也没有。既然没有一个人，怎么会有炮弹发射过来呢？原来是因为此炮过于笨重，美军不得已将其留下，而美军后卫部队则有意留下了一名炮手，等到追兵到来时故意发射一枚炮弹，以干扰敌军。由于断桥和那发 32 磅的大炮，康沃利斯耽误了许多时间，而此时华盛顿早已走远，康沃利斯一路上根本找不到华盛顿的部队。傍晚时分，康沃利斯到达了布伦瑞克，由于遭受了彻底的失败，这位勋爵大人也只能靠军需储备安然无恙聊以自慰了。

几个月来节节败退的美军在经过奇袭特伦顿、巧攻普林斯顿后结束了被动挨打的局面。华盛顿以其巧妙的策略和英勇的行动帮助美军了取得了一次又一次的胜利，而这些胜利也让华盛顿声名远播，并从欧洲政治家和军事家那里博得了“美国的费比阿斯”这一称号。

休养生息，避免与敌正面交锋

当时康沃利斯勋爵向普林斯顿急速增援，但一路上都没有找到华盛顿的部队，原因何在？这是因为华盛顿突然改变了行军路线。

华盛顿原本计划前往布伦瑞克进攻敌人军需储备，但当他行军至距离普林斯顿 3 英里的金斯敦时，突然觉得这一计划有欠稳妥。如果他一直追击到布伦瑞克，缴获英军的军需储备，他固然会大获全胜，但也同时会将自己的部队陷入极大的危险当中。他的部队经过上午的艰苦战斗和连夜急行，早已疲惫不堪。有的战士甚至两天都没有合眼了，而且许多人还饿着肚子。他们衣服单薄，不少人还打着赤脚，天寒地冻，苦不堪言。他们或许可以按照原定计划赶到布伦瑞克，但康沃利斯也会很快跟进。即便他们有幸缴获英军的军需储备，一旦康沃利斯的大部队赶到，他们一定会遭受巨大损失，情况非但不利，反而十分危险。

考虑到这些原因，华盛顿决定不再前往布伦瑞克而改向莫里斯城进军。那里地处山地，树林茂密，可行军道路较多，进可攻，退可守，地理位置十分有利。到达莫里斯城后，华盛顿将司令部设在了一所名叫弗里梅森的旅馆。他的军队则扎营在城镇附近，最开始士兵住在帐篷里，后来因为气候严寒，为了抵御寒冷，战士们建起了小木房。部队的主要营地被设置在博特尔山附近的一个山谷中，这里高山密林，非常隐蔽。华盛顿计划较长时间内都驻军莫里斯城，以整顿军队，休养生息。

英军吃了败仗，非但没能保住他们之前攻占的地区，还几乎被赶出了东新泽西，在美军的包围和钳制下，不敢再轻举妄动。他们被迫请求对方允许他们安全通过这一地区，以便给被俘士兵运送东西。

于是华盛顿下令，要各地允许黑森行李车队一路安全通过前往费城，允许医生和药品一路安全通过前往普林斯顿，交到他们同胞手上。虽然华盛顿能保证他手下的正规军不会对车队有任何干扰，却无法对老百姓的行为负责。事实上，敌人的行径早已激起了全国人民的愤慨。英军曾张贴告示，声称要保护老百姓，百姓们也信以为真，没有起来反抗。

而事实上这些布告根本毫无用处，敌军经常不分青红皂白地劫掠百姓，甚至强奸妇女。老百姓对这些蹂躏和暴行义愤填膺，纷纷起来反抗敌军。东新泽西报名入伍之人数量之多，前所未有，先前默不作声的农民也武装起来组织成小分队捉拿敌人的散兵游勇。而民兵则开始主动与敌人的正规军展开殊死搏斗。

进驻莫里斯城期间，华盛顿还对亲英分子进行了有力的打击。其实在战争中，英国政府曾给予亲英分子大量的经费支持并多次指使他们进行反革命破坏。时至今日，英国政府仍然想要拉拢人们进入他们的阵营。

为此，英方发表了正式通告：任何美洲人只要在规定时间内重新宣誓效忠英王，就可以予以赦免，既往不咎。在英国政府的威逼利诱之下，亲英分子的活动曾一度十分猖獗。他们经常造谣惑众，扰乱民心，还暗中为英方传递谍报信息，颠覆破坏美方行动，造成了极其恶劣的影响和严重的后果，李将军在旅馆中被俘就是亲英分子告的密。毫无疑问，亲英分子已成为美国独立事业的心腹大患。

针对这一情况，华盛顿于 1777 年 1 月 25 日发表通告，郑重宣布：凡是宣誓效忠英方的人，都必须在 30 天内前往美军司令部或就近的美军部队驻所，宣誓效忠美利坚合众国，放弃他从英方那里得到的一切证件。凡是想要得到英方的庇护而放弃自己国家的人，都被视为美利坚合众国的敌人，必须立即撤到敌人所在地区，不再受到美军的保护，而拒不遵从这一命令者则按公敌论处。这一举措在很大程度上打击了亲英分子的嚣张气焰，取得了明显效果。

在莫里斯城，美军一方面要养精蓄锐，另一方面要整训新军。由于大陆会议计划要招募许多新兵，因此对于有丰富战斗经验的军官的需求也随之大幅增加。于是除了从原有部队中选拔有才干的将领外，华盛顿还通过许多其他方式招募人才。

此外，由于美国独立战争声名远扬，因此吸引了不少外国军官申请加入到这支队伍中。而华盛顿则不拘一格用人才，任用了许多外籍军事专家和职业革命家，这些勇士在美国独立战争中取得了辉煌的战果，发挥了巨大作用。

如波兰人塔德乌斯·科什丘什科，他英勇果敢，刚刚加入美军就被授予上校军衔。塔德乌斯后来成了一位杰出的军事专家，在美国独立战争中贡献巨大，被世人所敬仰。虽然外籍志愿者在美国独立战争中贡献卓越，但其中仍不乏鱼目混珠之人，法国人狄库德雷凭借美国驻巴黎专员迪恩先生的一封信，就妄图得到少将军衔并担任炮兵总指挥一职，后来因华盛顿出面阻止才未能得逞。而爱尔兰人康韦自诩在法国服役30年并曾获得圣路易奖章，希望被授予准将军衔。虽然此人最终如愿以偿，但后来事实证明此人飞扬跋扈，品质恶劣，并妄图夺取华盛顿总司令的指挥权，给美国独立战争事业造成了很大的危机。

1777年5月底，华盛顿撤去了莫里斯城的营盘，将休整数月的美军转移到距离英军据点布伦瑞克不到10英里的米德尔布鲁克。此时华盛顿手下适于作战兵力约为7300人，全军上下士气高昂，准备迎接一场新的战斗。而此时一直等待着大地回春的郝将军也认为是时候放弃在纽约的安逸生活转而投入战斗了，因为发动攻势的一切条件都具备了。6月初，郝将军率领8000英军进入东新泽西，在布伦瑞克设立起了自己的司令部。他的目的很明确，就是引诱华盛顿出来进行决战。

6月13日，郝将军率军从布伦瑞克出发，在华盛顿看来，英军似乎是要直接向特拉华河进发，但他们的先头部队行军不远便停了下来。英军是真的要进攻费城？又或者仅仅是想要引诱美军离开阵地，出去作战呢？华盛顿决定按兵不动，静观其变。他认为敌人要渡过特拉华河困难重重，在那里他们会遇到美军强有力的抵抗，如果英军没能重创美军，那么他们是不会贸然渡河的。

6月14日，正当华盛顿为琢磨不清英军的动向而焦急烦恼时，他收到了曾经的密友——里德上校的一封来信。自从华盛顿无意间拆阅李将军写给里德的信件，面对李将军在写给自己密友的信中对自己的冷嘲热讽及横加指责，面对自己的知己好友可能与他人私下议论自己的行为品格，华盛顿自觉再也无法回到从前与里德无话不谈的状态了。

至于里德，对于与华盛顿中断曾经的密切交往，他深感遗憾之至。他在信中说，他早就希望就信件一事找华盛顿私下谈谈了，但苦于一直没有找到他写给李将军的原信，这件事情便被搁置下来。每当想到这件事情，他的内心都极度的痛苦不安，他无法忘记华盛顿的友谊给他带来的自豪与快乐，希望华盛顿能够根据实际情况而不仅仅是表面现象来判断自己，他对华盛顿阁下的敬仰之心从未改变且至死不渝。面对这样一封真情流露的来信，华盛顿被深深感动了，他回信说自己完全相信里德对他的感情是真挚的，也完全相信事情并不像李将军那封信中所提示的那样。华盛顿本就是胸怀宽广、豁达大度之人，自从收到里德的信后，他便与里德消除了一切隔阂，恢复了从前友好信任的关系。同时，里德的这封来信，也使得正为英军动向琢磨不透而焦虑不安的华盛顿内心得到了些许慰藉。

6 月 19 日，郝将军见诱敌不成，便突然拔营，假装仓促返回布伦瑞克并沿路焚烧民宅。原以为华盛顿会率兵追击，没想到华盛顿只是派小股部队尾随其后，主力部队仍然原地不动。

22 日，郝将军故技重施，再次命令部队开出不伦瑞克，向安博伊进军。此次英军更加猖狂，一路烧杀抢掠，恣意横行。目的在于激起美军愤怒，引诱美军主力出战。华盛顿派出格林将军指挥的 3 个旅前去袭击英军的后卫部队。

24 日，华盛顿见郝将军大有离开东新泽西之势，便将主力部队推进到距离安博伊数英里的奎布尔顿。郝将军见华盛顿离开大本营，以为自己达到了目的，立即命令部队杀个回马枪，想切断美军先头部队的后路，迫使华盛顿与英军交战并最终放弃大本营。

谁知华盛顿识破了他的计谋，将主力部队及时撤回到米德尔布鲁克的设防营地，并牢固控制山间要道，使英军无法进犯。

6 月 30 日，一无所获的郝将军只得撤回到斯塔滕岛。

华盛顿虽然知道敌军不会就此善罢甘休，但下一步究竟会有怎样的行动，却不得而知。其实不仅华盛顿对英军的意图琢磨不透，就连郝将军自己也不了解英军的整体作战计划究竟是什么。因为驻守美洲的英军必须接受伦敦方面的指挥，受当时通信条件所限，驻美英军不能及时收到大洋彼岸的指示原本也在情理之中。但最不可思议的是，此次英军行动计划其实早已制订，但主管此事的杰曼勋爵却因忙着去休假，竟然忘记将行动计划通知郝将军。

事实上，由于英军在北美的军事行动接连失败，英王乔治三世早就希望能尽快与美军决战了。于是 1777 年，英王乔治三世、大臣杰曼勋爵和柏高英将军共同制订了一项新的作战计划，并打算责成驻北美英军早日歼灭美军主力，结束这场战争。此项作战计划的总体战略是柏高英将军率兵从加拿大南下，直捣纽约州的奥尔巴尼。郝将军则率军北上，在奥尔巴尼与柏高英部队会师，协同切断美国北部和中部的联系，进而合力进攻费城。但郝将军却因杰曼勋爵的失误而对此行动计划一无所知，只得在撤回斯塔滕岛后于 7 月 1 日撤出了东新泽西。

正当华盛顿努力了解英军意图，判断其动向时，却收到了北部战区传来的坏消息。奉命守卫提康德罗加的圣克莱尔将军战败，提康德罗加被柏高英占领，敌军正按照原定计划准备向奥尔巴尼进军与郝将军会师。此时，华盛顿最担心的事情终于还是发生了。

调整战略，弃守费城

提康德罗加的陷落

7月2日，在通往乔治湖水道附近的一所木屋及外围工事附近，出现了一些印第安侦察员。圣克莱尔将军不认为现有的守军可以保卫前哨据点，因此他下令把此地的工事和相邻的锯木厂弃毁。由于在左翼防守薄弱的提康德罗加极易被迂回包抄，所以守军在去年就建立了一座堡垒，该堡垒位于曾经法国人建立的防线以北的一座山坡上。

然而圣克莱尔没有加强对该堡垒的防御。柏高英发现了这一漏洞，并迅速派菲利普斯和弗雷泽率军抢夺这一据点。在攻占这一堡垒的过程中，他们并未遇到像样的抵抗，随即弗雷泽的部队便驻扎于此。由于这个山头的位置控制了提康德罗加和乔治胡的交通，因此极易切断对方的补给。其实，英国人期望能在此地取得这样的战果，因此他们意味深长地以“希望山”来命名这一山头。

随即敌人开始对提康德罗加实施合围，他们在希望山西部一线布置了大量军队。这一防线由弗雷泽率领的先头部队驻守。而德国后备队则由里德泽尔率领，驻扎在独立山下，同弗雷泽的部队形成了一组平行线。敌人在两天时间里不顾炮轰向前冲击，以守卫阵地安全。

圣克莱尔对这一围困开始担心，这种围困比进攻更加危险。然而他在表面上还维持着坚守的姿态——他在部队中四处巡视并鼓舞士气，同时又命令士兵们随时保持警惕。美军曾花了大力气建立起坚固的工事，然而却忽略了可以控制其全部工事的要害之地——休格山。

这是一个崎岖的山坡，位于一条山脉的终点，这一山脉处于香普兰湖和乔治湖之间。美军竟然有人认为此处过远，难以构成危险。曾任华盛顿侍从武官及副官的特朗布尔上校却在一年前证明了情况并非如此。他在工事中发射了一个 6 磅的炮弹，几乎打到了山头上。然而美军中又有人认为敌人无法攻上这里。特朗布尔又同阿诺德加和韦恩一起登山山顶以证明这一观点的错误。在山顶他们发现，敌人可以迅速地开辟一条通路，以运输炮弹。

特朗布尔坚持认为休格山是一个要地，它居高临下，是设置堡垒的最佳地点。他认为在此地建立堡垒，配备 500 士兵和 25 门重炮就可以发挥出 100 门大炮和 10000 士兵的作用。然而，他的建议没有引起重视。而此刻，美国人这种不知对错的行为将要面临考验。

英军的菲利普斯将军，在刚刚进入阵地时就以专业的角度发现了这一山头的重要。他请了一位技术娴熟的工程师进行勘测，工程师给出的报告中表示，这一山头完全可以控制提康德罗加和独立堡，它距离两地分别约为 1400 码和 1500 码。

同时，工程师表示，在 24 小时内，英军就可以削平山头，架起大炮，并开辟出一条山间道路。英军旋即行动起来，在山头架起了大炮。而在同一时刻，美军却在做另一种打算，他们想利用炮轰来击溃英军，却未见成效。英军在美军炮击时，却在修路并向山头运送物资。天还未亮，山头地面已经削平。英军把这个迅速建造起来的炮台命名为“无畏堡”。

7 月 5 日，看到山顶有众多英军士兵在修建工事的美军大感震惊与恐惧，因为他们明白提康德罗加即将被山头的炮火所控制。面对这一突发的紧急情况，圣克莱尔立即召开军事会议讨论如何处理。

很显然，英军的炮台大概在次日即可展开炮击，到那时，提康德罗加的美军就面临着全面被围被俘的危险。此地的美军兵力尚不足守卫其半数工事，斯凯勒将军却远在奥尔巴尼无法驰援。美军已经不能承受拖延的后果了，军事会议一致决定撤退到 30 英里外的斯基恩斯博罗，美军在那里还有一个堡垒。会议同时决定由圣克莱尔率领主力越过浮桥到达独立山，然后通过陆路穿过湖泊东侧的森林，经过卡斯尔顿向斯基恩斯博罗迂回。而各种军需物资及伤员、妇女则由朗上校率领 600 人护卫，乘平底船到达湖泊上游顶端。其中由 200 人组成后卫队，分乘五艘大船。

时间已经是下午 3 点，但是美军还在做着准备，以便应付即将到来的夜间撤退，并且还要保持隐蔽，因为此时英军正在无畏堡俯瞰着他们，敌人很容易发现美军的意图。所以美军在悄悄地进行着他们的撤退。

与此同时，美军每隔半小时就会向英军新建阵地进行炮击，用以迷惑英军。美军在等待着夜幕的降临，以便将物资迅速装船。由于砸掉炮耳会引起敌人的怀疑，所以不能运走的大炮都被尖钉堵住了炮口。在匆忙间，美军有几门大炮并没有完成破坏。守军将灯火提前熄灭，拆下营帐同妇女、伤员一同装船。

这一切都在夜幕的掩护下悄然进行，因此，尽管这是一个月光皎洁的夜晚，却没有人发现这支船队的离去，他们很快便进入了山间与树林的阴影中。

在陆上的撤退就没有这般谨慎和隐秘了，圣克莱尔在早晨3点就越过了渡桥到达了付蒙特州一侧，并带着先头部队向哈巴顿前进。然而，在弗朗西斯上校带着后卫队行动之前，法国将军德费莫瓦在独立堡附近的房子起火了。据说是将军被人下令烧毁的，但是我们不便指责他这种鲁莽的影响撤退计划的行径，只是事实上这一行为带来了灾难性的后果。位于希望山的英军发现大火后十分诧异，这使美军的行动曝光无疑。更为明显的是，火光使得后卫队慌乱地冲向了树林。

此时英军开始了作战准备，他们发射报警炮，弗雷泽将军带着部队迅速进入了提康德罗加，同时命令部队追击。到了天明时，英国的国旗被英军插在了美军遗弃的阵地上。在日出前，弗雷泽的部队已经越过浮桥直追美军而去。

当日清晨，正在快速舰“英王乔治号”上熟睡的柏高英被警报声惊醒，与此同时他接到了弗雷泽将军报告美军正在撤退的消息。不久后，他在军舰的甲板上也证实了这个消息。此时英国的国旗正在提康德罗加飘扬，英军的武器在对岸闪闪发亮。柏高英随即采取措施，命令里德泽尔率领德军跟进，协助弗雷泽追击美军，并派军队进驻提康德罗加及独立山。美军用了几个月时间建立起来的各种水面障碍在九点被英军的舰艇突破了，柏高英随即率舰队追击美军。

前面我们提到美军舰队在前一天向斯基恩思博罗方向撤退，然而在提康德罗加以北有一段湖面极为狭窄，人们习惯称其为南河。满载的平底船在山间的阴影下或在月光的照射中缓慢行进，后卫队在武装木船上保持着一段距离。然而乐观的美军却并不担心会遇到袭击，因为在他们的眼里湖中的障碍是不可逾越的，他们沉浸在这种神不知鬼不觉的撤退所给他们带来的欢乐中。当他们想到英军发现美军阵地上空无一人时的惊讶，他们就觉得十分得意。美国军官们开心地享受着抢救出来的物资，并开怀痛饮，遥祝柏高英早安。

第二日午后，美军船队抵达斯基恩思博罗，在他们刚刚登岸之时便听到了炮声。这正是赶来的英军发出的。英国舰艇急速前行，对即将追上的美军船队开火。

尽管美军进行了还击，却仍然不能阻止 2 艘触礁、3 艘击毁的命运。介于英舰无法驶入岸边，舰上士兵和印第安人迅速登陆，企图绕后阻击。此时，美军慌作一团，平底船、军需品、堡垒和磨坊都被他们烧毁，然后向 12 英里外的安堡潜逃。一部分人乘船在伍德河逆流而上，而主力部队则是在朗上校的带领下沿着林荫小路撤退。整个夜间都流传着印第安人在后面追击的谣言，使得美军军心不稳。这两股部队都在天亮时分到达安堡。

安堡是一个四周围有栅栏的小堡，靠近伍德河东溪两河交汇处，距离爱德华堡大概 16 英里。斯凯勒将军在第二天便到达了爱德华堡，尽管他的兵力不足，但是在朗上校危机的情况下还是派出了一支人数不多的援军携带物资前去支援，并要求部队坚守阵地。

当天，侦察兵为朗上校送来情报，情报显示英军正在逼近。实际上这支英军是柏高英下令追击美军的由希尔中校带领的一个团。朗上校被迫迎击，他将阵地布置在一条顺着伍德河的岩石小路上。敌人进攻时，他们从正面迎击，与此同时他们利用有利的地势不断地袭击英军的侧翼和后背。由于担心被围，英军进入一个山头设置了阵地。

在这个阵地上，英军被围近两个小时。据英军自己描述，如果不是印第安盟友的呼号，英军有被全歼的可能。英国人此刻发出了欢呼，印第安人的到来使得形势逆转，因为美国人已经弹尽粮绝。美军以为希尔的部队是英国的先头部队，所以他们就纵火烧毁安堡，继续向爱德华堡撤退。在那里朗上校向各方告急，诉说了他以及不知情况的圣克莱尔将军的危机。现在我们来说说圣克莱尔的情况。

圣克莱尔离开了独立山后，穿越了森林。第一天他们一直在撤退，当日晚上才抵达卡斯尔顿，此处距离提康德罗加 30 英里。他的后卫队停在了距离卡斯尔顿 6 英里外的哈巴顿，等待后续士兵的到达。这支后卫队共计 1300 多人，由 3 个团构成，团长分别是赛斯·沃纳上校、弗朗西斯上校以及里尔上校。

第二天清晨，这是一个 7 月的闷热的早晨，正在吃早饭的美军听到了枪声。他们的哨兵随即开枪，并报告敌人已经逼近。这支敌军正是由弗雷泽率领的先头追击部队，有 850 人。他们在后半夜追击至此，尽管美军在人数上占有优势，弗雷泽还是对美军发动了猛烈进攻。

事实上，弗雷泽知道德国的增援部队即将赶到。美军本来在强势反击，然而里尔上校却在战斗刚刚开始之时率领一部分部队撤退了。这使得沃纳和弗朗西斯仅仅剩下 700 人部队面对英军的攻势。他们隐藏在树木后面猛烈射击，进行“丛林战”。就在美军逐渐占据优势的时候，里德泽尔率领的德国援军赶到了，他们拿起刺刀勇猛冲锋。弗朗西斯上校此时英勇冲锋，成为最先倒下的一位军官。美军以为德军发起了全面冲锋，所以四下逃散。地面上堆满了死伤的美军，许多在树林里受伤的美军直接死掉了。

这一战，美军的死伤和被俘士兵达到了 300 人以上，而敌人的损失只有 183 人。交战双方都牺牲了几名军官，英军受伤的有阿克兰少校，有关此人在战争中的其他情况我们还会在后文中详谈。

在这场战斗刚刚开始的时候，枪声就惊动了远在卡斯尔顿的圣克莱尔。他随即给两个不远处的民兵团下令，去增援后卫队。然而民兵团拒绝了圣克莱尔的命令，向卡斯顿进发。与此同时，圣克莱尔收到了情报，情报表明柏高英已经到达斯基恩思博罗，并摧毁了美军的工事。

如此一来，圣克莱尔担心在安堡遭到截击，便改变原有路线，向左侧森林前进，开向拉特兰，并命令沃纳随后赶到。沃纳率军在第三日追上了圣克莱尔，此时沃纳的部队已经被击溃，仅仅剩余 19 人。而逃跑的里尔上校同他逃跑的部队全部被俘。曾有人辩解说他们的部队大部分人员身体虚弱，不适于作战。这一说法其实有一定道理，而里尔本人在做俘虏的时候去世了，所以他此生都没有机会在军事法庭为自己申辩了。

到了 12 日，圣克莱尔撤退到了爱德华堡。此时此刻，他这支跋山涉水的部队已经憔悴不堪。圣克莱尔失踪 7 天事件以及一度使得华盛顿震惊和忧虑的提康德罗加失陷的始末就是如此。这次撤退使得各种物资损失严重，但更严重的却是此战失败在全国引起的恐慌。奥尔巴尼尤为严重，人们惊慌失措地四处逃散，并运走他们的家产。此时谣言四起，说北方的要塞被攻克了，美军已经无法阻止敌人的攻势。

根据当代一名作家的说法，英军“因为这种幸运而得意忘形，他们认为自己的运气和能力是最强的，他们极其藐视美军，认为胜利在向他们招手，奥尔巴尼唾手可得”。

同样是这位作家又说，在英国国内也是这种乐观的情绪，不仅仅是政府，那些期盼北美殖民地战败的人一样高兴至极。他还说:“对于美国人而言，声誉的损失远胜于他们在战争中的损失，这一后果也更为严重。英军一向鄙视他们的敌人在保卫自己家园时没有一个人是有决心和才干的。现在，人们又提出了这种质疑，而且还有人对此表示相信……当时有这样一种很容易被人接受的观点：战争其实已经结束，美国的反抗只会让他们投降的条件呢更为严苛。”他在最后说道:“这就是这次战役失败所衍生的一部分影响。”

华盛顿的疑惑

当战事失利的消息传到北部的同时，美军向东面进行了一次成功的突击。此时，普罗科斯特将军任英军在罗德岛指挥官。他在诸多场合的傲慢举止以及他对待伊桑·艾伦上校的无礼态度使他在美国人当中臭名昭著。巴顿中校带领一支罗德岛民兵驻扎在大陆上，他曾获悉，普罗科斯特住在离新港约四英里罗德岛西岸的一所别墅中。普罗科斯特从未意识到这种不安全的处境，因此，巴顿决定，在条件允许的情况下就对其进行突然袭击，好把他俘获。

在这一大胆的计划中，有40位勇士参与其中。他们趁着夜幕用布把船桨裹起来，悄然划过了海湾，这一途中并未被英军舰艇发现。随即，他们悄悄地登上岸，他们越过了别墅附近的守卫士兵，又抓住了守门的哨兵，活捉了睡梦中不知危机的将军。普罗科斯特那试图跳窗逃跑的副官也被抓住了。他们又带着他们的俘虏悄然地回程，安全抵达沃里克。由于巴顿的这一功绩，大陆会议决定授予他一把军刀和正式的上校军衔。

美军俘获了普罗科斯特使得华盛顿极其兴奋，他说这是一件很幸运的事，因为此时他有了一个可以同李将军交换的同等级别的俘虏了。随即，他给郝将军写信，建议交换俘虏。他写道："这是一项符合我们协议文字内容和协议精神的建议，所以我希望你能赞同这一建议。它不仅能解决我们之间的一次冲突，而且在这以后还可以用坎贝尔中校和黑森军官交换被你们俘虏的同等数目和级别的军官，因此，我就更加期望你的赞同了。"

当时郝将军并没有立即回信，因为此时此刻他正在海上。在此期间，普罗科斯特一直被英军软禁。华盛顿写道："我可以让他在生活中过得舒坦，但不能忽视看守。我能允许他假释，因为李将军没能在郝将军那里受到同等待遇。"

忧虑之余的华盛顿仍在努力对付敌军的进攻，他运给斯凯勒大量的各类物资。此刻只有尼克松旅的一部可以作为他手头的增援部队了，他写道："过分削弱我军的主力会给我们带来毁灭性的后果，我认为组织郝将军部队和柏高英部队会师的唯一办法就是我们保持为数众多的部队。如果让郝将军的部队和柏高英的部队会师，后果将十分的严重。”

斯凯勒此时十分希望有一名熟悉地形又有才干的人来协助他，华盛顿推荐了阿诺德。他写道：“他早为众人所知的能力、品行和勇敢我已无须再详叙。他早已证明他有着这样的全部品质，从而博得了全国和全军特别是东部军队的信任。”

对于解决其军衔问题，阿诺德过去非常固执，然而此事此时仍未解决。如果按照正常的晋升模式，他的级别是高于圣克莱尔将军的。不过此时他对华盛顿保证此次不会为此事争执。

与此同时，在军队工程师、波兰籍军官什丘什科的帮助下，斯凯勒已经在爱德华堡南边 4 英里的摩西斯溪畔选定了两个阵地。一部分民兵以及从提康德罗加撤退到这里的军队正在那里构筑工事。他命令士兵砍伐树木扔进伍德溪堵塞水路，以阻止英军的前进，并下令毁掉爱德华堡和安堡之间的通路，并赶走这一带的牛群，毁掉此处的草料。同时，他下令守军撤出乔治堡。

最后，撤走的守军用一把大火毁掉了乔治堡的建筑。他写道：“这一批健康的士兵使我的力量大大加强了，如果说我能使这里的民兵留下并且敌人能在延缓几天的话（不知他们是否能给我的部队几天时间），我就不用再担心阵地被他们突破了。”

华盛顿给予了他忠实助手极高的鼓励。他给斯凯勒的回信（7 月 22 日）中表现出了极大的信心和乐观态度。明智的判断给了华盛顿这种乐观的基础，在困难的时刻，他总是用这样的预见来鼓励他的将领们。他在信中说：“尽管最近愁云惨淡，但是我还是期望出现一些好运。我相信，柏高英早晚会被我们阻止，并且正像我以前说过的那样，他的胜利反而会加速他的失败。从你谈到的情况来说，他的行动计划，也就是指他分兵作战而言看起来对我们很有利。他的这种行为肯定会使他的部队陷入险境，同时给了我们一个勇敢的机会。如果我们能够幸运地消灭其中一支——假设它不会超过四五百人的话，就能燃起民众的斗志，从而消除他们目前的这种焦虑。然后，他们就会走出失败的阴影。与此同时，为了保卫他们自己的利益，他们会很快拿起武器支援我们。”

他提醒斯凯勒不要过分依赖修筑工事，并把大量军需储备存于工事中——尽管他建议采取果决的计划。他写道：“除非能将战线设置在敌人的必经之路上，否则战线就是一种陷阱，并不能达到人们预期的效果。”

他给马萨诸塞州和康涅狄格州两地西部民兵准将们写了份文件，在这个传阅文件中他提醒他们注意：提康德罗加的失陷给敌人打开了一个大门，如果不能有力地阻止敌人，他们就可能借此长驱直入地攻占纽约州北部以及新罕布什尔州和马萨诸塞州西部，并与郝将军会师，从而切断东部各州和北部各州之间的联系。

他又说：“我无法相信在爱德华堡那极少数的大陆军如何能阻止敌人的前进，所以在这个困难的时期，我们只能寄希望于民兵的支持。除非斯凯勒将军或阿诺德将军你们去别的地方，否则，我相信，你们在收信后一定会立即率领你们至少三分之一的民兵赶到萨拉托加集中待命。”华盛顿此时下令：由于不知道郝将军的部队的情况，所以我们无法判断他们何时会将部队沿哈得逊湾送到北部地区，因此，凡是奥尔巴尼不需要的一切船只，全部都送到新温莎和菲什基尔去随时做好准备。

斯凯勒后来又给华盛顿写了几封表示局势越发危急的信，此时的民兵因为是收割季节纷纷不听命令回家去了。在一次会议上，大家认为为了避免民兵全部撤离，允许他们回家是必要的。他们担心强制留下的民兵会选择逃跑，而此刻敌人正在马不停蹄地修筑斯基恩斯博罗通到他那里的道路，从传言英军所有的马匹数量看，他们可能采用马匹运送物资。如此他们的行军速度会极快，所以现在继续支援。华盛顿回复他已派格沸弗旅前去驰援，介于他个人处境同样危急，因此他只有这些援军可以派给斯凯勒。他相信对此极为关注的东部各州会伸出援手，因此斯凯勒的危机只是暂时的。他通过情报推断敌军只有 5000 多人。

他说:“看起来他们并没有足够的车辆运输物资，也就意味着他们不能进入纵深地带。尽管你提到他们有大量马匹，然而没有车辆这一切都不能实现。由于巩固后方需要大量兵力，因此他们也就无法出动足够的兵力去对付你。同时，由于他们要开路搭桥，并拆除我军设置的障碍，加之沉重的物资装备，他们的行军速度也必然放缓。进而使得你们有时间进行战前准备，以痛击英军……我已经指示林肯将军，让他在健康良好的情况下火速支援你。虽然目前他的健康状况不够好，然而我们这位可敬的将军向来有勇有谋，同时他在他的家乡马萨诸塞州深得人心。他可以对那里的民兵产生积极的影响，这对我们是极其有利的。我准备让其直接统领民兵，我确信，林肯先生会让民兵们自愿加入，并且激励他们顽强地坚守阵地，坚强又勇敢地履行一名士兵的职责。”

斯凯勒在罕布什尔赐地（佛蒙特）某处驻扎一支军队，以便在柏高英前进时，插入他的后方或侧翼，对此，华盛顿十分赞赏。他说，这样做，即便不能让柏高英向前推进，也会使他有所顾虑。如此一来，出于对后方的担心，他便不能在后方据点部署更多的士兵。同时，他建议由林肯将军指挥这支奇兵，“因为没有人比他更合适了”。

此外斯凯勒还建议，如果敌人派大部队进驻摩霍克河畔的斯凯勒堡（斯坦威克斯）一带，应派一位像阿诺德将军一样有勇有谋的军官去负责那里，同时鼓舞当地居民的士气，培养和印第安人的感情。在后文中，读者将会发现上文中的措施对北部地区的战役产生了怎样有利的影响，还有华盛顿的各种预估所具有的可佩的前瞻性。同时，对于斯凯勒将军的睿智和能力也应该给予充分的肯定。此次战役中的完美行动都是由他提出并贯以实施。在华盛顿的诸多手下中，最得力又忠心能干的当属斯凯勒。

此刻总司令的目光开始向海上转移。7 月 23 日，长期在忧虑中关注的目标——英国舰队——真的出海了。据后来的记载说，军舰上有 36 个营的英军士兵还有黑森营，其中包括一支强大的炮兵、轻步兵和掷弹兵；另有一支叫作“女王巡逻兵”的纽约地方部队，即保皇派的士兵，还有轻骑兵 1 个团。共计 15000~18000 人。留给亨利·克林顿爵士将军，供他保卫纽约用的兵力有 17 个营，1 个轻骑兵团和地方兵团的其余部队。美军现在还无从判定这支舰队的目标。

舰队刚刚起航，就有一位青年来到普特南将军所在的一个据点。他自称曾是一名罪犯，但因为为郝将军给柏高英送信而获释并得到了一笔钱。他还说将这封信交给普特南是出于一片爱国之心。普特南旋即将这封信交给了华盛顿。这是一封由郝将军签名了的信，他在信中告诉柏高英，他并不想沿着哈得逊河北上，而是转向东方攻击波士顿。他说，“如果能实现我的想法攻占了那座城市，我将立即与你会合共同对付你面对的叛军。克林顿的兵力足以同华盛顿和普特南对抗。目前我正在湘南部佯攻，我认为这样对战局会产生有益的影响，从而实现我们的计划。”

华盛顿当即意识到这封信肯定是伪造的。他断言道：“这封信强而有力地揭示了郝将军绝对不会向东方进军。这封信的意图就是故意流落到我们的手里，从而妄图迷惑我们。如果他们将舰队分散的风险尚在可控范围之内，那么他们出海肯定是一个欺诈的手段。北河仍然是他们的目标。我可以确定，他们的目的地就是费城！”

于是华盛顿带领军队开赴特拉华河，并且下令沙利文和斯特林带领他们的军队从皮克斯基尔渡过哈得逊河，前往费城。华盛顿此时仍然疑虑重重，每一个指令和行动都显得小心谨慎。30 日，他致信给驻扎在费城的盖茨将军，说：“因为我们还无法轻易断定敌人的真实目的地，尽管我推测特拉华河有极大的可能是他们的目标，所以我认为在豪厄尔渡和特伦顿截击敌人是一个很明智的选择，等敌人的舰队真的进入海湾，局面就会变得不乐观。我们可以在那里部署阵地来抗击敌人，在敌人还没做好进攻的安排和部署之前打他们一个措手不及。同时为了掩护高地的要塞，我已经指示沙利文将军下辖的军队停留在莫里斯城。这样的话，他既可以在紧急时刻向南面进击，亦可以在敌人调兵遣将北进时及时迎击。郝将军在战略上貌似把柏高英将军当作弃卒，这种战略举动完全不符合常理。所以在我确认战况却是如此之前，我不能把战略部署从我的背后转移。我没有注意观察到有关这支舰队的出现。我希望你在明晰情况之后立即向我汇报！”

31 日，华盛顿接到报告说，敌方舰队已经在昨天抵达特拉华海角，敌方舰队约由 228 艘舰艇组成。接到报告之后，他立即写信给普特南，命令他立即把渡过特拉华河的两个旅带回，并告知斯凯勒和东部指挥官不必担心郝将军的进攻，并且可以把东部所有的军事武装力量用来对付柏高英。并且华盛顿把自己的营地迁至距费城大约6公里的日耳曼镇，以便于可以更加便捷地保护费城。

第二日，信使又送来紧急消息说，敌方舰队离开了特拉华海角，并且可以明显地判断出是向东进发。华盛顿在8月1日写给普特南的信中说："这件事令我寝食难安，如果我们不尽全力来应对和防卫，那么可能这次我们会处于极其被动的地位。对郝将军奇袭高地的预防对于现在的美国来说无比重要！根据形势推测，他向东面进发的可能性微乎其微了。没有什么是比他攻下高地更严重的了！"

依据对敌军动向的推测与见解，华盛顿下令沙利文带领他的部队和之前离开皮克斯基尔的两个旅的军队即刻返回，以最快的速度渡过哈得逊河回到皮克斯基尔。华盛顿想要尽快把其余的部队调集。他还写信给乔治·克林顿将军，希望他在最大限度内征集纽约的民兵前去增援普特南部。克林顿将军刚刚被任命为纽约州的州长的。他是依据宪法而被提升到这个职位的第一个人。

实际上，他仍然指挥着纽约州的民兵力量，华盛顿后来得知，克林顿决定重新出任在高地的蒙哥马利堡的最高指挥官，这个消息使华盛顿非常满意。他曾写道："不论是从哪个方面来讲，都没有比克林顿更优秀、更合适的人选。"

华盛顿还命令普特南派一名急使去会见特朗布尔州长，督促特朗布尔州长的民兵力量尽快给予援助。华盛顿说："敌人走向这条道路，康涅狄格州是最危险的！无论是以自身的角度或是集体的角度来说，那个州应该尽最大的力量来支援你，我相信特朗布尔州长肯定会认识到这一点的重要的！”其实在事态危急时愿意提供有效援助的人中，最为可靠的就是特朗布尔州长。而在各个州的民兵中，最响应号召，情绪最激昂的也要数康涅狄格州的农民势力。不管他们的初衷及以后如何。在整个革命过程中，联邦里担任任务最重要的同样也还是康涅狄格州的民兵。在这场伟大的革命之战结束后，华盛顿坦白并且毫不犹豫地说：“如果所有州都能像只有弹丸大小的康涅狄格州那样履行自己的使命与职责，或许这场战争早已结束了。”

华盛顿留在日耳曼镇中的好几天中，曾因为无法弄清英国舰队的真正意图而十分苦恼。再加上天气酷热，华盛顿也不想让本已因不断行军而疲惫不堪的军队再四处奔波了。华盛顿最后认为英国舰队实际上已经东去了，于是让军队再度开拔，打算再次渡过特拉华河。

就在此时，一名信使在 8 月 10 日追上了他，带来了一则非常重要的消息说，3 日前，有人目击到这支舰队离开了约距特拉华海角 16 里格（1 里格约为 3 海里）的塞内帕克森特海口。于是华盛顿再次停下了前进的步伐，等待更多的消息。根据华盛顿推想的，郝将军的计划应该是带领英国舰队从各个不同的地方出现，从而引诱美国军队追踪，使得美国军队疲惫的同时让广大地区的守备空虚，最后以便于亨利·克林顿爵士所属的纽约军队与柏高英部会师。根据这个猜想，华盛顿写信给普特南将军，要他时刻保持警惕与戒备，并且努力扩充兵员，强化在波克斯基尔阵地的防御。并派遣侦察部队南下，试图弄清亨利·克林顿爵士是否在纽约以及他所辖的军队数量。华盛顿说：“如果他的兵力数量与传闻中的一模一样，那么他很可能调兵从南面北上攻打，而柏高英则南下呈夹击之势。”

普特南将军也早已有了警惕，有一件事也可以证明克林顿爵士确实在纽约。克林顿爵士曾派遣了一名间谍来收集皮克斯基尔的驻军兵力和军队情况。不过在情报收集的途中被发现了。之后，一艘英军军舰急忙沿着哈得逊河驶来，并停泊于佛普兰克角。一名休战使节从英军军舰上走出，向普特南将军递交了克林顿爵士写给他的一封信。声称那名叫埃德蒙·帕尔默的间谍是英军的一名尉官。然而普特南将军并没有顾忌这些，他只给了简短而有力的答复。“埃德蒙·帕尔默是敌人的军官，并且潜伏在我军之中当间谍，因此被我军逮捕。他已因为间谍的行为受到审讯。并且被判刑，并且予以处决。现在请来使离开吧！”

克林顿州长也是肩负保卫高地这项重要的使命的人。他也保持了很强的警惕，他在蒙哥马利堡的岗位上忠实地执行华盛顿的指示，调集各县的民兵以补充他自己的守卫部队以及斯凯勒的军队。

他写道：“民兵如此踊跃地应招，实属前所未闻。但是他们中的很多人仍然担心他们的田地上种植的作物。所以我告诉他们敌人采取了某些明确表示要攻打这里的举动，并且民兵都深信不疑，所以才能把他们长期留着。”

华盛顿还采取了一些援助北部地区的措施。很多美国士兵，特别是民兵都对柏高英带来的印第安人部队非常畏惧。为了对付这些印第安人，重振士气，他派遣摩根上校带领500名步枪手向北部地区进发。他说：“他们都是精挑细选出的精兵，他们熟知枪械的使用与各种不同环境的作战方法。他们一定会做出杰出的贡献。如果敌人没有畏惧他们的出现，那就是我判断错误了。”华盛顿指示普特南准备好可以沿哈得逊河将这批步枪手北运的船只，华盛顿同时又通知了盖茨运送步枪手的事情，并且询问了他们以及在范考兰特上校和利文斯顿上校统率下的从皮克斯基尔出发的两个团大约还需多长时间可以到达。

华盛顿写信给盖茨："现在你能得到林肯将军的民兵增援与额外的两批增援部队。我希望，在你得到增援后可以阻止柏高英的前进，并且切断他的补给供应，使得他的处境变得很糟糕。"通过这些材料，可以得出当时华盛顿在同时进行两线作战，一方面要预防在沿海地区的郝将军的进攻，另外一方面还要考虑到来自哈得逊河上游地区的柏高英的进攻。华盛顿在努力地调兵遣将，部署防线，来同时抵御他们两人的进攻。由于华盛顿的兵员不足，需要防守的地域又广，所以华盛顿的任务非常艰巨，非常复杂。

华盛顿在柏高英后方安置部队的举措也在顺利地进行。林肯在本宁顿·斯塔克率领一支新罕布什尔州的民兵同他会合，同时还有一支马萨诸塞州的民兵正在赶到的路途中。华盛顿说："如果有这样一股强大的力量放置于柏高英的后方，会使柏高英感觉有如芒刺在背，必然会部署大量兵力在后方防御，这样就能削弱他的正面力量，变得容易被我军击溃。"

华盛顿驻扎在费城期间，多次在费城及其周边地区进行巡视，以便了解这些地区的防御能力，并指示在河畔旁边修建防御工事。

在一次视察中，华盛顿结识了年轻的德·拉斐德侯爵。德·拉斐德侯爵是不久前从法国来到美国的一批外国军官中的一员。德·拉斐德侯爵还不满20岁，他抛弃了与未婚妻在宫廷中纸醉金迷的奢靡生活，不顾路途上的险阻和障碍，毅然前往美国来追求自由，与风雨中的美国革命事业共同飘摇。在德·拉斐德把推荐信呈交给美国外务委员会主任洛弗尔先生之后并没有受到多少鼓励，因为大多申请参战的外国军官都缺乏一定的才能，都是泛泛之辈。

德·拉斐德之后送上了下列便条：“在我做出种种牺牲之后，我有权要求两项照顾，第一是自费服役，第二是先当志愿人员。”这一简单的便条却起到了不同凡响的作用，当局注意到他的热情与崇高的思想觉悟。并且他出身于名门望族，又拥有广泛的社会关系网络。所以大陆会议在 7 月 31 日决定授予他美国陆军少将头衔。之后在一次国宴上，德·拉斐德见到了华盛顿。华盛顿高度赞扬了他无私的热情和高尚的行动。两人交谈甚欢。

随着时间一天天流逝，英国舰队却一直迟迟不见踪影。不论是在华盛顿还是美军众将士心中都有一个疑问，那就是英国舰队去了哪里？会不会是去进攻查尔斯顿了？美军现在没有能力持续跟踪郝将军的部队吗？但是如果那样疲于奔命的话，美军将无法及时抗击他们真正打击的目的地。在这样的一个纷繁复杂，扑朔迷离的形势之下，美军该继续执行怎样的战略？是按兵不动以防郝将军回头进攻，还是向哈得逊河挺进抗击柏高英，或者对纽约发动攻势。不论是在抗击柏高英或者进攻纽约任何一件事情上获得成功都可以弥补在南方的一切失利与损失。

在一次有德·拉斐德参加的重要军事会议上，大家意见一致地决定采取后面一项方案。不过因为这是一项事关重大的决策与行动，所以华盛顿派遣了自己的副官亚历山大·汉密尔顿带着一封信去征询大陆议会的意见。大陆议会批准了军事会议上所作出的决定。就在华盛顿的军队准备动身的时候，忽然接到了一份至关重要的情报，这份情报的出现，使所有疑云都烟消云散。这份情报上讲，英国舰队实际上已经进入切萨皮克湾，正停泊在斯旺角。并且深入到湾口海角处200余公里。华盛顿曾写道："郝将军走这么一条靠北而又奇怪的路线一定是想直取费城。"

这支舰队多次出现又消失的谜团终于被揭示了，郝将军在率领舰队出海之前，派出了许多艘运输舰和一艘改装成炮台的战舰沿哈得逊河北上，结果华盛顿派军队加强了高地的防御。在舰队出海之后，用了一星期才抵达特拉华海角。之后，英军指挥官得知美军采取手段堵塞了河流航道，便决定驶往切萨皮克湾，但是风向一直是逆风，所以延缓了他们进入切萨皮克湾的日期。

拉斐德在这个时候目睹了一次华盛顿军队的检阅仪式。他在回忆录中曾描述当时的场景。他说："他们有11000人，武器装备很差，衣着更差，给人一种光怪陆离的印象。他们穿着颜色斑驳的服装，有的还赤身裸体，棕色亚麻布做的猎人衫算是最好的衣服了，他们的战术同样不正规。除了最矮的人站在前列以外，其他人都混合编队，尽管这样，他们仍然是一批有热情的军官指挥的英俊的士兵。"

拉斐德对授予他的少将军衔产生了误解，这本来只是一个荣誉性的。但他却以为美军赋予了他少将的权力，是为了让他指挥一个师的兵力。这种误会让华盛顿左右为难，他既不想打消拉斐德的热情，但是又要向大陆议会征询意见。拉斐德也承认自己年轻，缺乏经验，他也表示自己愿意先在一支较小的部队上任职。

华盛顿写道："关于这位绅士，大陆会议有何意图，我怎么做才符合大陆会议的意图和本人的期望，我都不知道该怎么做才好，请求给予指示。"他又说："有很多被授予军衔的外国人请求分配工作令司令部本就困难的处境更加为难。我交往的人脾气秉性也都不相同，各州自己的办法也不相同。这些事情加在一起，使情况越来越纷乱复杂。我们正在设法制定一些规章制度，至于能否成功，能到什么程度，只有拭目以待了。”

这些困难不断要求华盛顿必须公正和沉着地处理应对。这一次，大陆会议通知他说，不必因为拉斐德获得少将军衔就让他指挥一支军队，可以酌情处理。尽管大陆会议如此指示，华盛顿仍然感觉十分为难，侯爵富有风度，同时又具有高度的自我牺牲精神，不过他尚且年少缺乏必要的经验。用人又需要慎重。不过，拉斐德自从一开始，就十分敬爱崇拜华盛顿。这是无可质疑的。所以他很快就博得了华盛顿的信任和喜爱。智慧、沉着、成熟而又严肃的华盛顿与年轻、热情、活泼而又富有风度的拉斐德之间诚挚而持久的交往，是一个值得永垂青史的佳话。

美国的几个军队被派遣到宾夕法尼亚，这里距离费城十分近。特拉华和弗吉尼亚北部地区的民兵也应召而来。许多民兵，还有普罗科特上校指挥的炮兵部队，奉命到费城下游约 12 英里的特拉华河畔的切斯特集合，同时，根据华盛顿的命令，韦恩将军亲自前往切斯特部署在那里的美军部队，而他的旅暂由副官行使指挥职权。

为了使美军可以尽可能地将自己最为威武的一面展现出来，使那些对独立事业不满的人们受到心灵上的打击，华盛顿命令全军在市内游行示威，沿着河滨路—栗树街路线绕全城一周。为了使这次示威取得预想的结果，对于准备事宜颇费了一番周折。全体官兵都必须保持整齐的队列，以最为端庄的姿势拿着武器，每一步都要跟随军鼓声和军笛声的节奏，一名观看者说：“他们的服装很差，但是他们都端着擦得锃亮的武器，俨然一副军人气派，总而言之，仿佛他们有相当把握战胜同等数量的敌人似的。”他们一直选择在帽子上搭配以绿色的小树枝，使得整支军队更显军容整齐。

华盛顿骑着马，走在队伍的最前头，四周则是陪行的人员，拉斐德侯爵与他并肩而行。美军部队被分为许多个部分，先锋部队手中举着战斧，骑兵与大炮行列十分之长，马蹄的嗒嗒声，嘹亮的喇叭声，振奋人心的军鼓声和军笛声，全都给一个不常看见大军集合景象的和平城市，留下了深刻的印象。不满分子过去听信别人的宣传，他们对于美军的实际人数感到十分震撼，因为他们低估了美军的军事实力。在此种情况下他们的内心正在泛起巨大的波澜，革命党人则从这一景象中获得新的希望和鼓舞。他们在爱国队伍经过时，都鼓掌欢呼。军队在穿过费城游行后，继续行进到克里斯蒂安娜溪和布兰迪魏因河汇流的地点——威尔明顿。华盛顿的司令部就设在威尔明顿，军队则是驻扎在附近的高地上。

我们现在再回过头来谈谈华盛顿忧虑操心的另一对象——北方柏高英的入侵军，看看他的预防措施是多么有效。

英军占领费城

8 月 25 日，郝将军率领的英军开始从切萨皮克湾顶端埃尔克河内的舰艇上登陆，他们登陆的地点距埃尔克岬约 6 英里。埃尔克岬是一个小城，同时也是塞西尔县治所驻扎地。此地距离费城约为 70 英里，因此英军离费城比他们驻扎在布伦瑞克时还要远 10 英里。中间地区的地势远没有东西泽西那么平坦开阔，并且有着一些很深的河流。

郝将军之所以选择这条迂回进军的路线，是企图在塞西尔与宾夕法尼亚州南部各县的人民中找到自己的拥护者，因为在那里有许多人对爱国事业心存抵触，他们大多是教友派信徒和非战斗人员。

傍晚，华盛顿接到敌军正在登陆的情报，他担心埃尔克岬的仓库会落入到敌军手中，从而使自己失去物资的补充。因此，华盛顿命令美军全力阻击前进的英军，他命令驻扎在威尔明顿附近的格林将军和斯蒂芬将军立即开拔，火速抵达威尔明顿。与他们一道支援威尔明顿的还有驻防在切斯特的两个师。在对法战争奇袭过印第安人的基坦宁村的阿姆斯特朗少将此时担任宾夕法尼亚民兵司令。华盛顿要求他乘夜晚将他所有的民兵派来，并为他们提供相应的武器。

华盛顿写道："敌军在第一次战斗中会派出轻装小股部队，劫掠我军的马匹、车辆等物资。我们必须在一开始便让他们动弹不得。"因此，他命令特拉华州民兵司令罗德尼将军朝敌人方面派出侦察和巡逻人员，以监视敌人的行动，而且一得到马里兰州民兵的增援，就带领军队逼近敌人。

美军在凌晨派出轻装步兵潜入敌军附近地区，对敌军进行袭扰。华盛顿在格林将军和拉斐德侯爵及其他们的助手陪同下，亲自骑马前去察看敌人附近的地形，以便决定自己的部队如何部署。埃尔克附近仅有的高地便是铁山和格雷山，后者距敌人不到两英里，可是，要看清敌军营地和判断敌军登陆人数却十分困难。他们花费了几个小时对周围的地区进行军事勘察。

最后，一场突如其来的暴风雨迫使他们在一个农家避雨。风雨交加的夜使人无法察看外面的情况，华盛顿不想离去，但是他的同伴却是十分担心他的安全，因为这里离敌军的营地是如此之近，以至于他们随时可能受到来自敌军的袭击，华盛顿不顾周围人的恳求与规劝，执意在农家待了一整夜。不过，事后据拉斐德讲，他在离开农家之后承认自己不够谨慎，哪怕有一人告密，那么他将成为英军的阶下囚。事实上，他所冒的风险，与上一年李将军被俘所冒的风险是一样的。

与此同时，这个地区的居民十分的恐慌，居民纷纷以最快的速度将他们最值钱的东西带走，导致很难弄到牛和车辆来把国家仓库的财物运走。不过，郝将军由于缺乏马匹，并且受到来自美军的袭扰，没有能够迅速地推进，这样使得美方有足够的时间把仓库里的大部分储备物资运走。为了安定民心，郝将军于 27 日发布公告，宣布英军纪律严明，秋毫无犯于民，凡是安分待在自家的人，其人身财产安全可保无虞，凡参加武装暴乱者，只要立即重新归顺，可以既往不咎。这个布告起到了一定的安定民心的所用。

格林将军和斯蒂芬将军的两个师这时驻扎在威尔明顿前面数英里的地方，在白泥河的后面，距离埃尔克岬约有十英里。大陆会议早已指示莫尔伍德将军和吉斯特上校负责指挥马里兰州的民兵。马里兰州的民兵正聚集在西海岸。华盛顿命令他们与罗德尼将军合作，向敌人的后方开进。

华盛顿曾经派摩根的步枪队去协助北方军队作战，现在他意识到步枪队有十分重要的作用。为了弥补这一缺陷，他从每个旅中抽调一百人，组成一支轻装步兵，交给马克斯韦尔少将指挥，任务是不断骚扰敌人的部队。

与此同时，沙利文将军率领他的师大约 3000 人开到，军队由此得到了一定程度上的扩充，不久之前，沙利文将军在泽西州的汉诺佛驻防的时候做过一个英勇的举动，他企图奇袭并俘虏斯塔滕岛上的一支部队，但由于双方军队距离较远，此次奇袭没有取得完全意义上的成功，他们抓获一些地方军士兵，但是敌方派出正规军迎战，沙利文率领的部队数量不足，无法保证他们全身而退，他的后卫部队在等待船只返回时被敌军俘虏，双方进行了激烈的交战，使得美方受到重创。大陆会议指示华盛顿设立军事法庭，对这一事件进行调查。在调查期间，沙利文继续指挥军队，因为人们对他的英勇善战仍然深信不疑。

这时军中有几名从欧洲国家来的军官和绅士。他们都是不久之前经过一番努力进入部队的。华盛顿一直苦于如何使他们很好地适应现在的生活。在法军中服役 30 年的老将军现在在沙利文所属的一个师中担任旅主官。法国籍的爱尔兰人康韦准将在斯特林勋爵师里。此外还有路易·弗勒里。他是一个名门出身的法国绅士，原来学习的是工程。美国革命伊始，他就表示愿意效力。在华盛顿的举荐下，获得上尉军衔。

还有一位杰出的军官是波兰人普拉斯基伯爵。他是由富兰克林博士介绍而来的。富兰克林博士说他是一名驰名欧洲的将军，在抗击俄国、奥地利、普鲁士保卫自己的祖国自由的斗争中英勇善战。事实上，他担任当时的起义军总司令。华盛顿写道：“人家告诉我，这位先生与我们一样，一直致力于保卫自己的祖国和争取独立，抛家舍业，热心于自己理想中的事业。因此他值得我们尊重，并在我军利益的允许下予以重用。”

就在这时，军事声名卓著的弗吉尼亚州的亨利·李开始崭露头角。他带领侦察队袭扰敌军哨兵线，表现出色。华盛顿曾在写给大陆会议主席的信中对他十分称赞。

总司令花了几天时间用于各处奔忙，查看道路，熟悉周围地形。这个地区大小河流纵横交错，主要由西北流向东南。这时他已决心发动一场颇为冒险的大仗。因为他在军队人数、装备和纪律方面均不如敌人，据拉斐德说，截止到目前，打的都是一些小仗，没有大仗，不过他们在小仗中积累了作战经验，各个师都学会了大兵团作战，战术也得到改进。

这时国外存在一种吹毛求疵的风气，这种风气同时存在于费城，而且扩散到大陆会议中，人们像对待斯凯勒将军和北方军队那样，纷纷要求进行一场大规模战争，华盛顿虽然也希望如此，但是考虑到利害关系以及大陆会议的约束，没有选择轻举妄动，因为现在大陆会议的催促，使他感到十分的兴奋。

值得一提的是，英军在登陆的过程中没有受到多少干扰，登陆后，英军分为两路，一路由郝将军率领，另外一路由克尼普豪森将军率领，驻扎在渡口对面赛西尔县府所在地。9月3日，英军携带三门野炮，大举向前推进，因为路途十分崎岖，周围树林密布，拖延了他们的行军速度。他们的前锋与马克斯韦尔将军率领的轻装步兵相遇了。美军的狙击手与步枪兵的火力与以往一样，命中率很高，但由于寡不敌众，没有枪炮，马克斯韦尔被迫撤过白泥河，死伤了大约40人，伤亡小于敌军。

美军的主力这时驻扎在红泥河东岸从埃尔克顿到费城的大路上。轻装步兵在前面的白泥河河畔。两支军队相隔八到十英里。华盛顿决心在这个阵地上等待即将到来的进攻。9月5日，他向军队发出号召，说明敌军的进攻目标为费城，敌人曾经尝试过一次，但是失败了，他相信，敌人会再一次的失败，命运悬于一线，如果他们失败，战争将会结束。只要这一战获得胜利，国家将会获得自由，摆脱英军对美国的控制，他说："我们进行这场战争，同无数的困难相搏斗，胜利就在前方。此时是我们收获胜利果实的时候，这第三次战役将是我们最后一次战役。"这时华盛顿的军队大约有 15000 人，但由于疾病和其他的原因，有效的战斗力量约为 11000 人，这些士兵的武器装备不大好，英军的总兵力为 18000 人，但是据估计实际投入的兵力不过 15000 人左右。

8 日，敌军分两路前进，一路看来准备从正面攻击美军，另一路朝向河的西岸北面前进，在米尔敦，也就是在美军阵地稍右的地方停下来。华盛顿担心郝将军的意图是要在自己的右面前进，然后突然越过布兰迪魏因河，占据河北面的高地，使他失去与费城的联系。因此，他当晚便召开了军事会议，会上决定立即改变部署，把军队开到那条河的河畔。深夜两点，军队便开拔，第二天黄昏，在布兰迪魏因河扎营，敌军当晚开到了距美军 7 英里的肯尼特广场。

布兰迪魏因河的源头有两条河流，分别叫做东支流和西支流。两条河流汇成一条河流，由西向东延伸约 22 英里，在费城下游约 25 英里的地方注入特拉华河。华盛顿估计敌军的主攻方向将会在查德浅滩，因为此处为最为容易渡过的浅滩。华盛顿将韦恩、威登和米伦伯格的三个旅部署在这里。夜间在紧靠这个浅滩的高地上挖成一条堑壕，由韦恩和普罗柯特的炮兵据守。组成格林将军那个师的两个旅，也就是威登和米伦伯格的两个弗吉尼亚旅，部署在后面作为支援。华盛顿就以这些部队迎击敌人。

美军右翼由沙利文和斯蒂芬、斯特林的两个师组成，由沙利文指挥。这一翼向布兰迪魏因河上游伸展。它的轻骑兵部队和骑哨一直分布到上游两条支流处。几支组织散漫、没有纪律的骑兵分队伸展到河对岸最右地带。左翼由阿姆斯特朗少将指挥的宾夕法尼亚民兵组成。驻在主力部队下游约一英里的地方，任务是保卫更下游的那几个浅滩。

11 日清早，美军发现大量的敌军在通向查德浅湾的大路上前进。一片树林挡住了视线，看不清敌军兵力，但据估计是敌军的主力，大战即将开始。美军立即散开，摆成战斗队形。华盛顿视察所到之处均受到欢呼。一阵猛烈的轻武器的射击声表明。马克斯韦尔的轻步兵与敌人的前锋交火。战斗持续了一段时间，接着马克斯韦尔被赶过布兰迪魏因河。

前进的敌军放慢了速度，仿佛是在观察美军的动静，大约 10 点钟时，双方进行炮战。敌人多次企图强行渡过浅滩，河西岸也进行了一些战斗。其中一次小的接触十分激烈，一名上尉和 10 余名士兵战死。这支部队正在抱头鼠窜之时，收到援军的帮助，美军再次被赶过河，敌人用大炮一直在轰击美军。华盛顿十分谨慎地以书信的方式告诉大陆会议敌人已被击退。

接近中午时分，沙利文的信使带来纸条，报告说：郝将军率领大批的军队和一个炮队，正在沿兰开斯特大陆，无疑是为了从上游几处浅滩渡河，包抄美军阵地的右翼。华盛顿十分惊讶，立即派西奥多里克·布兰德上校率领一支骑兵队到两个河岔口进行侦察。

与此同时，他决心涉过浅滩，用自己的全部军力进攻敌军，在敌军合聚之前将其打败，就在他命令两翼配合，民兵向沙利文保证说，前面没有敌军，沙利文将消息转达给华盛顿之后，军队停止行进，一名叫作托马斯·切尼的当地人一路骑马飞奔而来，奔袭使得他气喘吁吁，他告诉华盛顿尽快转移以避免被英军俘虏，华盛顿认为这一情报与之前的信息不符，但是那人情绪十分激动，并用自己的人身安全作为担保，劝说华盛顿尽快离开此地。

这时沙利文又送来一份情报，证明那人的消息正确。奉华盛顿之命到河流岔路口侦察情况的布兰德上校，亲眼看到敌人在沙利文部队右后方迅速向下游地区前进，一片尘土飞扬，证明后面还有许多的军队。

事实上，敌人又一次施展了在长岛使用过的迷惑之计，克尼普豪森率领一支小部队在查德浅湾发动佯攻，不断用小股部队迷惑美军，拖延了战争的时间，康沃利斯率领的军队主力，却在向导的带领下，绕了一个 17 英里的大弯，渡过了布兰迪魏因河的两个岔口，用此种妙计将部队开到了沙利文右侧伯明翰礼拜堂周围。

华盛顿发现了康沃利斯的行动后，立即命令沙利文全力阻击敌人，每一个开到战场的旅都要开始战斗，并且命令韦恩在查德浅湾挡住克尼普豪森，命令格林随时准备支援有需要的地方。

拉斐德作为志愿人员，曾经一直跟随着总司令。他预计此时右翼可能会有一场激战，就要求带上副官帮助沙利文打退英军，关于此事的一些细节，是在他后期的记载中发现的。

沙利文一接收到华盛顿的命令，就率领相关的部队，在一片树林前做好迎击英军的准备，美军在准备的过程中花费了一定的时间，康沃利斯拥有了一定的时间去准备部署战斗，康沃利斯在与参谋商议后担心右翼被迂回包抄。因此他命令英军向右转移，沙利文的军队以十分整齐的队列迅速向前推进，并且以炮火作为掩护，美军虽然殊死抵抗，但由于美军准备得十分仓促，最后只得撤入树林之中。

中央阵地坚持的时间相对而言较长，但后果同样是遭到英军的猛烈攻击，被英军逼迫的退却，拉斐德在树林作战的过程中，腿上中弹，在副官的帮助下上马。美军集结在迪尔沃恩北面的山冈上，进行更为激烈的反击，但是再次被赶出阵地，不得不向后撤退，损失十分惨重。

在右翼发生这种情况时，克尼普豪森从双方交战的枪炮声中得知康沃利斯的举动，马上认真地发动战争，强渡查德浅湾，他遭到韦恩部队和普罗科特炮兵的抵抗，格林正准备支援右翼，因为总司令察觉右翼十分危险。

格林飞速增援，据说，他的部队行进 5 英里仅用 50 分钟，速度十分之快，但还是晚了，虽没有扭转战局，但是却保护了逃难的群众，在有群众通过的时候，他便命令部队让开一条道路以供群众的通过，他在迪尔沃恩附近率军进行英勇的抵抗。华盛顿在察看地形时说，此地适合作为美军撤退后的防御阵地。

在这里总司令的副官追上了格林，命令他占领阵地并且保证军队撤退，这条命令得到了完全的执行。威登的旅排列在完全掌控的小道上，两侧都是树林。格林则是在大路上布阵。英军并没有想到会受到美军的激烈抵抗，这次战斗惨烈的肉搏战，使双方的死伤均十分惨重。格林逐步把部队从战场上撤退下来，因为天色已晚，英军放弃了继续追击。

由于这两个旅的英勇战斗，韦恩的安全得到了保障，他在查德浅滩抵挡了敌军很长时间。他们看到敌军从右面向他们逼近才知道右翼已经崩溃。他放弃了自己的军队，沿着切斯特大陆退却，克尼普豪森军队因为疲劳不堪而无力追击，当天变化多端的战斗就这样结束了。

拉斐德对于这次大撤退有十分生动的描绘，他因流血过多放弃了回到华盛顿的身边，而是选择治疗身上的伤，差一点被英军俘虏，他的周围一片混乱，切斯特的大路上挤满了散兵游勇，使得道路拥挤不堪，身后传来的枪炮声更使得人们感到惶恐和不安。路上充满了灰尘，四周十分的嘈杂混乱，在距离战场12英里远的深河之上有一座桥，拉斐德派兵守在桥上防止士兵的逃跑，这使得局面得到了一定程度的控制，全军在切斯特后面驻扎。

这个战场距离费城不到24英里，但是却关乎费城的安危，费城的居民分为了亲英派和亲美派，他们都在焦急等待着前方的消息。信使带来的消息却使得人民陷入一片混乱，他们内心的恐惧使得他们抛弃一切逃到山里，以求得自身的安全，后来他们又选择迁移到约克敦，不过，他们在撤离费城之前，号召附近各州人民参加到正规军中。并且赋予华盛顿以下权力：对行为不端的军官可以予以停职；可任命军官，担任准将以下所有空缺的职务；可以征用军队必需的一切物资；可以运走一切可能落入敌军手中的物资。这些非常权力只限于司令部周围70英里范围内使用，有效期为60天，除非大陆会议提前撤销这一权力。

美国军队一败涂地，仓皇退却之后，郝将军并没有乘胜追击，在接下来的两天里，只是派出小股部队驻守并攻占威尔明顿，拉斐德认为如果当时英军继续追击，美军将会全军覆没，事实证明，这是英军犯下的一个非常严重的错误。

华盛顿像以往一样由于郝将军没有行动获得了喘息之机，他们渡过斯库尔吉尔河，退却到距费城很近的日耳曼镇，部队经过了一整天的休整后，华盛顿发现，士兵们的士气并没有受到太大的影响，他们仿佛是越挫越勇，希望继续与英军进行战斗。他命令一部分宾夕法尼亚民兵留守费城，其余部分在阿姆斯特朗的带领下在各个渡口修筑工事，并且将结合起来的船只带到对面。在采取这些措施，预防敌人通过大路运动以后，华盛顿在14日再次组织军队重渡斯库尔吉尔河，沿兰开斯特大陆前进，企图袭击英军左翼，但是这一想法被郝将军查知，一场突如其来的狂风持续了24小时，打消了双方企图发动战斗的心思。

美军在这次战斗中处境十分的凄惨，因为他们只有单薄的衣服，缺乏毛毯御寒，他们的帐篷和行李在遥远的后方，弹药箱和武器渗入了水，使得它们失去了原来的威力，英军的步枪上装有刺刀，使得美军处于战争中的弱势。

此时，华盛顿迫切需要寻找一个干燥安全的地方，因为军队需要一定的时间去进行修整，他们冒着倾盆大雨，在泥泞的道路中缓慢地前行着，经过了一天一夜，士兵们连基本的装备都得不到供给，而且恶劣的环境使得他们疲惫不堪。在沃里克冶炼所，他们获得了少量的弹药和滑膛枪。华盛顿指示韦恩部撤离法兰西溪，与斯莫尔伍德将军一道在英军的后方隐匿起来，伺机破坏郝将军的后勤部队。

韦恩在夜间出发，经过迂回行军，藏身于英军右翼附近的一片树林之中，等待斯莫尔伍德的到来。郝将军由于天气原因，暂时将所有的部队集合起来放弃了行动。韦恩一整天都在英军附近活动，发现英军没有开拔的迹象，在此种情况下，贸然地发动对英军战斗十分的不明智，他向华盛顿写信希望可以派更多的军队，这样一来可以抓住这个契机，给予英军一个致命的打击。

可是，他的行踪没有他想象的那样诡秘，他周围的不满分子有许多，郝将军已经得到了关于他准确的兵力部署情况并且准备向美军发动一次突然袭击。深夜，他加强了夜间巡视人员，而且命令所有士兵都做好战斗的准备。晚上 11 点钟，哨兵队被敌人赶了进来，韦恩立即在军队右面摆开阵势。

英国人就这样占领了他们屡次企图夺取而始终未能得逞的这座城市，并认为这是一次伟大的胜利，因为费城一直是全国政府所在地，是联邦的首都。华盛顿一直保持着他特有的镇静态度。他写信给特朗希尔省督说：“我们有理由希望这件事不发生，但是它毕竟发生了，而且会带来一些不良后果，我希望这件事造成的损害不像许多人担心的那么大，并且希望，只要稍微假以时日，只要坚持不懈，我们就会得到某种有利的机会来收复失地，并使我们的事业更加兴旺发达。”

柏高英继续失利。可是，亨利·克林顿爵士在纽约州夺取高地的远征却得到了成功。在烧毁州议会所在地金斯敦以后，敌人大肆进行破坏，把莱因贝克、利文斯顿庄园等地著名爱国志士的住宅，尤其是勇敢的蒙哥马利将军的遗孀的宅邸都毁坏无遗，他们想一路烧杀掳掠，一直打到与柏高英胜利会师。在拼命刺杀砍杀，汉普顿的士兵有将近 300 人死伤，剩余的慌忙逃窜。韦恩指挥部队向敌人进行几次准确的齐射，然后退到不远的地方，集合部队，准备继续抵抗，然而英国人自行退去，满足于已经给予美军一定的打击。英军几乎没有什么损失，回去时带着七八十名俘虏（其中有几名军官）和八辆满载的行李车。

此时，原来预定同韦恩配合的斯莫尔伍德将军与韦恩相距不到一英里。他本来会赶去援助他，因为他一向以英勇无畏闻名于世，但是他手下已经没有了他过去率领的那支打出了声名的部队。目前他手下只有一批刚入伍的民兵。他们一见到敌人，就慌忙逃跑。韦恩对这一仗的结果深感羞辱。他发现这件事在军中受到人们严厉的批评，就要求进行军法审判。军事法庭宣布，他的行为完全是一位积极、勇敢和警惕的军官应有的行为。这件事的全部过错落在他的副手身上，他由于拖延时间或对命令理解错误，对部队部署不当，才使他们遭到屠杀。

21 日，郝将军沿着通向雷丁的大路朝斯莫尔基尔河上游疾进，华盛顿在河对岸和他齐头并进，直到距费城 30 英里的波特林。郝将军的这一行为完全是佯攻，他把华盛顿引到河流极上游的地方，就立即在 22 日晚间掉转头来，通过相反方向的急行军，到了下游的浅滩，并在第二天的上午率领军队渡河，向费城推进。

等华盛顿得知郝将军掉头而去的时候，郝将军已经前进的相当远了，不断受到骚扰、光着脚丫子、由于经常不断行军疲劳已极的美国军队已经无法赶上了，华盛顿觉得有必要立即要求增援，就在同一天给驻在皮克斯基尔的普特南写信说："我们需要援助和支援，因此，我们希望你即刻派遣适当的将校带领大量精兵前来，包括麦克杜格尔将军的部队，适于作战的市民和军士不得少于 2500 名……我有充分理由，不能不需求你务必立即派遣这支部队前来，不得出于任何考虑贻误军机，如果有可能的话，击败现在在这里与我们对垒的军队，是我们的首要目的。"

第二天（24 日），他又写信给盖茨将军说："我军抵御郝将军的部队未能获得原来希冀的成功，需要支援，因此如果你已经幸运地迫使柏高英将军退到提康德罗加，或者如果你虽未能迫其退却，而情况许可的话，就请你命令摩根上校率领所部再次随我作战，前一时期我派他北上，是因为我认为你十分需要他，现在如果你们那里没有他的协助也行，就请你指示他立即返回。"华盛顿召集了一次军官会议，听取了军官们的意见（他们都同意他的意见），决定在波特林停留几天，让部队稍事休息，同时等待增援部队的到来。

郝将军停留在距费城很近的日耳曼镇，并把军队主力驻扎在日耳曼镇及其周围地区，而派遣康沃利斯勋爵率领一支大部队和一批出色的军官正式进驻费城。康沃利斯在26日带着一批服饰华丽的参谋人员和卫队开入费城，跟在他们后面的是名声赫赫的英国掷弹兵团和黑森掷弹兵团，长长的大炮行列和若干轻龙骑兵中队，这些都是英军的精华部队，他们随着军乐队演奏的得意扬扬的《上帝保佑我国王》的乐曲声行进，手里拿着闪闪发亮的武器，头上摇曳着羽毛，与鲜红的制服交相掩映，这一赫赫壮观的场面，与不久以前在同样的街道上通过的可怜的爱国军队相比，形成鲜明的对照，爱国军队形容憔悴，满面风尘，衣衫褴褛，如果能穿上一件棕色亚麻布猎装和在帽子上别上一枝冬青，就算不错了。

萨拉托加大捷

就在亨利·克林顿爵士在高地上势如破竹地向前推进之时，柏高英的军队此时却陷于困境，且所处境地越来越被动。而美军只是警惕地监视着他们，并未发起进攻，美军的这种行为，使得英军沉不住气了。一位黑森军官写道："敌人本可以用4倍以上的兵力攻击我们，但是他们却没有任何发动进攻的迹象。"

阿诺德也在军营中跃跃欲试，一如往常一样渴望有机会用战功来为自己申冤。他曾在一封写给盖茨的信中鼓动他发动进攻。他写道："军队纷纷起来请战，而我认为自己有责任告诉你，（在军队中所占比例很大的）民兵扬言要回家。我要说明白，如果两周内不采取任何行动，士兵们生病和开小差将使你的军队减员

4000人。敌人却有可能在这段时间里得到增援，顺利撤退。从后来得到的情报来看，我有理由相信，要是当时我们能够充分利用9月20日那一天，敌军可能就覆灭了。这已经是过去的事了。我强烈希望你能利用好当前的时机，好自为之。”盖茨却不为所动。他清楚柏高英已陷入困境，正因如此，他要坐待时机。他写道：“也许，绝望可使他孤注一掷。他作为一个老赌徒，一生中会遇到各种各样的境遇，我将竭力阻止他成为幸运儿，要是有可能的话，我要尽力让自己可以得到这份幸运。”

10月7日，距离柏高英等待亨利·克林顿爵士前来合作作战的时间就只有四五天了。此时，他决定对美军军营左翼进行包抄，以探明敌情，若有必要前进，他是否能够强行通过，若必要时撤退的情况下，他能否把美军从阵地上驱逐。同时这也是出于掩护英军抢掠粮食的目的，此时他们的粮食正极度短缺。为此，他派遣军营中最精锐的官兵1500名，携带2门20磅大炮，2门曲射炮和6门6磅炮，在他本人的带领下，菲利普和里德泽尔少将和准将弗雷泽将协助作战。

据英国的记载：“配备如此强的指挥官的部队在同等数目的部队是从未有过的，并且也的确再难找到一支同等数目的精兵部队可以与这支部队同日而语了。”

柏高英离开军队这段时间，汉密尔顿和施佩希特两位准将担任了守卫高地的职责。他将自己的部队安置在距美军左翼不到四分之三英里，被森林遮挡到的地方，并派一支巡逻骑兵、地方士兵和印第安人组成的部队悄悄通过森林，进入美军后方，这支部队可以配合正面发起进攻，对美军造成骚扰。英军的行动是在森林的掩护下进行的，但还是被美军发现了，下午，美军中路先锋部队敲起军鼓，准备迎战。报警的鼓声反复敲响在整个战线上，盖茨命令各军官立刻赶赴紧急集合点，同时派出副官长威尔金森前去探明原因。威尔金森在一块视野开阔的高坡上看到了敌军。他注意到敌军的抢粮队伍正急着在麦田里割麦，敌方军官用望远镜在一个木屋顶上观察美方军营左翼。

威尔金森回营后，报告了敌方军队的位置和行动情况，他说，敌军的正前方是宽阔的：他们可以利用两个侧翼的树林作为掩护向敌军发起攻势。他们右翼靠着一个山丘。他们此时正在观察美军左翼，应该是要主动出战。盖茨回答道："好吧，下命令让摩根出动，准备迎战。"进攻计划很快就被安排好了：派遣摩根带领一支步兵和枪团从树林迂回前进，占领敌军右翼高地，普尔将军率领他手下的由纽约和新军布什尔部队组成的旅以及勒尼德旅的一部挺进敌人左翼。当摩根听到下面开火，就发动对高地的进攻。

柏高英已命军队摆好作战队形。由阿克兰少校的掷弹兵和威廉少校的炮兵组成的左翼，驻扎在坡地上，坡地前方就是一条叫作称溪的小溪。

里德泽尔指挥的黑森军和菲利普指挥的英军紧临着他们，组成中央阵地。由巴尔卡拉斯勋爵指挥的轻步兵充当右翼；右翼前方是一支由弗雷泽将军指挥的精兵组成的军队，一旦英军正面进攻美军，就从侧翼包抄美军。刚部署好一切，他的左边就有炮声响起，他右侧的有着茂密树林的高地就传来了步枪的哒哒的射击声，对此他既惊异又惶惑，普尔带领的部队顺着阿克兰的掷弹兵和威廉指挥的炮兵所在的坡挺进，在他们的火力攻击下，向前急速冲击。阿克兰的掷弹兵首当其冲，随着一批接一批的军队的到来，整个战线不断扩大，攻击的猛烈程度简直让人难以想象。

黑森炮兵后来说，他们发射葡萄弹之时，美军不顾一切地向他们的大炮冲来。大炮多次易手，最后被美军截获，美军就用他们抢过来的大炮反过来攻击我方，阿克兰少校伤到两腿被俘。被俘的还有威廉斯少校。

正规的战术家对这样不顾一切的迅猛攻击感到困惑惶恐。一般认为，这种方式得益于阿诺德在战场上做出的表率。这位勇敢的军官一直期盼着打一仗，他再也按捺不住那种激情，立刻跃上战马去迎战。当盖茨看到他从军营中出去，就喊道："他会做出冒失的事情！"

他立刻派遣副官阿姆斯特朗少校去找他。阿诺德早已猜出少校的命令，躲而不见。他驾马向前急冲，到达战场后受到官兵们的热烈欢迎。他在战场上级别比别人高，别人自然服从于他。他率领勒尼德旅的士兵们，对敌军中央阵地黑森军发起进攻，并攻破了他们的阵地。事实上，一段时间中，他的行为可以说有点发狂，他骑着马，手中挥舞着指挥刀在士兵间奔驰着，激励着他们。

有一次，他一时激动竟用指挥刀碰伤了一名美军军官的头。他事后谈到自己当时的情况并不知道。威尔金森说，他沉醉于此，若是有人做出伤害他自尊心的事，要是他闻到火药味，会干出更疯狂的事来。

这段时间里，摩根不停地在敌军右翼用火力袭扰敌军，使得敌军右翼无法给中央阵地以任何支援。弗雷泽将军的精兵一度为右翼提供了很大保护。他穿着校级军官的制服骑在一匹铁灰色的战马上，成为摩根狙击手们的目标。

有一颗子弹打断了他的坐鞍，另一颗擦过马鬃。他的副官说："将军，你被当突出的靶子了，最好是转移阵地。"他却说："这是我的职责，不能临阵脱逃。”没过多久，他就被一名埋伏在树上的狙击手射下马。他被两名掷弹兵抬回营地，他的阵亡是对他掷弹兵团的致命打击。

滕·布鲁克将军带领一支由规模较大的纽约州增援部队加入作战，英军的混乱局面达到顶点。柏高英看到英军败了，而他只想保全自己的营地。他令最靠近战线的军队在菲利普将军和里德泽尔将军掩护下撤退到战线内。此时主力部队面临着被切断后路的风险。由于所有马匹和大多数士兵的阵亡，大炮就被放弃了，面对着极大压力的美军，依然做到了井井有条的撤退。

他们刚进入营地，就受到猛烈进攻，美军在阿诺德率领下，在葡萄弹和轻武器的密集火力的攻击下不顾一切地冲向他们。巴尔卡拉斯勋爵英勇地保卫工事。交战双方十分激烈，分毫没有退让。阿诺德企图举着刺刀尖冲入敌营，但未成功。此后他就策马向德国后备军据守的敌军营地的右侧奔驰，布鲁克斯中校在那里正带着一个马萨诸塞州团发起总攻，阿德诺到那里就以一排的部分士兵，攻出一条出击口。

撤退中的黑森军打死了他的马，打伤了他的一条腿。而这条腿正是他在魁北克战役中受过伤的那条。直到战斗取得全胜以后才叫人把他抬下战场。美军之所以攻击敌营右翼得胜是因为德军撤出了工事，抛下了英勇保卫这些工事受了重伤的布莱曼中校。暮色降临时，美军取得了决定性胜利。他们打败了敌军，击毙打伤了大量敌军，抓获了很多俘虏，缴获了战炮，占领了部分工事，暴露了敌人营地的后方和右侧。美军整夜都在距战斗地点不到半英里的范围枕戈达旦。

柏高英在夜里把阵地转移到北面约一英里的靠近哈得逊河前

面有一条峡谷掩饰的高地上。一整天，双方都在不断地向对方打炮或用轻武器射击。驻在峡谷里的英军射击手被打死打伤不少。在勘察地形的时候，林肯将军腿上中弹受伤，可是盖茨将军认为，此时敌人处于优势，不惜拼死一战，哪怕花费巨大的无谓的流血代价。他采取了一系列措施，以切断敌人退路迫使敌人投降。他命令费洛斯带领1400人占领哈得逊河东侧，萨拉托加福德对面的高地，派遣另一支部队前往乔治湖方向哈得逊河更上游的地带。

柏高英看到，他现在只能退到萨拉托加。这是一次凄苦的撤退。大雨滂沱，道路曲折难行，积水很深，马匹粮草匮乏。天亮时，部队停下修整，同时也在等待运粮船只。3小时后，部队继续前进，不久后又停下来，以防美军侦察军的袭击。

9日，大雨下了一整天，由于中途多次休整，英军直到傍晚才到达萨拉托加。而美军的一支分遣部队已经先于他们到达，此时正在菲什基尔的一处高地构筑工事。他们停止手中的活，渡过哈得逊河，与驻扎于河东山头的费洛斯将军的部队会合。菲什基尔河上的桥已被破坏。在没探明河浅深的情况下，大炮不能运过河。英军已经人困马乏，多数没有气力也不想砍柴生火。他们就湿着衣服躺在地上在雨中睡觉。

10日天明时，最后一批部队运送着大炮渡过菲什基尔河的浅滩，驻守在高地上和已经构筑好的工事中。此时，美军还在后面追赶。为了防止英军在过浅滩的时候被美军袭击，柏高英下令将菲什基尔河南岸的农舍和其他建筑物烧毁。斯凯勒将军的宅邸，连同仓库、粮仓、磨坊和一个大农庄及其附属设施都被焚烧一空。柏高英估计被烧毁的房屋价值达10000英镑。他的这种行为受到敌友双方的谴责，但他却以保存实力来为自己辩解。

费洛斯将军的部队驻军于哈得逊河对岸的山头。此时，他们用大炮采取攻击，这个炮队正处于居高临下的地理位置。柏高英因为不能渡河，就一直退到通往加拿大的乔治堡，于是他派一支强有力的卫队保护工人前去修复桥梁，抢通开往爱德华堡的路。但是很快，由于盖茨率领的美军大部队到达菲什基尔河南面的高地，准备渡河交战，他又召回这支军队，停止修桥辟路。

此时，哈得逊河对岸沿着河岸都部署着美军，和英军一起行动的运粮船只也遭到了射击，不少船只被劫。英军又牺牲了不少人，夺回了一些运粮船。余下的运粮船上的粮草都需要运到岸上，运送到军营中。英军只能在美军的炮火中运送军粮。这项计划还未实行，侦察兵就带来情报说，浅滩对岸有美军驻扎，在爱德华堡和乔治堡之间的高地上有配备大炮的美军大部队驻守。

实际上，此时，美军得到了各方民兵和志愿兵的支援，兵力也在增加。哈得逊河两岸重要据点都有美军驻守，对敌人形成三面包围。柏高英在这时也放弃了撤退的想法，开始加固菲什基尔河北面的高地，等待亨利·克林顿爵士的援军赶来，或是在美军进攻之时找到机会突围。这种形式下，他的士兵每天夜里都会枕戈达旦。后来，他的营地遭受了哈得逊河对岸费洛斯部队的炮队、菲什基尔南岸盖茨部队的炮队和后面高地上摩根步枪团的三面袭击。

柏高英陷入困境。由于损失惨重、加拿大和保皇派分子开小差以及印第安人的变节，他的军队锐减。在检查后发现，现有的粮草，即使缩减配给量，也无法维持 3 天以上。因此他召集了所有将级军官、校级军官和上尉召开了一次军事会议。会议很短，大家都认为有必要与盖茨将军签订一项符合情面的投降条约。正当他们开会的时候，一枚 18 磅的炮弹穿过帐篷掠过桌子的上方。

因此，13 日，英军派使节谈判。柏高英的副官长金斯顿带信前去，希望在谈判未果之前停止战斗。盖茨首次提出的条件是，敌方应放下武器投降受俘。英军拒绝接受这一条件，并暗示，若美军坚持此项条件，战事将不可避免。

最后柏高英将军提出的建议被盖茨将军接受了。根据这一建议，英军要根据自己军官的命令，带着各种武器，举着旗帜，列队到另一个指定地点将武器堆积在那里；允许他们自由前往欧洲，前提是在目前这场战争中不为美国服役；不可把军队分离开，特别是不能将士兵和军官分开；允许他们点名并且其他例行职责一切正常；军官凭誓释放，可随带随身武器；个人财产神圣不可侵犯，不可搜查个人财产或无故干涉；不管任何国籍，凡是属于英军军营或追随英军军营的人员，对于上述投降条件都适用。

斯凯勒的秘书瓦里克曾在 19 日写信给斯凯勒说："柏高英说，他将会于 10 点派遣他的全体将级军官来完成此事。我认为，此事会在 12 点前了结。届时我就能够荣幸地向你祝贺我军所取得的这一胜利。上帝保佑，若是我能在你的领导下该有多好。你要是想见柏高英，你就必须来这里找他。"

16 日夜里，在投降条款签订以前，英军派来一名军官，带着亨利 · 克林顿爵士的加急公文来到柏高英的军营。加急公文上表示，他已攻占了高地各堡垒，且已经派遣一些部队向哈得逊河更上游挺进。此时，柏高英建议他手下的军官们考虑一下这个问题："停止执行条约，等待时机，算不算守信义；若是算的话，是否得当？"他自己倾向于肯定回答，但是在军事会议与会者中的多数成员认为，这件事一言既定，有关信义。最后，柏高英在 10 月

17 日签订了投降书。投降时，由于兵败被俘、阵亡和开小差，英军已经从 9000 人减少到 5752 人。盖茨的军队包括正规军和民兵加起来还有 10554 人，还有两三千人生病、休假。

英军列队前往指定的地方上交武器的时候，美军在场的就只有威尔金森上校。盖茨命令美军部队待在自己战线内，免得这支勇敢的军队感到羞辱。事实上，英国作家们和柏高英本人都对此称道，认为他在这个战役中的做法很宽容。威尔金森在回忆录中对盖茨和柏高英见面的场景进行了描述。会见的地点是美军营地门口。双方分别在各自的幕僚和将官陪同下，柏高英身着华丽的皇家制服，盖茨身穿朴素的蓝色军大衣。他们在有一剑之隔的地方停下，下马，柏高英将帽子微微向上一提道，“盖茨将军，是战争和命运使我成了你的俘虏。”盖茨还礼答道，“我愿意随时作证，这一切绝不是您的错误。”

我们前面提及的那位黑色军官谈道：“我们路过美军军营。军营中的团全体排列在大炮旁，荷枪持弹。没有一个团着装一致。但是，从他们站立的姿势看得出他们的军人气概，列队整齐。所有的滑膛枪上了刺刀，狙击手手持步枪。士兵们站得挺拔，我们为此惊叹不已。他们没有丝毫开小差的动作。列队中的小伙子都被造物主塑造得眉清目秀，看着令人喜爱。看到这一个相貌英俊的民族，我们为此感到惊叹。实话说，英国裔的美国男子的体形和外貌比欧洲多数国家要有优势。所有人都具备参加战争过军营生活的才智。”

但是，他却觉得美国服饰很好笑。少数军官穿着自备的军服，款式和颜色依照各自喜好来定。咖啡色上衣，搭配绿色领带，白色的里衬，配以银色的服饰，灰色的上衣是最常见的，再加上浅黄色的领袖装饰，镀金纽扣。多种多样，不一而足。准将以上的将官为表示他们的军阶，身穿制服，束着皮带，不过大多数校级军官和其他军官都穿着普通服饰，手持滑膛枪，肩挂子弹盒或角质火药筒。军官们都戴着各色的假发使他觉得好笑。这是一种奇怪风尚的遗存。

他所见到的民兵多数都是匆忙应征来的，也就是一些农民。他说:“他们也有正规团。但是时间和布匹缺失的问题，使得这些正规团还没有穿上制服。正规团有绣着各种标记和口号的团旗，其中还有一些挖苦我们的口号。但是我必须强调，在我们列队的过程中，他们没有一个人辱骂、嘲笑、讥讽我们，一点也没有，这是他们的荣耀。相反地，对于我们他们反而更愿意表示敬意。在我们经过盖茨将军的行帐时，盖茨将军邀请了我们的旅长和团长们进帐。为他们准备了各种点心。盖茨有五六十岁，头发花白稀疏，态度积极友善，因为视力不太好，经常戴着眼镜。在司令部，我们遇到的军官都十分客气地对待我们。”

在柏高英投降之后，英方很快就撤出了提康德罗加和独立堡的守军，退到核桃岛和圣约翰。至于哈得逊河畔的英军，就在大肆烧杀破坏的时候，在克林顿爵士的指挥官接到了令人惊讶的情报，说前来支援他们的军队已经被俘。他们无事可做，只得顺流回到纽约。

华盛顿 9 月底驻扎在波特林，让部队休息一下。这时，韦恩和斯莫尔伍德率领的两个旅，还有从东西泽西调来的军队都到达了。他带着这批部队驻扎在日耳曼镇附近。英国军队的主力驻扎在日耳曼镇，康沃利斯率领一支分遣队占领着费城。

海军上将郝勋爵费尽周折才终于率领军舰和运输船驶入特拉

华河，停泊在西岸。由于美国方面在河中设置了障碍物，这些舰艇无法驶到更近的地方。郝将军同他的哥哥郝勋爵水陆两路配合作战，以便攻克美方的堡垒并清除障碍物。为此，他派出部队进入东西泽西，首先进攻比林斯波特。

华盛顿在截获的信件中已经获知这一消息，准备乘机攻击日耳曼镇。为了了解这一计划，我们有必要谈谈英军营地的情况。那时的日耳曼镇还只是 2 英里的长街，房屋大多数是石头砌成的，低矮而牢固，且彼此不相连接。在小镇那一侧大路东边有一座宽敞的石头大厦，这是革命前宾夕法尼亚首席法官本杰明 · 丘的别墅。有四条道路从北面通向这个小镇。斯基帕克大道是主要的道路。这条路越过栗子山河艾里岭通到这个小镇并穿过小镇通往费城，构成刚才说的长街。

在这条路的右面有一条几乎与之相平行的道路，叫作莫纳托尼路或称山脊路，从斯基尔库尔河近旁通过，在小镇南面与主要道路相接。与之相对应的左侧是莱姆基尔路，因为这条路的存在便可以从市场进入镇子。再往左，在各条道路外面是老约克路，在小镇南与主要道路汇合。小镇被长街分成几乎相等的两部分，英军驻扎在小镇南部。大道的东边是格兰特将军指挥的右翼，西边则是左翼。每一翼都有分遣队作掩护，并有骑兵护卫。郝将军的司令部设在后面。

英军的先头部队由轻步兵第二营和大炮组成，在大路西边据主力部队 2 英里附近的地方。而在“丘氏大厦”对面的田野，也就是轻步兵后面，是马斯格雷夫上校的第四十步兵团驻扎地。

依据华盛顿的计划，沙利文指挥右翼。右翼由沙利文率领的马里兰师和韦恩将军的师组成。其后援是斯特林勋爵的后备队。

而负责掩护沙利文的侧翼是康韦将军的旅。按预定计划沙利文所部沿斯基帕克大道前进，攻击敌人左翼。

同时，阿姆斯特朗将军所部则沿山脊路往南袭击敌人的左翼和后方。格林所在的师和斯蒂芬将军所率领的师部组成的左翼，按计划沿着莱姆基尔恩路推进，以便从市场进入市镇，掩护侧翼的是麦克杜加尔的旅。同时此部将从正面进攻敌军右翼，麦克杜加尔所部则从侧面进攻。经过老约克路迂回，从背后攻击敌人的则是斯摩尔伍德的马里兰民兵师和福尔曼的泽西旅。

就这样，用于攻击敌人右翼的兵力就达到了三分之二。最初的意图是，如果能攻下这翼，英军将会被赶入斯库尔基尔河，或被迫投降。进攻定于黎明时全面开始。

10 月 3 日黎明时分，美军沿不同道路离开营地并前进。华盛顿随右翼出发。因在崎岖不平的道路上行军 15 英里，所以当部队穿过森林时，已经过了黎明时分。这天早晨，大雾弥漫，天色昏暗。派去袭击艾伦府邸的敌军外围哨所的是马里兰军官艾伦·麦克莱恩上尉。他对于地形和敌军位置十分熟悉。他以损失 1 人为代价干掉敌人的双岗哨兵，但敌人发出了警报。天空中回荡着远处传来的鼓声和作战的声音。哨所守军在被击溃前仅放了几炮而已。他们沿着艾里岭南坡撤到轻步兵那里。

当被云雾遮住的太阳，第一次出来时，美军追到山谷里。韦恩率军向轻骑兵发起进攻。后退的英军，在掷弹兵的支援下，又返回来冲锋。沙利文师和康韦旅则在路西一起发动进攻。其余部队因位置太靠北，无法进行支援。激烈战斗的英军在扔下大炮后仓皇溃逃。韦恩紧随其后。他手下的士兵对英军的暴行记忆犹新。军官们劝说他们克制怒火，对英军手下留情，但没有效果。

这是一场可怕的屠杀。大雾弥漫，加上战场上的硝烟，使其宛如黑夜。我们自己人常常被当成敌人，相互开火，直到发现才罢手。敌人的先头部队被赶出营地，什么东西都没来得及拿。马斯格雷夫上校所部仓皇进入丘氏别墅，堵住门窗，据守在楼上。在韦恩追击下的英军从旁边经过进入小镇。

当这个美军师余部追击敌人时，马斯格雷夫所部从据守的楼上向美军开火。因而，美军停止前进。诺克斯将军坚决反对留下这个敌人的堡垒，而继续前进。他的意见被采纳了。美军派史密斯中尉作为使者前去，命其投降。他在途中遭到敌人的射击，受了重伤。于是美军炮轰房子，但因所用的不是重炮，没有取得预期效果。之后美军试图焚烧地下室，但放火的人被放倒了。就这样，白白浪费了半个钟头。美军死了不少人，但守卫者却几乎没有损失。

最后留下一个团监视这座府邸，防止宅内守军突围。殿后师又奋力向前挺进了。可是因为时间的耽搁，整个战斗部署都给打乱了。因向丘氏府邸攻击，使得各部队谁也找不到谁了。美军各路部队到处乱跑。总司令无法了解战况，也没有任何消息。敌军的两翼和背后几乎没有受到攻击。不过，这场战斗虽然没有完美展开，但在个别地区战斗非常激烈。沙利文在纳什部队和康韦旅的增援下，越过丘氏府邸，前进了1英里。在他攻击的面前，敌军左翼背叛退却。

格林和斯蒂芬的两个师，需要迂回前进，投入战斗较晚。斯蒂芬师的一部为丘氏府邸射出的猛烈火力所阻，停下来还击。结果，这两支部队也互相失散了。向前推进很快的格林师，赶走面前的英军轻步兵，抓了一些俘虏，一直推进到离市镇中心市场很近的地方。

在那里，他遇到英军右翼。他的进攻对敌人产生了效果。敌人开始动摇。这时，福尔曼和斯莫尔伍德率领的民兵又出现在敌人的右侧。美军眼看就要攻下整个敌营。就在这个时刻，美军莫名其妙地惊慌起来。据说原因是多方面的。沙利文说，他的士兵把子弹打光了，看到敌人在左边聚集，再加上轻骑兵喊到敌人要包围他们，就惊慌起来了。韦恩师本来已经把敌人驱赶了 3 英里，这时发现左侧有美军聚集，以为是敌军，也惊慌起来。不顾军官劝说的士兵不断后退。在这过程中，韦恩师遇到斯蒂芬师。斯蒂芬师也把韦恩师误认为是敌军，因此也惊慌起来。就这样，美军在即将胜利时自己逃跑了。

与此同时，敌军已经镇定下来，反过来发起进攻。格雷将军带领英军左翼，趁着美军后退的机会紧紧追击。康沃利斯勋爵的骑兵营从费城来到，正好赶上参加追击。美军在撤退过程中的损失不大。他们把全部大炮和伤员都撤走了。这取决于格林将军的指挥有方。边撤退边作战五英里，其间韦恩对敌军进行了阻击。他在白沼教堂附近的高地用火炮对敌人射击，迫使敌人停止前进。撤退持续进行了一整天，一直退到 20 英里外的珀基奥门溪。

据敌人自己说，他们在战斗中损失惨重。阵亡的官兵中有阿格纽准将。美方损失也比较大。阵亡的官兵中有纳什将军。被俘的官兵中有马修斯上校。战后各位参战的指挥人员纷纷对此次战争的失败表示懊恼。事实上，就像他们说的，进攻面太广，难以严格协同作战，因为这次战斗需要在夜间进行，再加上民兵占比重较大。不过，整体看来，最大因素仍然是令人迷茫的大雾。美军虽然在胜利面前遭到挫折，但这次战争却是列克星顿战斗和般克山战斗以来最大的。

当代英国军事史家评论说:“在这次作战中，美方发起攻势，虽然被击退并蒙受损失，却表明他们已经是一个不可小觑的对手，能够坚决地发起冲锋和秩序井然地撤退。因此，人们原先曾希望同他们打一仗就能起决定性作用，就有可能使战争迅速结束。现在人们却不怎么敢怀抱这种希望了。”

这次战斗在法国也产生了影响。德维戒伯爵在会见美国专员时说华盛顿将军与郝将军的交战，给他留下深刻印象。一支一年之内招募起来的军队能够达到这种地步，预示前途光明。这次战斗对美国军队本身也产生影响。这可以从军官们当时写给他们友人的书信中看出来。

华盛顿在珀基奥门溪停留几天，让军队休整一下。瓦农将军带领的1200名罗德岛部队从皮克斯基尔开来，还有将近1000名各地部队到来。华盛顿在兵力增强后，向费城靠近的同时，在附近的白沼布置阵势。同时还派出部队，到费城北面和斯库尔基尔河和切斯特之间的各条大路上搜索，以拦截运给敌人的一切物资。

至于河上的堡垒和河中的障碍物，这于华盛顿主要是希望有了这些防御工事就更可以围困费城。现在，这些工事都已经受到很大破坏。比林斯波特的工事遭到敌人的进攻并被摧毁。敌人还派了一些船舰冲过了那里设置的拦河铁索。美国快速舰“特拉华号”本来驻在上游个堡垒和费城之间的河道里，因为在英国一个炮台前搁浅，被英军俘获。

这时，郝氏兄弟的重大目标则是攻占并摧毁堡垒和障碍物，这与华盛顿的重大目标恰恰相反。我们前面提到的米夫林堡建立在特拉华河中小岛上，位于费城下游和斯库尔基尔河口下游。这个堡垒是由坚固的主堡加上外堡和炮台组成的。小岛和河岸之间有一条狭窄的河道。可以通航的主河道在另一侧。

主河道的水下设有牢固的拦河铁索，既难以起出来，也难以砍断，任何船舰撞到都会陷入危险境地，因为敌舰两侧都会受到炮轰。黑兹尔伍德海军准将指挥的浮动炮台、大木船和火攻船驻扎在各堡垒下面和沿河各处。

默塞尔堡原先一直由民兵驻守，但华盛顿这时用瓦农将军手下的 400 名罗德岛大陆军替换了他们。克里斯托弗·格林上校被任命为指挥官。格林上校是一位勇敢的军官，他过去曾经跟随阿诺德，不畏艰难，出征加拿大，在魁北克城下的战斗中表现得十分勇敢。华盛顿在给他的指示信中写道："委托你负责的要塞对美国具有极大的重要性。我军能否守住特拉华河全在于它，因此，我们是不是有希望保住费城，在目前战役中最后获胜，也全在于它。"

协助格林上校的是莫杜伊·杜普莱西上尉，他负责指挥炮兵。他是位年轻的很有才干的法国工程师，志愿献身于美国事业，并经过大陆会议授衔。河道里的拦河铁索就是在他的监督之下建造的。格林在杜普莱西的协助下，加紧在默塞尔堡修建防御工事，但是不等他把外堡完全修好，就吃惊地发现，从堡垒大炮射程以内的树林中闪出一支大部队。从这批人的制服可以看出他们是黑森部队。全部是由在去年的战役中大出风头的多诺普伯爵指挥。

格林上校并未因其阵势而气馁。他对此进行了部署，准备进行坚决的抵抗。不一会，一名军官打着小旗骑着马缓缓而来，还有一名鼓手伴随。格林命令士兵藏起来，使堡垒看上去只有少量兵力驻守。鼓手在适当距离，用鼓声示意他们是来谈判的。

那名军官则劝说守军投降，并威胁着说，再抵抗绝不轻饶。格林的回答是，美军准备保卫堡垒到底。使者回去做了报告，立即就看到黑森军架起了排炮。随后架设完毕，开始猛轰。在炮火的掩护下，敌军开始逼近。美军的外堡只完成了一半，而且覆盖面广，没有充足兵力部署，因此格林和杜普莱西决定，部队只做短暂抵抗，与敌人短兵相接，然后退入主堡。主堡周围有壕沟保护。

多诺普在炮火的掩护下，带领军队不断前进。他们分成两路前进，攻击外堡。他们在前进途中，遭到美军的炮火攻击。可是，守军按计划放弃了外堡。敌人两路并进，以为胜利在望，因此两队不断前进，猛攻主堡。直到此时，他们还未看到美方任何军队。但是当他们中的一路接近主堡是，守军发动了猛烈的攻击，敌人大量倒毙。

这路部队仓皇后退。而那一侧的多普诺，已经越过了鹿砦。他的一些士兵已经冲过了壕沟，还有一些士兵已经爬过了栅栏。这时候，一阵同样猛烈的炮火和滑膛枪弹射向他们。一些人被当场击毙，许多人受伤，其余的人被赶了出来。多诺普自己也受了伤，倒在现场。他的副手格罗德中校也受了重伤，生命垂危。还有一些最优秀的军官也被打死或打伤。剩下的年岁最大的军官林辛中校竭力想率领部队有秩序地撤退，但徒劳无功。

英军在退却时乱作一团，遭到美军的追击，同时又一次遭到炮轰。在这次短暂而激烈的战斗中，敌军死伤约 400 人。美方的损失为死 8 人，伤 29 人。

杜普莱西上尉在击退敌军后，到战场上巡视。而不幸的多诺普伯爵在血泊中向他求救。他马上命人抬离战场，并细心照看。

多诺普伯爵勉强坚持了 3 天，同时杜普莱西也待在床边寸步不离。伯爵在临死之前，悲哀地说："我所从事的崇高的职业即将过早地告终。"

接着，他好像明白自己倒下的不光彩，仿佛意识到他是被雇佣来镇压争取自由的英勇斗争的，他把他的所作所为与床边青年的事业比较，又凄苦地补充了一句："我是我自己的野心和我的君主的贪欲的牺牲品。"他死的时候才 37 岁。

按照敌人的计划，他们还要同时由水路对默塞尔堡对岸的米夫林堡发动进攻。所使用的力量是两艘快速舰——"奥古斯塔号"和"罗巴克号"，还有"默林号"和一艘大木船。这些船舰强行冲过拦河铁索，但是"奥古斯塔号"和"默林号"却被迫搁浅了。

为了转移美方对其的注意，其他船只尽量驶近米夫林堡，并不断炮击，但河中还有障碍物妨碍船只的航行，因此，船只始终无法进入有效射程内。英舰在前半夜一直持续炮轰到第二天清早。与此同时的河岸的英军炮台也开炮轰击。他们希望能使两艘军舰脱离险境。可是由于逆风的存在，水位一直不高，军舰无法浮起来。美方发现了这两艘军舰的情况，派军舰炸毁，可都没成功。

这时英美双方进行了激烈的炮轰，在战斗过程中，一枚炸弹落到"奥古斯塔号"上。军舰中弹失火，火势一发不可收拾。英军立即派出救援，同时让其余军舰撤离。随后"奥古斯塔号"爆炸了。许多舰载人员还在舰上。他们多在爆炸中身亡。此时英军开始在"默林号"上放火。其余军舰向下游驶去，不再进攻了。

通过这几次击退敌军的胜利，极大地鼓舞了公众的士气，并引起了大陆会议的关注。大陆会议对默塞尔堡的指挥官格林上校，米夫林堡的指挥官、马里兰州的史密斯中校和指挥美方大木船的黑兹尔伍德海军准将，表示感谢，随后又决定授予每人一柄指挥刀，以表彰他们杰出的功勋。

康韦阴谋集团

在前面我们曾谈到，外国军官们到美军中去服役的时候时常妄自尊大，提出很多要求，这使得华盛顿尤为懊恼和尴尬。和拉斐德一起前来的军官中，也有一个长期在法国军队中服役的德国人——德卡布尔男爵。虽然他已经是一个满头白发的花甲老人了，但看上去却依然活力四射，朝气蓬勃。有些人说之所以这样正是由于他只喝白开水。9 月份的时候，大陆会议将少将军衔授给他，授衔日期与拉斐德同时算起。

这件事也迅速激起了文章前面所提到的法籍爱尔兰人康韦准将的反对。他觉得德卡尔布男爵以前在法国曾是自己的下级，对美国革命事业的贡献也极其微小，倘若大陆会议授予德卡尔布男爵一个高于他的军衔，便是对自己的侮辱。基于这种因素，他也要求将少将军衔授予他，同时，他的这些不合理要求也得到大陆会议内外一些人士，尤其是军需总长米夫林等的支持。

对待康韦自负而傲慢的态度华盛顿本来就十分讨厌，当听到他的这种非分要求很可能得偿所愿的时候更是分外惊异。因此便在 10 月 17 日写给当时在大陆会议任职的理查德・亨利・李的信中，提醒他说，倘若大陆会议将少将军衔授予康韦准将，这将会是一个不幸的举措，对军队的生存会带来致命的打击。

信中他说：“对这样一个关系重大的问题，我必须坦率陈言。为了对国家负责，为了捍卫国家真正的利益，更为了对人的公平道义起见，我都不得不这样做。康韦将军作为一名军官的才能和他在我军中的重要价值，并不是事实，这其中的大半恰恰是他自己的臆想。因为，他的座右铭便是，功劳分毫必争，利益锱铢必较……我不得不想请问，为什么要让军队中最年轻的准将凌驾于最老的准将们之上呢？又为什么要让他的军衔高于昨天还是他的上司的先生们，而且还要指挥他们呢？我必须代表这些人中的一部分说，这些先生们遇事果断，骁勇善战，都是毋庸置疑的……我更确信，他们绝不会在康韦准将手下服役。基于此种因素，请你设想一下倘若这种事情真的发生以后，我军在这样迫切的关头将会面临何种情况。”

因为华盛顿反对康韦的非分要求，康韦随即便加入了米夫林将军所组织的一个派别。而米夫林将军之前却打着身体不好的幌子请求放弃少将军衔并辞去军需总长的职务，但却在暗地里忙着策划反动总司令的阴谋。由于他长期以来便一直对总司令心怀不轨，此时的康韦便和他串通在一起，并快速成为这个派别一个尤为重要的积极分子，这一派也因而得名为“康韦阴谋集团”。

该阴谋集团的目的便是通过贬低华盛顿的军事声望，从而抬高盖茨在军事上的地位，把北方战役的胜利全部归功于盖茨。此时的盖茨也因为交了好运便尤为自大，他完全准备接受这种莫须有的荣誉，同时也似乎将他收获了别人辛劳的果实这一事实抛诸脑后，更忘了他侥幸击败柏高英的原因是因为在他并未到达北部防区之前就已经一致拟订和付诸实施的各项计划。

实际上，由于盖茨过度膨胀的虚荣心，却似乎将总司令抛诸脑后，而他是应该向总司令负责的。就柏高英投降的问题，他仅仅向当时还在约克敦开会的大陆会议递交了一道公文，却并未向华盛顿送出任何公文。此时的华盛顿却因为好几天时间得不到确切的消息而焦虑不安，仅仅从偶然的传闻中听说过这一重大事件，一直等到后来才接到了普特南将军来信中所附的一份投降书副本。

与此同时，盖茨也并未向华盛顿汇报他准备如何部署他指挥的军队。而对于南方十分需要摩根的步枪团的情况，他却迟迟不肯派步枪团南下，纵使他自己那里并不需要这支部队。因此，军事会议上决定，将华盛顿的一名幕僚送到盖茨那里，将南方形式的危急加以说明，并且表明，倘若北方部队派出一大批援军，只要郝将军继续驻扎在费城，又无法清除特拉华河河道中的障碍物，便无法与英军舰船保持畅通的联系，不出意外，他的下场将同柏高英无异。

华盛顿年轻而机智的副官亚历山大·汉密尔顿上校奉命执行这一任务，并携带了一封华盛顿10月30日写给盖茨的信件前往。

信件的摘要如下："我愿借此机会祝贺你所指挥的军队所获得的重大胜利，并迫使柏高英将军以及其全部军队以战俘身份投降，这是美国军队的极大光荣，我更希望这件事能产生无与伦比的影响。与此同时，对于这次关系到我们全盘作战生死攸关的大事，我竟然只能通过传闻或信件的渠道得知，我感到非常遗憾。这种传闻或信件所具有的可靠性与这件事本身的重要性相比，是极不相称的。倘使你当初通过一份简短的报告，把事实简单说明一下并由你亲自签名，必然比这种传闻或信件的可靠性更高。"

华盛顿便是以这种不动声色却又字字珠玑的说法，将一个蔑视上级的事例十分严厉地指出来了。但是内心里仍旧妄自尊大的盖茨到底能否感觉到这种光明磊落的责备的严重性，却值得怀疑。

盖茨派去向大陆会议递交紧急公文的军官，是一个尤其擅长吹牛的副官长威尔金森。这个人既谄媚又傲慢。在递送公文的路上，他耽误了很长时间，按他自己的说法而言，在他还没有抵达大陆会议之前，条约的条文便传遍全军了。尽管如此，在他抵达约克敦以后，为了堂而皇之地递交公文，他又额外花了 3 天的时间整理文件。

一直到柏高英投降 18 天以后，他才正式把有关文件递交至大陆会议，而所递交的文件前面有一篇假借盖茨名义提出，实则却是他自己在头一天草拟的报告，文件后面还有他自己写的一些夸赞和赘述的评语。

很显然，他希望用这种华丽的词句一鸣惊人，从而使大陆会议因为他所递送的好消息对他进行嘉奖，但是大陆会议此时却正像他迟迟递交不了文件一样，对他的功劳很久都没有表示赞赏。他对大陆会议这种置他于不理的态度十分气愤，却又在表面上装作无所谓。

在写给他的恩主盖茨的一封信中，他说："大陆会议并未授予我任何荣誉。事实上，纵使我的行为无法得到他们的嘉奖，我也不会对此感到委屈。我蔑视世界，因此我才不会产生这种可怜的情绪。"大陆会议中最后有人建议，基于他传送了这个好消息，将一把指挥刀授予他。对这种情况，精明的苏格兰人威瑟斯庞博士喊道："我看你们最好将一对马刺赐给这位年轻人。"

几天过后，威尔金森一颗悬着的心终于落地了，他如释重负，而且他也不再蔑视世界，他被授予荣誉准将衔。与此同时，得益于一个偶然的机会，华盛顿得知，康韦将军和盖茨将军在私下互相通信，诋毁他的军事声望和军事指挥措施。这次事件同上一年李将军的通信事件尤为相似，而华盛顿以同样的态度将这件事进行了处置。

他仅仅通过 11 月 9 日所发出的下列短信让康韦意识到他已经发觉到了康韦信件的内容：“先生，我昨晚收到了一封信件，信里有这样一段话：‘康韦将军在写给盖茨将军的一封信里提到，上帝决心要拯救你们的国家，否则，一位懦弱的将军和拙劣的顾问们原本将葬送掉你们的国家。’”

这封信件正因其言简意赅，恰似一声惊雷，成为扔向阴谋集团的一颗手榴弹（这封信件对阴谋集团其他成员所产生的效果，我们今后再进行详细谈论）。这封信件也确实在最初使得康韦惶恐不安。

在他的朋友米夫林写给盖茨的一封信中，康韦曾竭力向华盛顿解释，并极力辩解自己信中之所以会有中伤之词，完全是由于熟人之间用词随便、考虑不周的缘故，竭尽全力为自己开脱。关于他这种解释的档案材料并未得以有效保存下来，华盛顿大概也并不满意此种解释。如今唯一可以肯定的一点便是，康韦在此事之后随即提出辞职。在他对其他人的言辞中，他说他之所以提出辞职，是由于大陆会议的某些成员对他的诋毁。而他又对其他一些人说，他提出辞职的原因是战事已经结束，很有可能同法国人开仗。至于真正的原因他迟迟不肯告诉别人，华盛顿也并未揭穿。

但是，大陆会议却并未接受他的辞职。与之相反，阴谋集团对他的大力支持却使得他得到更多荣誉。

此时，阴谋集团仍旧在私下对南北两支军队的成就褒贬不一，把华盛顿所指挥的军队形容得一文不值。对于这些褒贬之词，华盛顿在公开场合并未理会，但是在他写给他的朋友，当时的弗吉尼亚州州长帕特里克 · 亨利的一封信中，为他指挥的军队作了辩白。这封信在一定意义上说明了他为人光明磊落。

“我写这封信的意图便是十分恳切地告诉你，虽然这似乎是一件奇怪的事情，但是自从郝将军在埃尔克岬登陆以来，我所直接指挥的军队在数量上一直少于其他军队。在进行兵员人数的清查时，我并不只是把大陆军计算在内，也包括了民兵。哪个州遭受侵略，哪个州就应多出一些兵员，但是在这个州上的消极不满分子实在太多了，他们利用政府腹背受敌，自顾不暇的处境，使得这个州难以多出兵员……因此，在保卫费城的两次战斗中，实际意义上我们的兵力要比对手的少很多，对此世人却一无所知，高估了我们自身的兵力。即使按照某些观点来看，世人的这种现象让人有苦难言。但是在我们兵力尚不强大的时候，出于让敌人望而生畏的心理，我仍不得不鼓励世人这样想。当然，我认为郝将军之所以行动迟缓，便是基于这种原因吧。在北部防区，情况却大相径庭，纽约州和新英格兰州为了打败柏高英，源源不断地将大批兵员输送过去，直到取得最终的胜利。据我所知，柏高英投降时，盖茨将军军营中仍旧有足足14000名装备良好且自备了粮食的民兵，除此之外，他们也是我国最优秀的义勇兵。倘若这种精神能在这个州和毗邻的几个州中广泛流传的话，我们打败郝将军的速度便会更进一步……提康德罗加刚失陷以后，我军北方形势严峻，故我从南方军队中抽调了大批的大陆军支援。这一举措使得我自己在作战过程中困难重重。尽管如此，为了顾全大局，任何推进我们事业的行为于我而言都是值得的。”

面临北方增援部队迟迟不来的困境，华盛顿虽极力向盖茨说明，却并未得到盖茨的响应。为了防止图谋不轨的人削弱他在公众眼中的地位，华盛顿认为在此时维护自己作为上届指挥权成为当务之急。但是，他对于他周围正在进行的阴谋活动的实质范围却一无所知。毋庸置疑，普特南并未参加这种活动，但是还有一个更为相似的阴谋此时也正在酝酿，而令人尊敬的斯凯勒却因此而被取而代之。

事实上，华盛顿深谋远虑促成柏高英的投降，恰恰又暴露了盖茨的本来面目，使他成为华盛顿的准对手。阴谋集团的此番“用心良苦”却不巧在有人给盖茨写的一封信中暴露无遗。这封没有签名的信从其笔迹上来看，应是曾经支援盖茨反对斯凯勒的大陆会议马萨诸塞州议员詹姆斯·洛弗尔。

该信件至今仍保存于盖茨的文件中，其摘要如下：“尽管有人已经一而再再而三地出错，但你依旧挽救了我们的北半部，使南方战场的形势由攻势转为了守势……并将很快结束。然而，假使我们的军队被迫撤到兰开斯特、雷丁、伯利恒等地过冬的话，敌军机动部队便会肆无忌惮地蹂躏南方地区，由此而导致的后果便是公众不可抵制的喧闹和复仇大波，直到最终一位总司令可以来收拾残局。由于判断失误，士兵们在来回奔波的情况下，逐渐迫使这支优秀的军队化为乌有。毋庸置疑，这种极其荒谬的军令决定和指挥难免会招致敌人的蔑视。我敬爱的将军，你是如此令人艳羡，又是如此的与众不同！就在我写以上一段文字后，米夫林上校却给我带来了一个坏消息：我们不幸丢失了在特拉华河河畔的堡垒。由此带来的惨痛代价便是，实行一次大撤退，将我军的船只、军舰、冬营等都贡献给敌人。而更糟糕的便是，做一些徒劳无功的事情来试图挽救已经无可救药的局面。基于这种现状，康韦、斯波茨伍德、康纳、罗斯和米夫林都递交了辞呈，除此之外，还有大批优秀勇敢的军官也准备向大陆会议递交辞呈。总而言之，除非你愿意南下将在你旗帜下作战的人们集合起来，并齐心协力一起挽救南半部，否则，这支军队将会被葬送了。在大陆会议派人来接你之前请你做好准备。”

华盛顿便在这样孤立无援甚至有人迫害的情况下开始了一场看似必败的战争。除此之外，天也不遂人愿，处处同他作对。11月24日晚，他从斯库尔基尔河对岸对费城周围的防线和房屋进行了细致严谨的观察。此时，由于费城守军的一支大部队调往东西泽西，使得他的军队的兵力较之大大增强。面对这种敌弱我强的局面，一些将领认为这正是进攻费城的有利时机，尤其是韦恩将军。由于他大胆、冒险的性格，因此被人们称为“狂热的安东尼”。

萨拉托加一战告捷的结果也促使人们极其渴望在南方出现如此卓越的战果。身为华盛顿前任秘书的里德准将也有如此想法。他在写给盖茨的信中，祝贺他“将傲慢的敌人彻底打败并俯首称臣”。他对盖茨说，这一胜利也将“使他作为杰出的将领，名垂青史。而作为一名志愿在南方军队工作的人而言，虽然我军最高统领已经绞尽脑汁，却仍旧看不到胜利的曙光”。

作为在司令部工作的志愿者而言，里德获得了华盛顿的很大信任，并尤其希望可以满足公众的愿望。华盛顿不仅了解了公众的普遍愿望，他更对情绪的煽动根源——阴谋家的阴谋活动和报纸舆论等了如指掌。此时，他则正在审时度势地判断是否应进行进攻。在里德的信件中写道：“一次伟大的进攻正在酝酿，祈求上帝保佑。”

在敌军防线的附近地区，到处都是战争遗留下来的痕迹。遍地的残垣断壁，以及大批被拆毁的住宅，满眼望去，都是衰败之色，花园也早已面目全非。11月的黄昏时分的幽暗天色，又恰如其分地徒添了些许凄凉。华盛顿忧心忡忡地对敌人的工事进行了察看，这些工事看起来也尤为坚固。从斯库尔基尔河到特拉华河有一片居高临下的高地，高地上是连绵不断的碉堡。每个碉堡都安装了构架和厚木板，周围是深沟，深沟之上围有寨栅。碉堡之间设置了鹿栅，附近的苹果树和森林中的树木也被砍光了。

斯特林勋爵和赞成发动进攻的其他人主张在白天从不同地点同时发起攻击，主力部队攻击费城北面的防线。此时，格林也将率领他手下的部队从邓克渡登船，沿特拉华河顺流而下，由波特带领的另一支大陆军和民兵沿斯库尔基尔河西侧南下，分别攻击费城东部防线和西部防线。华盛顿认为这种作战方法的确能给敌人当头一棒，有效抑制报纸舆论，并满足公共愿望，但却必须付出极为惨重的生命代价。

因为有此顾虑，他回到军营后便召开了一次军事会议。对这个问题进行了极为激烈的争论，但仍未最终决定。会后，华盛顿要求每一位与会者可以在第二天上午将书面意见提交。与此同时，他也专派信使征询格林将军的书面意见。共有斯特林、韦恩、斯科特和伍德福德四位成员主张进攻，斯特林勋爵海特因拟定了进攻方案；其余 11 人考虑到敌方巩固的防线、众多的兵力、严明的军纪和丰富的战斗经验等因素，持保守意见，以防止造成更惨重的损失。倘若华盛顿是个野心勃勃、一味追求军事名声的人，倘若他在阴谋集团和报界的刺激下意气用事，那么他或许会不考虑种种后果、孤注一掷。但正因为他将国家的利益凌驾于自己得利益之上，他不愿为了所谓的荣誉用士兵的生命冒险，因此他最终也放弃了进攻的念头。

就在这种紧要关头，大陆会议中的小集团越发活跃，使得军事委员会发生变动。委员会的委员由起初的 3 人增加到 5 人：米夫林将军、约瑟夫·特朗布尔、理查德·皮德斯、皮克林上校和盖茨将军。虽然盖茨将军是最后一位，却并不意味着他是无足轻重的。在此之前，米夫林辞去了军需总长一职并获得批准，但仍继续领有少将军衔，盖茨将军随即被指定为军事委员会主席。

在宣布这一任命时，大陆会议主席奉命对他的才能以及他对美国的重要性等进行了充分的肯定；同时经大陆会议决定他可以继续保有少将军衔，也可以视情况在军事委员会或战地执行职务；除此之外，他也必须尽快就任新职。阴谋集团很自然地认为盖茨要成为此次战争的主宰者了。

同时，洛弗尔也在同一天对他表示了祝贺："我们尤为需要你能来到日耳曼镇附近，我们现在所处的究竟是何种局面！我们原本完全有机会改变这一切的！当你确切地对费城附近所集结的无数兵员进行了解后，相信你会瞠目结舌的。在这场战争中，每有 10 个士兵，便需要有 5 名新兵做补充。由于没有希望得到援军，米夫林堡和红岸的勇士不得不弃守，海军几乎颜面尽失。即便是一个短时期，也请加入军事委员会吧。倘若并未打败柏高英，倘若不是欧洲战争形势严峻，费比阿斯将会给我们造成尤为难堪的战局。"

此时，采纳了军事委员会的建议后，大陆会议通过了一批含有阴谋集团影响在增加的早期措施。要任命两名督察长来加强军纪并纠正军队中的弊端，而在等候遴选的两个人中，其中之一便是领有少将军衔的康韦！这是对华盛顿的一种公开挑衅。

之前，华盛顿曾就此人的优缺点进行过详尽的描述，也曾极力以各种理由反对他提高军衔，否则，后果将不堪设想。但是，康韦毕竟是盖茨的同党，此时的盖茨正如日中天的发展。当派别集团在大陆会议内外绞尽脑汁地破坏华盛顿的声望之时，郝将军却准备“将他赶到山的另一边去”。

在经历了长期作战后的士兵面临严寒早已疲惫不堪，他们极其缺乏用以保暖的衣物和抵御严寒的住处。但是能够为士兵提供保暖御寒的地方只有兰开斯特、约克和卡莱尔，倘若军队进入任何一个城镇，都将为当地居民的生命财产安全以及资源等带来巨大损失，当地居民在这种武力镇压下也将屈服。宾夕法尼亚州议会对这个问题十分焦虑，他们希望军队可以留驻野外。

在写给州议会主席的一封信中里德将军提道:“对于一些人所提议的进入城镇修整的建议，华盛顿绝对不会予以采纳，相反，他将会在境况允许的范围内让军队驻扎在比邻敌人的地方，以保护尽可能多的农村地区。要完全实现这种想法显然是不切实际的，但是这一计划主要是依据本州先生们的意见制定的，我希望你和其他人都能对此感到满意。尽管它可能并不会完全尽如人意，但我们已经尽到了自己最大的努力。我也不得不说，华盛顿将军出于爱国的一腔热忱，这次对我们表现出了真切的尊重。如果你对此了如指掌的话，我相信你会大力支持的。”

华盛顿在举行了一次军事会议并对他的军官们的不同观点分别考虑以后，最后商定出一个方案。即让军队在斯库尔基尔河西岸切斯特县的福治谷建立临时军营过冬。在距费城 20 英里的福治谷，他可以在保护农村地区的同时，随时关注费城动向。此后，军队动身前往福治谷。但是此次行军却同去年大相径庭，官兵们郁郁寡欢、闷闷不乐。去年军队开往营地时是在刚取得胜利之后，士兵群情激昂。而如今，由于长期辗转作战，加之食不果腹、衣不蔽体，以致许多士兵的脚由于没有鞋子，开始溃烂流血。与此同时，我们却听说，“大批的鞋袜、衣物等都放置在沿路各个地点和树林里，由于无力支付马夫钱，导致最后只能烂掉”。以上便是后勤部队混乱不堪招致的严重后果。

随后，部队在17日正式抵达福治谷。但有碍于形势所迫，不得不暂住在临时搭建的帐篷中，其后才开始砍伐树木建造木屋，以抵御严寒。已经带伤的病号也只能暂时借住在农民家中。按照规定：每个小木屋应宽14英尺，长16英尺，高6.5英尺，墙壁由圆木构成，并以泥灰抹缝。生活的地方应由圆木建成，周围抹上泥灰，屋顶用圆木锯成粗木板或厚木板搭成。将官一人单独住一间木屋，一个小屋住12名军士和士兵。每个旅和团的参谋和每个团的团长也同样分配一间，每个连的连长也独自有一间。士兵们住的小木屋对面便是街道，军官们的木屋则在其后排成一行。由此开始，营地初具军人村的规模。

在部队从事这种劳动两天后，22日黎明前前方便传来消息，一支敌军已经向切斯特进发，其目的便是掳掠粮草。随后，华盛顿即刻命令亨廷顿和瓦农的部队准备迎击敌军。出乎意料的是，这两位将军的回答足以说明美军的惨状。亨廷顿写道：“作战远远比挨饿好受得多。我的军队已经濒临弹尽粮绝，虽然现下我已经想方设法说服了将士们，但是这种局面已经无法维持下去了。”瓦农写道：“对于我的军队而言，出发作战无异于是无比幸运的事情，我们已经连续几天没有面包和肉吃了，但是我们必须保证士兵吃饱，否则，便无法指挥他们。”然而，实际上，挨饿的士兵在前一天晚上已经发生了一场哗变，军官们费尽心思才把哗变平息下去。

因此，华盛顿立即就此问题给大陆会议主席写了一封信。“我无从明白为何会造成军粮的极度匮乏或者完全不予供应，然而，除非军粮部可以立即制定有力的措施并付诸实践，否则军队将面临瓦解。在这个问题上，我已经做了很大的努力，通过写信、规劝等各种方式，但是从未得到理想的结局，最多的结果无非是一点点的接济。基于此种原因，在目前的战役中，我军不得不一而再再而三地错过有利进军时间。当下我已经命令几个部队准备迎敌。但是倘若一股敌军今天上午越过库尔基尔河，这几个部队将不会出动。”

当华盛顿发出这封信件之后，便得知宾夕法尼亚州会议已经向大陆会议提出抗议，反对他进入冬营。这让原本处于困境的华盛顿更加孤立无援。他统率的军队饥寒交迫，居无定所，正在12月的冰天雪地中承受困苦。在这种形势下，得知宾夕法尼亚州会议的这一举动后，忍无可忍的他便在2月13日再次写信致大陆会议主席，这封信的内容叙述了他所处的困境，并且交代了造成这种困难的原因是立法机关不明智的强行干涉造成的，华盛顿以强有力的大丈夫般的男子气概进行了合乎事实的辩驳。

他先从军粮部说起：“军粮部发生的人事变动与我的判断相反，由此带来的后果本就是意料当中的事情。所以，我到目前为止即使在表达我的不满的意见时态度也是很温和的。然而事实却让人无法接受，谁都知道军队延误战机是由于缺乏粮食、衣服等其他必需品，但是平民百姓，就连掌权的领导也把军队延误战机的责任推到我的身上。现在我不得不在此为自己澄清事实。我可以没有半点虚假地负责任地说，没有任何一个人可以像我一样，在采取各种措施的时候受到部队各部门的排挤和孤立了。”

“从 7 月份开始，我们便从未得到军需总长的任何援助，然而，军粮总长把他手中没有粮食的很大一部分责任推给了军粮部的身上，以军粮部不给予援助来逃脱责任。在此，我还要再补充一点我军的命令：军队必须始终保持两天的粮食供给，如果有突发情况，有粮食需要，就必须提供军粮补给。可是在我军与敌军对战的过程中，每次都是因为粮食短缺，供给未果而受到严重掣肘。根据今天的占地统计，目前军营中因为没有衣物御寒蔽体而无法作战的士兵就有 2898 人，而且还有因没有鞋穿而冻坏双脚的士兵（一部分住进医院，一部分住进农家）的人数还没有统计进去。事实证明我军并未得到军服总长的多少帮助，那么在此恶劣的情况下我军又怎么可能正常作战，履行士兵的职责呢！据统计，我军全部的大陆军其中包括柏高英投降后调到我军的东部各旅，排除一部分派到威尔明顿的马里兰州军队士兵，现在军队中适宜作战的不超 8200 人。自四月份开始，由于士兵们吃不饱，穿不暖，受尽饥寒之苦，使我军能作战的士兵又减少了将近 2000 人。”

“我们不难发现，其实有些人对军队进入冬营的实质并不了解（我深信，我绝对不会像他们一样做出抗议的决定的），就责备并否定这一措施。他们这样的做法就说明他们对战士的情况并不了解，真的以为每一位士兵都不食人间烟火就可以英勇杀敌了，并希望我们在如此恶劣的环境下，如此艰难的条件下，军备不全军需短缺的前提下就能够不费吹灰之力地把一支装备良好、供给充足、适于冬季作战的优势敌军限制在费城内，并且保护宾夕法尼亚和泽西不受外敌的侵犯，更让我惊诧的是，明明有一些先生深知战士们艰苦的战地情况，却依然毫不同情。在 1 个月以前，我就征用衣服的问题制订了一项计划，准备执行，但却被他们否决了，暂停了我的计划，并且胸有成竹地跟我保证说，依照本州的一项法令（此法令从未被众人看到过）将在10天内征集足够的衣着。这些先生表里不一的装好人，表面以好言好语安抚我，现在竟然认为衣不蔽体、食不果腹、军备不全的我们开展冬季战役防御外敌是多么轻而易举切实可行的事情！我可以对这些先生们肯定地说，坐在房间、烤着火炉起草抗议书，同衣不蔽体、居无定所、饱受饥寒之苦的士兵们相比自然感受不到，也体会不到那份艰难。更没有任何的同情和怜悯之心。然而深处军营，和士兵们饱受同样的苦难，我深知住在野外的艰难，即使我很同情受难的士兵，但我能力有限，只是心有余而力不足，无法改变现状，更没有什么办法真正地减少士兵们的痛苦。”

“正是基于以上这些原因，我在这里详细地说明了情况。人们寄予我的希望在客观的现实面前已经远远超出了我能够承受的最大范围，可是出于安全和策略的考虑，我又不能对外暴露军队的真实情况，否则会招来诽谤和谗言。但是我发现这一情况，再一次加深了我的痛苦，让我更加为难。”

当下，如此紧急的情况下，为了士兵，为了军营，他迫不得已地使用了大陆会议不久前授予他的权力，到附近的村落人家购买粮食或强行征用并发给大陆会议付款的凭证。他自己是十分不赞成这种做法的，他尊重并同情耕作者，他对这些农民有着父亲般的感情，所以也十分担心这种做法会带给百姓压力，败坏了军队的风气，更怕刺激全国出现唯恐军人左右一切的嫉妒心理。

他在给大陆主席的信中写道：“这种做法只能解决一时之需，只能偶尔地用一下而已，否则后果会十分严重。这不仅会令百姓惶恐，猜忌，丧失民心，还会在军队中形成不良风气，日后也难以消除。事实证明，也确实如此。我对之前的做法感到无奈和遗憾，如果不得已而再次为之，那将是我人生中最大的不幸。”

引述了华盛顿在给大陆会议发出的掷地有声的呼吁后，我们就算结束了对他1777年作战情况的叙述。这一年是他军事生涯中最艰难的年份之一，同时也是他人格和运气饱经磨炼和考验的一年。这一年开始，军队经济萧条，钱柜空空如也，部队战斗力低下，士兵状态松懈散漫。这一年他需要对付敌人，还要处理大陆会议的各种干扰和应对条件不佳的艰难险阻。在他处境如此紧急的时刻，大陆会议使他陷入了孤立无援的境地，违背了军界的惯例，提升了一些人，使他手下的军官受尽了委屈。就在一次会议进行的过程中，大陆会议改组了军粮部，使全军陷入了混乱之中。

在事事不如意的情况下，华盛顿要重振军队，实属难上加难。然而，他却做到了。他想尽办法安抚了受尽委屈的战士们不满的情绪，说服他们不计较物质荣誉安心作战，这确实是一件值得称道的事件。有一段时间，他的士兵不畏酷暑在东西泽西往返行军，所有供应品还如从前一样缺乏，也没有什么目标激励着士兵，但他们就是在华盛顿的带领下，凭借着逐渐强大的坚韧不拔的热情继续前行。在这段时间里，华盛顿既要努力设法探明和应付郝将军在海上的行动和郝将军弟弟在陆地的行动，还要花精力在指导和支援北方抗击柏高英的军事行动上。可以说，他运筹帷幄决胜千里之外的同时监督了三场战斗，然而打了胜仗的声誉却归功于下属将领。其实，击败柏高英、克敌制胜的诸多措施都可以追溯到华盛顿在东西泽西州的流动营地时期。

我们在前面几章里指出有一股玩弄权术、要弄阴谋的暗流，叙述这种暗流的来龙去脉是一件十分让人生厌的任务。由于这种社会现象的涌动，美军在这一年当中的几次战斗里确实教训惨痛。华盛顿对于这种现象是十分了解的，他对此深表厌恶和痛心，在整个战争中最能体现他心胸豁达气质的莫过于他对报界的嘲骂、公众的抱怨、置之度外的态度，坚持奉行费比阿斯方阵。由此可见，容忍才是伟大的胸襟的最好证明。

美法同盟，战胜强敌

阴谋被拆穿

华盛顿和他的部下在荒无人烟的福治谷安营扎寨，这时依然有责难和诽谤向他袭来。相反，盖茨却成了人们称赞的对象。甚至有人给他写信，催促他就任军事委员会主席一职。

面对人们对自己的称赞，盖茨显得飘飘然起来。可就在他自鸣得意的时候，却收到了米夫林的来信。信中是这样说的：“将军，有人摘录了康韦写给你的信件中的一段，并将它交给了司令部。虽说这段摘要中谈的都是些合理意见，也不应交给你的任何一位幕僚。华盛顿将军现已将它寄给了康韦。他们不会伤害你本人，但可能伤害到你的一些朋友。”

当盖茨读到这封信时，不禁紧张起来。究竟是哪一部分被摘录并寄给了司令部呢？是谁？又是怎么搞到的呢？这些米夫林在信中并未提及。由于没有说明具体情况，这使盖茨痛苦不堪。华盛顿写给康韦的信简明扼要，使得本就对具体情况一无所知的阴谋集团的成员愈加惶恐。为了弄清是谁偷看了他的信件，盖茨写信给韦康和米夫林，焦急地询问他们的哪几封信被人偷偷拿去了，他说："世上恐怕没有人比自己更注意妥善保管信件了。对那个出卖我的恶棍给予什么样的惩罚都不为过。我相信，你出于对我的友谊，处于保障我们安全的热情，一定会告诉我这个恶棍的名字。"

盖茨对他的幕僚进行了盘问。得到的答案是一致的，同样也是令他失望的，那就是他们都对此一无所知。他在猜测与慌乱中将目光转向了汉密尔顿上校身上，认为是他偷报了机密。他怀疑的原因是汉密尔顿少校是被派来执行此项使命的，在这期间，他可以随时到司令部去。12 月 8 日盖茨致信华盛顿，要求其协助追查把康韦将军写给他的信件的摘录交到华盛顿手中的告密者。盖茨同时把这封信的一个抄件送给了大陆会议主席。

华盛顿回复了盖茨的信，他写道："我收到了你上月 8 日的来信，让我惊讶的是，你在信中告诉我那份信的抄件已经寄给了大陆会议，你这样做的原因是什么，令我百思不得其解。但你这样做一定是出于某种目的，对此我不得不采用同样的方式传递我的复信。我要告诉你的是，威尔金森上校去年前往大陆会议的途中遇到了斯特林勋爵。根据我的了解，当时他们并未约定保密，上校便对斯特林勋爵的副官麦克威廉斯少校提到康韦将军写给你信中的一句话：'上天决心要拯救你们的国家，要不让的话，一位软弱的将军和拙劣的顾问们会把他葬送掉。'斯特林勋爵把这段话转报于我，并附上这样一句话：'附上的一段话是威尔金森上校告诉麦克威廉斯少校的。我认为，揭发这种两面派行径是我的职责。'"

华盛顿在信中还写道，他写信给康韦只是为了向他表明他对他的阴谋行径并非一无所知。华盛顿的回答解开了他之前给康韦的短信的谜团，并表明康韦与盖茨之间的诽谤信之所以透露出来，是威尔金森嘴巴不严的缘故。阴谋集团一次次地试图诬陷、诋毁华盛顿，都被华盛顿一一化解，并由此表现出华盛顿正直、讲原则的品质。

英军撤出费城

冬季，华盛顿和他的军队扎营于福治谷，这里的生活很艰苦。这里的人们，经过了战争不再支持军队，即便有牛羊和粮食，也不肯拿出来，而是拿到费城去卖个好价钱。派出去征集粮草的小分队常常一无所获，空手而归。华盛顿曾写道："他的军营里发生了饥荒。近一个星期士兵没有吃到肉食。士兵们饥寒交迫，但他们并没有因此而怨声载道。对他们的这种精神我钦佩不已。"

曾有英国历史学家提到过华盛顿对士兵的驾驭能力。他指出，在如此恶劣困苦的环境下，食不果腹，很多士兵生病甚至死亡，即便如此也没有士兵离开他。相比之下，英军却表现得涣散怠惰。当春天来到时，两军的部署没有发生任何重大变化。华盛顿曾推测英军会进攻他的营地，但事实证明，郝将军缺乏冒险精神。

与此同时，柏高英及其军队的投降对英法两国的内阁都产生了有力的影响。柏高英投降的消息也推动了法国内阁从速采取行动。原本进行缓慢的谈判，现在却顺利结束了。

5月2日，一位信使带着两项条约，一项是友好通商条约，还有一项是防御同盟条约直接从法国回来。这两项条约于2月6日签署于巴黎。法方代表为热拉尔先生，美方代表是本杰明·富兰克林、塞拉斯·迪恩和阿瑟·李。防御同盟规定，如法国与英国发生战争，缔约双方应携手共同作战。未经另一方同意，任何一方不得与大不列颠停战，也不得放下武器，直到美国独立。这两项条约在大陆会议上得到一致通过，在约定公布之后，全国公众为之欢呼雀跃。

在福治谷军营，华盛顿及其士兵们于5月6日举行了盛大的军事庆典。这一天，随军牧师向上帝感恩。随后还举行了盛大阅兵，鸣礼炮十三响，全军高呼："法兰西国王万岁！为美国各州欢呼！"接着举行宴会，由军乐队伴奏。华盛顿与部下及官兵共同庆祝。

英军撤出费城的迹象日益增多，费城的军营里一片混乱。士兵们收拾着自己的行李，还有些人开始拍卖东西。人们将行李和重炮装到船只上，这种迹象似乎表明英军要撤出费城。真是这样吗？事实表明，英军即将开赴纽约，他们会将纽约作为集合地点或作为占领哈得逊河流域的中间站。英军的这种状态保持了有三个星期的时间。华盛顿要求自己的军队时刻做好开赴哈得逊河地区的准备。他还派遣马科斯韦尔将军带领着泽西部队的一个旅，与迪金森少将带领的泽西州民兵配合作战。

英军虽显露出撤军迹象却迟迟未从费城撤军，这让华盛顿颇费心思。驻扎费城的英军，有5000人被派去了西印度群岛法国领地，为发起突然进攻做准备，另有近3000人去了佛罗里达。剩下的士兵和粮草被运往纽约。此时费城的英军剩下10000人左右。而华盛顿带领的军队还有12000多人，民兵1300名。6月18日清晨，英军在亨利·克林顿爵士的指挥下，秘密撤出费城。

6月30日，英军行进至桑迪岬附近。由于暴风雨的影响，桑迪岬半岛与大陆脱离，一道很深的海峡隔在两者之间。幸运的是，郝将军的海军分舰队已于前一天抵达岬内，他们用船只组成了一座跨越海峡的桥梁。陆军部队正式通过这座桥到达海岬，并被分派出去。这支军队分别驻扎在斯塔滕岛、长岛和纽约岛上，但没有发动进攻。英军在纽约招募新兵，为大船出海配备人员。

不用再担心英军沿哈得逊河北上，华盛顿让自己的军队放慢了行进的步伐，在帕拉穆斯稍作休整。至此，英军全部撤出费城。

美法联合作战

华盛顿于 7 月 13 日晚收到了一份来自大陆会议的信件。那时他和他的军队正准备在帕拉穆斯扎营。信中写道，一支法国舰队已抵达海岸，要求他同德斯坦伯爵商议从海上和陆上发动进攻事宜。伯爵与华盛顿在信件中进行了真诚的沟通，并在自己可信赖的军官帮助下共同制订了一项行动计划。伯爵首先打算进入桑迪岬，夺取或摧毁英国舰队。这支舰队由 6 艘大战舰和 4 艘有 50 门炮的军舰及部分快速舰和轻型舰组成。为了达到这一目的，7 月 12 日，华盛顿率部下于国王渡渡过哈得逊河，并在怀特普莱恩斯安营扎寨。

美军和法军联合起来，对纽约的英军构成极大威胁。另外，法国官兵为即将获得的胜利而扬扬得意起来。美国与法国两支军队联合的另外一个行动是收复罗得岛本岛。

7 月 22 日，法国舰队完成了军队补给工作，出现在桑迪岬附近。英军本以为双方会有一场激烈的战斗，而令他们意外的是，法军却在德斯坦司令官的指挥下，在采取了一些示威行动后，便停在了东边的海面上。

29日，法军在离新港5英里的地方停泊下来。格林将军得知德斯坦将军率领舰队抵达了新港，火速从普罗维登斯赶来，在法军舰队停泊地登船，会商作战计划。双方商定，美法两军同时采取行动：舰队进攻港口，美军由路上进攻；舰队由岛的西边登录，美军则越过锡康奈特海峡，在岛的东边靠近北端的地方登陆。但这一计划因等待华盛顿派来的援兵而被拖延至8月10日，最终未能实施。

联合进攻罗得本岛的计划以失败告终，这一结果令双方高层大为恼火。这其中最为失望的是华盛顿，他曾写信给其弟约翰·奥古斯丁，在信中表达了他的失望之情。这一失败当然也引起了公众以及军队的不满，军队与舰队之间突然变得对立起来，这让华盛顿更加感到不安。为了抚慰德斯坦伯爵在这次失利中的沮丧情绪，华盛顿致信给他，信中措辞十分体贴周到，这封信给了德斯坦司令极大的安慰。

东西泽西战役结束

美军在莫里斯城遭受了许多苦难。由于货币贬值，军队补给和补充兵员而采取的一切手段都不起作用了。士兵的生活变得更加困苦起来。大陆会议也因缺乏资金而陷入困境。因为没有征税权，对军队的管理不得不被交到各州手里。这使得军队的发展很不平衡。有些州给军队大量补给，有些州却对军队不闻不问，士兵生活穷苦不堪。士兵们怨声载道，严重影响了军队的团结与稳定。对此，华盛顿给大陆会议写去信件，提醒大陆会议注意制度中的缺点。

针对华盛顿的建议，大陆会议派遣了一个由3名成员组成的小组，前往总部同总司令磋商，力图在各个部门实行必要的改革和变革。经过讨论，投票产生了一个 3 人委员会。成员有舒勒将军、约翰·马修斯和纳撒尼尔·皮博迪先生。当他们 3 人到达各州军队驻扎的军营，发现军队中的确存在很多亟待解决的问题，军饷不足，缺医少药。

华盛顿指出，即便如此很多士兵还是抱着坚定的态度和耐心忍受着痛苦，军官是值得人们称赞的，因为他们以身作则，为士兵们树立了良好的榜样。为了平息军队的不满情绪和货币贬值带来的影响，大陆会议借鉴有些州的做法，并通过了这些措施，保证弥补大陆军和其他军队由于贬值而在薪饷方面遭到的损失，今后军队的所有钱和物品都应该被看作是预付的，在最后结算时应当按照它们的公平价格计算。在此期间，华盛顿收到了拉斐德侯爵的一封信，信中称他将到达波士顿。

5 月 12 日，拉斐德抵达司令部，在那里谈了他的法国之行的结果。此行他带来了一个令人欢欣鼓舞的消息，那就是德泰尔内骑士将率领一支法国舰队于 4 月初出航，运载德罗尚博伯爵率领的，军队到达海岸同美国军队合作。但拉斐德侯爵只将这一消息告诉了华盛顿和大陆会议。

各州军营方面依然是麻烦不断。由于长期资源、军饷匮乏，加之近日闹了饥荒，因而局势越发的不稳定。5 月 15 日，康涅狄格战线的两个团敲起鼓来，他们在阅兵场上集合，声称要收拾行李回家。梅格斯上校试图压制这场兵变，但遭到士兵的袭击。宾夕法尼亚战线的一些军官把他们的几个团拉出来帮助梅格斯上校。这些士兵虽然被说服回到自己的营房，但仍有少数人跑了出来。他们被逮捕，并遭到监禁。这一事件令华盛顿备感忧虑，他焦急地为他的军队四处寻找面包。

独立战争取得胜利

人们盼望已久的和平终于来到了。1783年1月20日在巴黎签订了一项全面的条约。德斯坦伯爵的海军中队驾驶着“胜利号”于3月23日从卡迪兹到达费城，并带来了拉斐德侯爵给大陆会议的一封信，信中讲到了和平的消息。

4月17日，华盛顿接到了大陆会议发表的一篇类似的公告。由于公告中没有明确指出他手下的军队是否退役，这让他处于两难的境地。他十分同情并了解在他手下服役的士兵的荣誉问题。他主张当那些“参加战争到底的”士兵退役的时候，应当让军士和士兵带走他们的武器和什物，作为他们自己的财产和奖赏。他宣布4月19日这个吉祥的日子标志着战争第8年的结束，是重要的列克星顿战役的纪念日。他接着在一般性命令中强调应当执行要求他们执行的庄严任务。

5月6日，华盛顿和盖伊·卡尔顿爵士亲自在奥林奇城举行一次会议，讨论移交英军在美国占有的据点问题，并按照条约的规定把全部财产借给美国人的问题。5月8日，大陆会议委托埃格伯特·本森、威廉·S.史密斯和丹尼尔·帕克在纽约视察和监督按照临时条约第7条载运人员和财产的工作。

6月8日，华盛顿写信给几个州的州长，与他们讨论解散军队的问题。在信的开头，华盛顿便明确提出不再担任公职的要求。他描述了美国公民得天独厚的环境。并谈到了以下几点：一，由各州组成一个坚强统一的联邦，由一位联邦首脑领导，各州政府要支持这位首脑行使宪法赋予他的权力。二，在偿还大陆会议因战争而借的债和履行大陆会议为进行战争而签订的契约时，应特别注意使公众受到公正的待遇。三，要做出适当的和平安排，把联邦各地的民兵建立在正规、统一和有效的基础上。四，美国人民要忘记地方上的偏见和政策，相互做出让步，使个人利益服从社会利益。

华盛顿此时在总部的处境令他感到厌烦，他几乎无事可做。因此，他决定利用签订最后的条约前的一段时间，重返进行过重要军事活动的地方，如纽约州的北部和西部。此行还有另外一个目的，那就是促成一项必要的工作，英军一旦撤离，美军将立即占领合约规定英军让出的据点。

在克林顿州长的陪同下，他们从纽堡出发，经水路溯哈得逊河到奥尔巴尼，参观了萨拉托加和柏高英投降的地方，乘坐向他们提供的轻型船只游览有很多名胜古迹的乔治河，到了提康德罗加和王冠角，然后回到斯克内克塔迪，他们从那里沿着摩霍克河河谷向该河上游行进。

励精图治的首任总统

重返弗农山庄

华盛顿回到弗农山庄后，因为天气的原因，无法出门，也无法探望他的母亲，但能回到山庄他就已经很满足了。他身上依然保留着浓厚的军营气息，他甚至不习惯没有军号声就起床的日子。在冬日的严寒里，他也无法招待他的朋友和战友，因此他期待着春天的到来，甚至为那些慕名而来的人也做好了接待计划。他在给朋友的信中写道："我不想改变简朴的生活方式，我欢迎与我一起分享简单的酒和肉的人。想在这里得到更好的招待，你会失望的。"

因为战时，华盛顿的公司和庄园都受到了影响，现在必须要节约一点。宾夕法尼亚州议会了解到华盛顿的情况后，希望给华盛顿一些报酬，以表彰他的卓越贡献，但被华盛顿拒绝了。还有一些希望撰写美国革命史的人，也希望从华盛顿手里，来获取一些资料，也被华盛顿婉言谢绝了。他的老朋友雷克医生受别人所托，提出类似的要求，依然遭到了华盛顿的反对，他不同意将写他的个人传记与独立战争的整个历史截然分开，而拒绝了好友的请求，他不希望自己背上爱慕虚荣的名声。

春天来到了，弗农山庄里宾客盈门，他们都受到了华盛顿简单而隆重的接待。这种从军队的总司令到普通的庄园主身份的巨大转变确实令人钦佩，但华盛顿却欣然自得，没有什么不适应。华盛顿夫人，这位曾经与将士们一起同甘共苦的将军夫人，现在山庄里为大家准备膳食，她自己同样感到非常愉快。她依然喜欢编织，也正是因为他在军营里为士兵们编织袜子，为到军营的其他女宾树立了榜样。

华盛顿开始亲手管理他的山庄，其实他在军队时，也没有忽略对山庄的管理，当时他要求管家每周向他汇报一次山庄的情况。在华盛顿的整个军事生涯中，他一直对耕作者十分同情，这与弗农山庄生活对他的影响密不可分。当他再次骑马巡游在山庄周围的时候，他却感慨于山庄所发生的巨大变化。

如今，他的童年好友费尔法克斯因为政治原因，流亡到了英国，华盛顿再也无法与这些好朋友一起游玩。看到他们曾经一起游玩的胜地变成了一片废墟，他的心情也变得抑郁起来。费尔法克斯虽然到了英国，但却与华盛顿一直保持着密切的联系，而且非常慷慨地帮助在英国的美国人。

8 月 17 日，来自法国的拉斐德侯爵来到了山庄，他在华盛顿家里住了两个星期，受到了华盛顿的热情款待。侯爵走后，华盛顿还离开家出席了一次与印第安人签订条约的典礼。

华盛顿接下来的计划是打算在克雷克医生的陪伴下，到阿巴拉契亚山脉以西的地方看一看，因为那里也有他的土地。华盛顿的经历很丰富，当过测量员、民兵领导人、副官等。如今他带上了帐篷等野营用品再次以熟悉的方式出来旅行。他想到孟农加希拉河地区，看一看他在那里的土地。但那要进入印第安人的地区，因为过于冒险，最终无法成行。因此他决定到孟农加希拉河为止，并沿河上行，再折向南到县谢南多亚河河谷看看。

这次旅行，从 9 月 1 日，到 10 月 14 日，走了 680 英里，而且多数是在山区行进，露天宿营，华盛顿精力充沛地完成了这次旅行。在此次旅行中，华盛顿考察了俄亥俄河各流域的交通运输状况，他计划在波托马克和詹姆斯和俄亥俄河之间开辟一条快捷的交通运输路线，这能够给弗吉尼亚和马里兰州带来巨大好处。当然这除了商业利益外还蕴含着政治上的利益，当时美国的侧后方都被外国所掌控。沿密西西比河的西部各州垂涎于沿河运输的便利，然而目前却只能经由陆路来运输。西班牙和英国不会同意美国各州利用密西西比河。

华盛顿坚信，虽然目前有障碍，但纽约人民一定会打破障碍，实现水路通航。

那一年华盛顿的日记里记载，他依然在有条不紊地整饬他的园林布局，山庄里一月山楂树果实累累，清除松林杂树；二月移栽常青藤；三月种植铁杉；四月播种冬青，因为冬青是四季常绿植物，他希望冬天的山庄依然保留着翠绿的颜色。曾几何时，华盛顿向往着静谧的园林生活、隐居生活，现在看起来好像实现了他的梦想，但这种生活却被不约而至的邮件所打扰，越来越多无法及时回复的邮件令他烦恼不已。而且这些信件当中，有好多提及的是与他无关的事情，也有人提出一些他无法做到的请求，还有好多问题是他无法回答的。

还有一些信件，充斥着对他的恭维。同时还有一些杂事也需要他动笔，因此时间被大量占用，他深深地被这样一些事情所困扰，并感到不愉快。这一切，一直到托拜厄斯·利尔先生的到来，才有所改观。这位哈佛毕业的绅士成了华盛顿的私人秘书，同时还为华盛顿收养的已故的卡斯蒂斯先生的两个孩子授课。

由于华盛顿闻名遐迩，请求来为他画像的人也非常多。这不但要占用他大量的时间，还需要他耐心地在那里坐着。弗朗西斯·霍普金森先生替派因先生提出为华盛顿画像的请求，华盛顿在给霍普金森先生的回复中说，他现在已经习惯了坐在那里，耐心地任由画家们为他画像，一开始他并没有耐心，后来他不断要求自己，直到现在他能够十分乐意遵从画师的意见。不久，著名的美术家乌当先生，从巴黎也来到弗农山庄，用了两个星期的时间为华盛顿塑了一座雕像陈放在弗吉尼亚州议会里。

从繁忙的动笔工作中解脱出来的华盛顿专注于农庄的整饬工作。他开始骑着马，四处寻找树种，将各种树种点缀在他的庄园里，这使得他的心情逐渐开朗起来。华盛顿的弗农山庄又恢复了诗境般的美好景象，尤其他还种植了来自于家乡的七叶树。时至今日，虽然弗农山庄已经荒芜，但我们依稀可以看到华盛顿当时对山庄树木种植的独特用心。

除了山庄之外，华盛顿还有四个农场。他对农场同样用心，将农场全部精确地绘制在他的农庄总图上，而且他很熟悉他的土地，清楚地记得每块土地适合种植什么作物。华盛顿还有几百亩精美的林地，他在这些林地里养的马匹、驴子、黑牛、绵羊和猪等牲畜，它们在林子里自由地奔跑，使得他的林地更加和谐。

华盛顿还大量阅读农业和园艺方面的书籍，而且他还从朋友阿瑟·扬那里得到了很多的关于农场种植、养殖及设计方面的意见。华盛顿在给扬的感谢信里写道，经营农业是他最喜爱的活动之一，而农业只有通过实践才能很好地理解和掌握。

华盛顿对农庄的管理十分细致，山庄里的所有问题都逃不过他的眼睛，而且他一旦决定要做什么就很难说服他放弃。在山庄里华盛顿又开始恢复了以前的生活规律，每天早上七点半用早餐，然后巡视整个庄园；下午两点半吃午餐，餐后如果没有宾客他就会写作，有时会写到晚上九点，晚上如果不看书，他还会同朋友一起打牌消遣。而他的秘书利尔先生，在陪伴华盛顿先生的两年时间里，越来越钦佩华盛顿，被他的高尚品格所感染。卡斯蒂斯的几个孩子在华盛顿家里，也为家庭增添了不少的生趣，而华盛顿在跟孩子在一起的时候也总是非常的随和，经常尽情地欢笑。

埃尔卡纳·沃森先生在造访弗农山庄后，他坦承在接触华盛顿先生前，他有很多的顾虑，在华盛顿面前诚惶诚恐，而在接触华盛顿先生后，他那温文尔雅的态度，给他留下了深刻的印象。沃森先生评价说，在伟大的国家事业中深谋远虑和谨慎的态度，这些都非常重要，而这些源于华盛顿的睿智，使人们对他的敬重油然而生。

家里，华盛顿非常的平和，平易近人，没有任何架子，家庭事务安排得井然有序，当他的仆人，也乐于为他付出。而他的夫人也乐于服侍在他身边。沃森先生说他曾想在晚上跟华盛顿先生聊一聊他的战斗历程，他最终失望了，因为华盛顿在聊天时谈到的都是关于河道通航工程的事情。沃森先生在旅途中感冒了，华盛顿甚至亲自端了一碗热茶送到他的床边，这样一个细节使沃森先生深深地感受到华盛顿先生高贵的人格魅力。

怀特主教在提到华盛顿时说，他从来没有看到一个人像华盛顿这样谨慎地避免谈到自己的光辉经历，你甚至从他身上感觉不到他是一个举世闻名的伟人。有这样一件事情使人印象深刻：在华盛顿任总司令时，一次露天的宗教集会上，他把自己坐的椅子让给了一个抱着孩子的妇女，而自己在礼拜过程中一直站着。人们对华盛顿的崇敬，有时候会使他感到为难，他甚至不得不躲开从而为别人创造欢乐的气氛。一次在私人舞会上，大家跳得高兴的时候他进去了，大家顿时停了下来，为了避免尴尬，他不得不躲到隔壁去跟老一辈的人在一起。

华盛顿还有几次捧腹大笑的例子，一次是一个青年军官炫耀自己的骑术能够驯服马匹，结果不幸摔了下来，华盛顿笑得连眼泪都流了出来。还有一次，纽约的费尔利少校讲了一个回忆可笑往事的故事，华盛顿听后，笑得都站不住了。不过放声大笑对华盛顿来讲是少有的事情，上面几个例子，是突然的非常滑稽可笑的事情，而平时的华盛顿，保持着一贯的严肃。

华盛顿一回到自己的狩猎场，又恢复了打猎的浓烈兴趣，可惜他原有的猎犬在战时已经送人，虽然别人也送过他几只猎犬，但这些猎犬，远不如他以前的猎犬，常常让他失望而归。在愉快的时候也总有不愉快事情发生，正在华盛顿快乐地享受田园生活的时候，他的一位朋友传来一个噩耗，跟他志同道合一起并肩作战的爱国志士格林先生逝世了，这使得华盛顿悲痛万分。

制定新宪法

虽然华盛顿在山庄隐居起来，但他却并没有完全与世隔离，他依然关注着这个国家的政治体制。现在这个国家迫切需要的是将各个州联合起来，共同对抗当前的困难情境，而目前来看各州只关心自己的利益，不在意国家的整体利益。

华盛顿在给马萨诸塞州议会议长詹姆斯·华伦的信中写道，联邦政府已经名不副实，国会已经成为一个空壳，因为没有人在执行联邦所颁布的法令。在他看来这是一个反常现象。既然联邦政府是由大家选举出来的，我们应该服从联邦政府的一切法律，否则我们国家的前途将一片黯淡，

弗吉尼亚州和马里兰州议会，曾经派一些专员到弗农山庄来造访华盛顿，目的是为了探讨波托马克河和波科莫克河以及切萨皮克湾的一个地段的航运问题。在山庄期间他们讨论切萨皮克湾驻扎海军和对进口物品的税收政策。之所以要进行协商是因为两个州的法律，都不应同这一政策相违背。他们在山庄里秘密协商出了解决办法，就是由各州共同协商做出安排。这也为后来新宪法的诞生产生了重大的影响。

在华盛顿看来，他一向主张赋予国会充分的权力，如果国会没有权力，那这个国家自然也就不够完整，西欧列强也不会尊重这个国家，我们只有两个选择，要不组成联邦政府，要不分成 13 个独立的主权国家。如果是组成联邦政府，各州都必须服从，团结一致。不团结是危害一个国家安全的最重要因素，而这种相互的不信任，依然在祸害着国家。

华盛顿在同爱国人士詹姆斯·杰伊通信讨论国家时局时，詹姆斯·杰伊认为，战争时期我们还能够有一个共同的目标，并且坚持围绕这个目标而努力并最终取得了胜利。但现在情况却大不一样，我们失去了目标和方向，必将会遇到毁灭性的灾难。而国家不稳定也必将引起人们的恐慌。

华盛顿在回信中，表示认同詹姆斯·杰伊的观点。对国家的未来人们无法预知。他认为人们犯了一些错误，现在必须要加以改正，因为我们在成立联邦时，过高估计了人性，而忽略了强制力量干预。而一个国家，如果想要长期地存在下去，就必须要成立专门的权力机构，并坚定不移地持续运转下去。

在华盛顿看来，民众并不敢把权力充分交给现在这样一个国会，而国会并没有把自己与人民的利益很好地联系在一起。我们现在发现，人性总是有缺点的，由此导致我们犯了错误。另一个可怕的结果就是从一个极端走向另一个极端，而目前看来体制上确实存在很大的问题，如果我们还不能及时采取措施，那我们肯定会担心产生不良后果。在信中华盛顿还表示，既然自己已经卸任离职，就不会再重返政坛给自己增加烦恼，另外他也还认为，自己曾经提出的意见被别人当做耳旁风，即使现在他再提出意见，依然会无人理会。

此时，联邦政府的各种弊端纷纷表现出来，东部各州意见很大。得知这个消息，华盛顿更加忧心忡忡。马萨诸塞州发生群众骚乱，国会派陆军部长诺克斯将军到马萨诸塞州，调查群众骚乱事件。诺克斯将军在报告中这样描写，人们认为国家的财产，是大家共同出力保护才没有被英国没收，应当属于大家，凡是反对这一信条的人，都是公道和正义的敌人，都应该从地球上消失。此外人们决心消除一切公私债务，制定平均地权的法律。

在国会任职的亨利上校，也几次跟华盛顿在信中讨论这一问题。华盛顿回复他说，现在根本无法找到能够安抚马萨诸塞州骚乱有影响力的人。即使能找到，这也不是解决骚乱的最好办法，影响力并不能治理好国家。

现在需要我们做出抉择，了解闹事者的真实目的，如果他们的诉求有道理，那就应该为他们解决问题，但现在无力解决。如果他们的抱怨没有道理，那就应该采取强制措施。如果政府还应付不了这样的局面，那这个政府的管理有问题，需要解决。如果迟迟不采取措施，一方面会激怒群众，另一方面会失去人们的信任。因此我们必须坚持维护宪法权威，不允许任何人随意践踏宪法。

另外，华盛顿以前的副官汉弗莱斯上校，在给他的信中说，马萨诸塞州政府已经彻底瘫痪，没有人能够恢复执政当局的威信。暴民将很快夺取斯普林菲尔德大陆军火库，而那里有暴民们所需要的大概能够装 10000~15000 名士兵的武器。目前看来，联邦正在一步一步陷入危机，国会非常恐慌，但也没有办法解决。因此建议华盛顿，选择一边站队或者离开美洲大陆。

收到这封信不久就传来消息，马萨诸塞州的暴民对州议会的补救措施非常不满意，公开与政府对抗，州政府不得不找民兵来维护宪法。这使华盛顿非常不理解，为什么人们建立的制度还要为此流血牺牲？为什么人们又要通过流血事件来推翻制度？令人难以理解。

华盛顿在给诺克斯将军和詹姆斯·麦迪逊的信件中，都保持了一个语调，那就是，目前来看，没有人预见到会发生这样的事情，而出现这样的局面，令人难以置信。3 年前如果有人说，发生这样的事情，我会认为他是一个疯子，但现在来看，这个局面我们不得不面对。而英国人曾经预言，让他们自己管理自己，他们的政府很快就会瓦解。现在看来，他们的预言即将应验。而我们的人们却不愿防止灾难的发生，政府无能，人心涣散，对国家影响是十分明显的。各州互相争斗，又同联邦争斗，很快国家就将灭亡。如果我们能够制定出一部宪法，严格执行，相互监督，相互牵制，防止人们侵犯基本宪法，那就有可能恢复我们的尊严和地位。

由此看来华盛顿虽然解甲归田，却依然对国家事务发挥着他的影响力。他在信中提出的意见，也收到了效果，上次马里兰州和弗吉尼亚州专员访问弗农山庄期间，他们酝酿的一个办法，就是建立联邦体制。这个办法在各州都经过了激烈的讨论，最后形成一个方案。

方案规定，各州在费城集体开会讨论修订联邦制度。弗吉尼亚州邀请华盛顿担任团长参加会议，但由于担心别人说他言行不一，华盛顿一直不愿担任代表团团长。后来在亲朋好友们的劝说下，他逐渐打消了这些顾虑，因为大家需要仰仗华盛顿的威信来解决问题。而他出任团长，也是考虑到两个原因：一是拥护君主制的人，反对开这次代表大会，他们希望建立君主执政；第二个原因就是马萨诸塞州的暴乱。

决定出任代表之后华盛顿就开始着手准备会议材料，他浏览大量各种跟联邦制有关的书籍，而且认真地做笔记。现今在他的档案里仍保留有当时他记录的笔记和资料。

此次代表大会预定在5月份第二个星期一举行。在大会开始之前，华盛顿得知马萨诸塞州的骚乱已经镇压下去后，心里的焦虑消除了一些，同时他也为马萨诸塞州在选举中的公平性而担忧，担心人民与当地政府产生很大的隔阂。

5月9日华盛顿离开弗农山庄，坐着马车前去参加代表大会。到达切斯特后，他的一些好友都前来迎接他。而在格雷渡，士兵们则列队欢迎他并护送他到达了费城。5 月 25 日，代表才达到法定人数，并且大会一致选举华盛顿担任会议主席。

在开会期间还发生过这样一件事，大会开始后，向每位代表发了一份各州的意见汇编，并且规定要严格保密，英国有一位代表不小心把文件丢失了，幸亏米夫林将军捡到了那份文件，并交给了华盛顿。

华盛顿在当天辩论结束要休会的时候站了起来告诉各位代表，有人发现了一份丢失的会议文件，提醒大家今后要更加小心一些，避免把会议的情况过早泄露给媒体，以致引起人们的猜测和骚乱，而且让丢失文件的人上来拿文件，但当时，大家都非常恐慌，并没有人上前认领文件，这份文件直到最后也没有被人认领。

这次代表大会非常复杂，有很多问题需要讨论，每天开会 4~7 个小时，一直开了 4 个月，所有的问题都经过了大家的慎重讨论才确定下来，并最终根据讨论的结果制定出了美利坚合众国宪法。这部宪法，虽然几经修正，但至今仍在沿用。

华盛顿在 9 月 17 日的日记中写道，会议终于结束了，代表们一起用餐并依依不舍地相互告别，而他在办完了相关手续后，拿到文件就开始思考大家所完成的这项极其伟大的工作。

他在给拉斐德的信中说，各州代表有很大的意见偏差，但最终却团结起来制定出了一个全国性的体制，在华盛顿看来这简直是一个奇迹。虽然这个体制有缺陷，却不是什么根本性缺陷，华盛顿坚信两个信条，一是授予国家政府的权力，就不应对赋予他的权力数量提出异议；二是执政者永远都是通过人民选举产生的，而且每隔一个时期一定要重新组织人民选举。这些权力合理地分散到立法、行政和司法三个国家部门中，这样就很好地避免了政府退化为君主制政体或其他一些专制政体。

宪法中规定的强制措施，比以往制定的任何体制都要多，这是这部宪法中，一个非常明显的优点。华盛顿相信这个世界上没有十全十美的东西，这部宪法在实践中还可以得到更好的完善，并加以改进。

此次制定的宪法还需要交给各州代表层层讨论，而这些讨论，还需要一年多时间才能够完成，而且至少需要9个以上的州认可才能最终通过并实施。这段时间华盛顿又回到了弗农山庄，过着他的隐居生活。他与他的好多朋友依然保持着书信往来，而他的朋友们也随时向他报告宪法在各州审议的进展情况，但华盛顿从来没有怀疑这部宪法最后会获得批准。

终于国会接到9个州的批准书后并通过决议，指定在1789年1月份的第一个星期三，由全国人民按照宪法推选总统选举人。随后在2月的第一个星期三，由选举人开会推选总统。政府的会议，将在3月份的第一个星期三在纽约市举行。

当选总统

新宪法的通过使华盛顿感觉到生活又有了新的开始。在正式选举之前，全国人民已经开始呼吁华盛顿担任总统，但他却十分低调，这跟他的性格极为相似。选举如期举行，而华盛顿不出意料即将当选总统，从3月4日起，任期4年。在亲友们的劝说下，也为了为公众谋求利益，华盛顿决心出任总统。在接到出任总统通知前，华盛顿开始安顿他的家务，并去看望了他的母亲，而他的母亲此时已身患重病，即将离世。但在这之前，看到自己的儿子取得了如此高的成就，她感到特别的欣慰。

计票结束后，华盛顿选为总统。4 月 14 日，国会主席来信正式通知华盛顿当选为总统，于是他准备到政府所在地纽约，担任总统为祖国服务。纽约街头人们欢迎华盛顿的场面，热闹异常。华盛顿也感到激动万分，但他还在担心自己没有能力担负起如此重任。这样热烈的欢迎场面，证明了民众对他寄予的厚望。就职典礼因为如何称呼新总统推迟了几天，而华盛顿却担心无论什么称号都不要引起其他人的疑心。最终国会将称呼定为“合众国总统”，这称呼一直延续到了今天。

4 月 30 日，纽约举行了盛大的总统就职典礼。早上 9 点，各个教堂都在举行祷告仪式，祷告上天降福于新政府。12 点半游行开始，华盛顿坐着马车跟自己的副官汉弗莱斯上校和秘书利尔先生来到了国会议事厅。就职场面庄严肃穆，副总统约翰 · 亚当斯通知华盛顿一切准备就绪，可以宣誓就职。

宣誓就职仪式，在会议室前面的一个阳台上举行，由纽约州大法官主持，从阳台上可以看到成千上万的群众。在官员和议员的陪同下华盛顿在阳台上出现了，他穿着深褐色的服装，佩带指挥刀，穿着白色丝袜和银白色的鞋，他在阳台上一出现就受到了群众的齐声欢呼，他给大家鞠了几次躬后又回到了椅子上。

在群众安静下来以后，华盛顿又站了起来，法官按照宪法规定，主持宣誓，在听完圣经誓词后，华盛顿庄严地回答：“我宣誓——愿上帝助我。”并恭敬地弯身亲吻了《圣经》。此时大法官向前迈出一步，带领着群众高声喊：“合众国总统乔治 · 华盛顿万岁！”

广场上礼炮齐鸣，钟声悠扬，群众欢声雷动，华盛顿再次向群众鞠躬。然后华盛顿回到参议院，发表了就职演说。他的演说中，依然保持了他惯有的谦虚、温和、睿智的性格特点。演说结束后，华盛顿和大家一起去圣保罗教堂，由普雷沃斯特主教宣读了祷告词，就职仪式结束。

这一天对于美国人民来说是一个值得庆祝的日子，纽约市的晚上灯火通鸣，欢声笑语。此时，全世界的焦点都聚集到了华盛顿身上，而华盛顿也承受了巨大压力。在战场上他游刃有余，但在处理政务方面，他却毫无经验可言。而且新体制还处于实验阶段，人们对华盛顿有了更多的担心和疑虑。

另外，美国人民是一个热爱自由和独立的民族，如何管理好人民也给华盛顿带来不少的困难。同时由于新宪法在层层讨论的过程中也遇到了一些反对的意见，在有的州也仅以微弱的优势通过，因此，新宪法还有很多需要修改的地方。这时虽然暂时各个州的矛盾已经平息下去，但如果不加强新政府的控制力，各自为政的情况难免还会出现。而各州也担心，政府出现专制主义，这一系列问题都像一块石头压在华盛顿心头。

美国各个州的风土人情、经济政治、气候物产和人民的性格有很大差异，如何管理好国家，这需要华盛顿认真地思考一下。美国地域版图辽阔，有的地方就成为印第安人和一些不法分子的藏身之地，需要设立政府来进行管辖；密西西比河承担着向外界运输的重要责任，而西班牙却在这条河上设置关卡，阻碍自由通航；英国也在利用一些不满分子企图破坏美国的统一。

华盛顿政府面临着内忧外困的问题，对内管理问题成山，对外也有很多问题需要解决，连海盗也对美国的对外贸易进行骚扰。还有一个重要的困难就是美国目前的财政状况不容乐观，国库里没有任何收入，但是还要承担巨额债务。

华盛顿此时依然保持着原来的风采，在独处的时候他的态度有些冷淡，但一旦进入社交场合他又显得是那么的坦率和诚恳，对所有人都是那么的友善。同样，华盛顿夫人也没有因为成了总统夫人而得意忘形，依然保有她原来的朴素作风和良好的教养。

美国国会决定在 1790 年 1 月 4 日开会，但到了 8 日两院议员才达到法定人数，华盛顿主持了开幕式，并向两院议员发表演说，他的演说中提到了一些亟待解决的重要事项，如加强国防问题、促进对外交往、削减外交开支、美国货币和度量衡统一、发展商业农业和制造业、促进科学和文学事业、提升政府信用等一系列措施。

华盛顿最关切的是最后一项，他希望可以建立恢复国家信用、便于偿还债务的财政制度。在当时，由于美国各州拥有的权力非常大，而战争结束后却没有一个机构来征收关税，筹集必要资金来偿还债务，当时政府债务高达 5400 万元以上。这些债务中，欠的较多的国家有法国、荷兰、西班牙等国家。由于国家长期偿还债务，债券价格下跌，而一些投机商也不太看好美国的前景，并没有过多的投入，各个州也因为不同的原因欠下了巨额的债务。

因此，政府如何来恢复国家信用，为国家信用奠定基础显得尤为重要。国家的财政部长汉密尔顿先生也主张不管是债权人还是债券的持有人，债券应该一律平等。他还主张由全国政府代偿各州为了共同事业欠下的债务。而华盛顿心里也有一个大概的方案，他希望通过方案使各州在财政上统一起来，就像在政治上统一起来，他还希望可以把资本家团结在政府周围，成为政府法令的执行人，从而提升政府的地位。

汉密尔顿先生提出这个方案一直到 2 月 8 日才进行讨论，讨论过程中也有人反对这个方案，特别是由政府代替各州还债容易引起别人误会。在后面提出的将各州债务转为长期公债，对美国北部的各州有很大的好处。

华盛顿的好友弗吉尼亚的斯图尔特博士，也写信提醒华盛顿，弗吉尼亚人非常担心北部各州和东部各州联合起来谋求私利，因此许多过去支持政府的人正在逐渐改变。

正在弗吉尼亚不满情绪日益增长的时候，杰斐逊到达纽约接管国务院工作。他刚从弗吉尼亚过来，在弗吉尼亚人们对政府加以指责和嘲弄，并谣传华盛顿在官场上大摆君主气派，举行宫廷式的朝会，华盛顿夫人则只允许贵族进入起居室，两人态度都十分傲慢。杰斐逊到纽约后，朋友麦迪逊的一番话使他更加深信不疑，麦迪逊说，政府的就职仪式办得非常铺张浪费，责任是因为华盛顿周围有一些溜须拍马之人，如果华盛顿不喜欢这套，也不会出现这种情况。在听完朋友的话以后，杰斐逊带着先入为主的眼光观察周围，而且也看到了一些惊心触目的现象。

他在信中有这样一段话："我刚刚经历初期的纯正阶段的法国革命，因此，我热衷于自己的共和原则。刚刚结束的革命和我们完成了政府体制改革，现在还是人们的主要话题。因此我发现君主制的观点还普遍盛行，而我个人还保持着共和主义的观点。"

杰斐逊的这些言论有言过其实的成分，但在当时人们却无法不怀疑，在法国革命的影响下关于政府体制的问题，再次成为讨论的焦点。人们对这一问题产生了很多的分歧。在美国问题能不能够得到解决，要看事实，而到目前为止，美国的经验却是很少。亚历山大·汉密尔顿，虽然明确保证并真心愿意支持美国的共和政体，他在理论上却拥护君主制政体，而在杰斐逊先生看来，以汉密尔顿为首的人想把政府的体制改为君主执政。

两个政党

3月29日，审议联邦政府代偿各州债务问题。国会对此问题，进行讨论。来自北卡罗来纳州的五名议员，极力反对政府代偿各州债务，在这个问题上，双方的力量对比发生了改变。在讨论过程中，人们互相攻击，毫无节制，这使得华盛顿非常痛惜。4月20日进行表决时，出现反对联邦政府代各州还债务的决定。

而杰斐逊正是在这场激烈的争斗中抵达纽约的，他当时并不熟悉这样一个情况。汉密尔顿希望通过杰斐逊的影响，使原来的方案得以重新推行下去。

杰斐逊先生谈到，有一天他去总统那里遇到了汉密尔顿，两人在总统门前来回走了半小时。汉密尔顿谈到了立法机构中争夺十分激烈，债权州非常令人厌恶，而且各州有分离出去的危险。汉密尔顿认为内阁成员应该一致行动，以总统为行政中心，最后一切问题都要取决于总统，共同支持总统的举措。

如果杰斐逊先生能够呼吁他的一些朋友，采取审慎的态度对待政府的举措，那大概还有可能改变局面，使政府机构重新运作起来。杰斐逊先生对汉密尔顿先生的建议并没有直接回应，因为他对这个问题还不是很熟悉，而且不熟悉现在推行的财政制度。他认为如果这种财政制度夭折的话，这将是一个最不幸的后果。

因此杰斐逊先生提议汉密尔顿先生第二天跟他和几个朋友一起吃饭，共同商讨此事。他认为，只要采取谨慎的态度共同协商，那最终一定会互相让步并最终达成一致，来挽救联邦政府。杰斐逊先生提到，在后面的讨论中，大家一致认为应该撤销拒绝原方案的表决，有些议员应该改投赞成票，以此来保全联邦政府，维护各州的团结。这个方案对于南北各州来说是不公平的，对南方各州来说要好一些。同时关于政府所在地，各州也有不同的方案。有人主张设在费城，有人主张设在乔治城。最终大家初步决定10年之内把政府所在地设在费城，10年后永远设在乔治城，以此来缓和南北双方的争议。

最终国会决定赞成由联邦政府代偿各种债务，不过最后通过的决议和汉密尔顿原来的方案略有不同，规定了偿还的债务数额，这一数额按照指标分配到各州。经过修改的方案于7月22日在参议院通过，7月24日在众议院通过，国会在8月20日休会。

杰斐逊在评论这次纷争时说，债务问题和政府所在地问题是此次国会议会争论的焦点，而这两个问题差点儿使美国再次出现分裂的危机。他还认为以后这样容易引起纷争的问题，不可能再出现，在克服了这些困难之后，政府的决策将会非常顺利。华盛顿对此次纷争感到非常的痛心和失望，他所提倡的和谐现在看来只存在于他的幻想之中。

华盛顿与众不同的地方就在于他能够任人唯贤，选择富有才干的人，来协助他完成任务，因为从不妒忌他人的才能和威信。而这个时候杰斐逊和汉密尔顿之间，已经存在了一些敌意，而且在日益加剧。杰斐逊总是用怀疑的目光来看待汉密尔顿的财政制度，认为汉密尔顿有向君主制政体倾向的意图。杰斐逊指责汉密尔顿的代偿债务方案是非常愚蠢的，也非常危险。

12月的第一个星期一，国会在政府的临时所在地费城复会。在此期间，华盛顿对租借来的房子作为官邸进行了整修，他的官邸朴素整洁绝不奢华。他的秘书利尔也将华盛顿的马车进行了朴素而雅致的修理。国会会议期间的主要目的在于解决当前政府的财政问题，亟须提高政府的信用，筹措政府经费。而筹措来的经费，还要用于偿还各州的债务及其他的开支。

在会上有人提议提高对烈酒征收的关税，但这个方案遭到了极力的反对，但最终这个法案在众议院获得通过。汉密尔顿先生在先前的报告中提议建立国家银行，现在他又在一个专门报告中极力推出这一举措，这一法案在参议院获得通过，但在众议院却遭到了强烈的反对，大家围绕这个问题展开了激烈的争论。最终，这一法案在众议院获得通过并提交总统。华盛顿深知这一问题关系重大，他要求政府内阁每一位部长陈述各自的理由，在这些理由考虑成熟后，他最终批准了这项法案。

杰斐逊之所以反对建立国家银行，是因为他担心汉密尔顿利用银行这样一个机器来控制国会的整个行动，并进而推进他所倾向的君主制政体。他认为华盛顿对汉密尔顿的方案并不了解，华盛顿之所以同意汉密尔顿的方案是因为他太过于信任汉密尔顿。但事实并非如此，华盛顿不是盲目信任任何人，他沿用了以前在部队上的做法，就是让所有人提出自己的书面意见，在对这些意见进行研究和揣摩后，才做出最后的判断。他之所以同意汉密尔顿的意见，是因为他对汉密尔顿方案做了仔细的研究，对杰斐逊也是如此。

杰斐逊和汉密尔顿两人的矛盾，一直不断发生。一旦发生不快时，华盛顿总是冷静地加以调解。就像前面所说，他对所有人的才干没有丝毫的妒忌之心，他只是希望将有才干的人集中到身边，造福于国家。

在两个政治家对立的同时，在联邦政府各地也出现了两个政党。虽然他们关心的都是国家利益，但对于保障国家利益的政策，两个政党却持有不同的意见，联邦党支持汉密尔顿，赞成提高和加强联邦政府的作用，提高联邦政府的地位和尊严。另一个政党叫作民主党或共和党，他们认同杰斐逊的观点，认为联邦党人妄想把联邦政府变为一个中央集权政府，从而向君主制国家过渡。

1791年3月，华盛顿开始对南部各州郡进行巡视，一路上他并没有因为生病、天气或其他事情而停顿下来。回到费城后，他对巡视非常满意。通过巡查，他亲眼看到了全国各地的实际情况和人民的需求，这些比书面报告要准确得多。秋天华盛顿还回到了弗农山庄，同家人共同生活了几个星期，享受了一下田园生活的乐趣。

10月24日，第二届国会议员在费城汇集开会。华盛顿在开幕词中谈到了国家目前的发展情况和财政措施取得的成功，接着他谈到了为了保护西部边疆已对印第安人发动进攻，目前这些军事行动都取得了成功，但还有一些军事活动行动胜负未果。在这次军事行动中，圣克莱尔将军经历了非常糟糕的一次惨败，这次惨败跟当年的布雷多克的惨败非常相似。在圣克莱尔临行前华盛顿还提醒他要提防突然袭击，而此次失败正是因为遭到了印第安人的突然袭击。

华盛顿听到这个消息时正在招待客人，华盛顿在将客人送走以后，对圣克莱尔的失败非常不满。他对圣克莱尔将军忽视他的一再提醒感到非常愤怒，甚至有些失态。愤怒之后华盛顿恢复了平静，他希望了解此次战败的全部细节，用公平合理的方式来处理此次战败。这是华盛顿一生中仅有的几次愤怒，而在此之后人们再也没有看到他如此这般爆发的风暴。

内阁纷争

在此次国会议会中出现了严重的政治分歧，华盛顿对此感到非常的痛心，而且报纸也在推波助澜，煽动这种对抗的情绪。当时的《国民公报》主编弗雷瑙虽然在国务卿办公室任职，却对政府的多项措施发动攻击，他只赞成杰斐逊先生所提出的措施。

华盛顿对这些政治纷争，感到十分厌倦。同时也感到内阁争斗让他疲惫不堪，难以忍受，他迫切希望卸下重担，回到山庄里重享田园生活的乐趣。而在此之前他就表示过总统任期结束后就将退出政坛，但他的任期还有 1 年，他需要耐心地等待。

正在此时，杰斐逊先生也表示打算和华盛顿一起离职。华盛顿极力规劝杰斐逊先生，他对杰斐逊说，自己退职是因为日渐衰老，身体状况也不容乐观。在有些人看来他的威信也有所减退，现在看来华盛顿的精力确实下降得非常厉害，经常疲惫不堪。因此他不得不考虑退休回家，但他又担心，他的退休会引起许多政府官员跟着离职，导致非常严重的后果。

华盛顿恳求杰斐逊先生不要离职，因为作为国务卿如果离职的话，会引起政坛的震动，如果政府人事发生重大变动，它的后果也是很难预料的。同时，华盛顿与麦迪逊先生进行了秘密商谈，让他起草自己的离职讲演，而麦迪逊先生非常恳切地劝华盛顿继续担任总统，但这仍然没有改变华盛顿离职的决心。

另外，对圣克莱尔将军战败的调查也得出了结论，最终宣布他无罪，战败是因为他身患重病导致。虽然公众对此结果非常不满，但华盛顿依然对圣克莱尔充满了信任。

国会休会以后，华盛顿回到弗农山庄做了短暂的休整。他越来越喜爱这个可以让他修身养性的地方，他特别想摆脱官场的烦恼，过那种悠然自得的日子。他后来给麦迪逊先生写信，讨论他们上次关于自己离职谈话的内容，表示他始终不能下决心继续担任总统职务，依然梦想过宁静的生活。他再一次请求麦迪逊先生对他的退休做出一个合理的安排，为他准备离职演讲稿，并指出了演讲过程中应该注意的一些问题。而麦迪逊先生也再次希望华盛顿能够打消离职的念头。

随后，杰斐逊在给华盛顿写的一封信里讨论政府公债的问题，最后他也在信中提到，华盛顿继续担任总统对整个国家来说是至关重要的。他指出只有华盛顿担任总统，南北方才会保持统一。还说华盛顿作为一个杰出人物，现在在为人类造福，因此上天偏偏不让他过享福的生活。因此，让华盛顿服从上天的意志，继续担任总统，等国家稳定下来，才可以考虑不必完成第二届任期就可以退休。华盛顿回到费城后看到了这封信，他非常痛苦，想拖延下去不同杰斐逊讨论这一问题。

7 月 10 日，他同杰斐逊谈了一次希望打消他的疑虑，而且他也谈到了《国民公报》上公开发表的文章带有反政府情绪，而这些文章容易引发反政府情绪，而且这篇文章主要攻击财政部的行政措施。华盛顿承认他确实签署过一些在细节上并不是都同意的方案，但从来没有签署过在整体上他认为不合适的法案。关于银行问题，在没有更好的解决办法之前，目前大部分人还是满意的。

汉密尔顿也在极力劝华盛顿取消退休念头。虽然大家有政治分歧，但不管内阁和各个政党都一致希望华盛顿留任。虽然在华盛顿任职这个方面内阁的意见是一致的，但在其他方面纷争却更加激烈。《国民公报》不但攻击汉密尔顿的公债政策和银行制度，甚至还攻击汉密尔顿的税收政策以及汉密尔顿本人。《合众国公报》的编辑写了一封读者来信，指出有的人通过反政府的措施来扰乱民众的生活。同时汉密尔顿用“一个美国人”的笔名，发表了一篇文章，揭露国民公报和杰斐逊先生之间的一些不为人所知的事情。

华盛顿看到这种纷争日趋严重，感到十分痛心，他认为有必要对双方的纷争进行干预。而正当华盛顿为内阁的纷争感到忧心的时候，国内一些地方又发生了群众骚乱，尤其在宾夕法尼亚州，民众反对美国对国产烈酒征收消费税。虽然这项法案已经做了修改，暴民们依然极力反对这项法案，甚至暴打了当地前去征税的税务官。华盛顿决心严惩暴徒，他要求法院对暴徒进行严惩。

10 月 18 日，华盛顿再次试图调解内阁的纷争，他认为对立的双方即使无法达成协议，但也要相互照顾，以解决分歧，华盛顿的这种办法能给内阁带来和谐，否则互相争斗就会给国会带来很严重的伤害。他认为双方都是爱国主义者，没有什么罪恶的目的，因此希望双方能够考虑对方的意见，并找到一条共同的路线。

连任总统

经过长期的思想斗争，华盛顿勉强同意参加第二任总统竞选，而公众也一直非常拥戴他，希望他连任总统，这给了华盛顿极大的安慰。华盛顿担心他以微弱优势当选并不能服众的情况并没有出现。但一想到又要离开他所向往的田园生活，华盛顿感觉不到心里有多愉快。

在华盛顿第一任任期的最后一段时间，军队对印第安人的战争仍然在继续，这成了他一个痛心的话题。政府想平定叛乱，效果却一直不好，派去谈判的两个军官也先后被印第安人杀害了，因此政府准备再次与印第安人开战。华盛顿同时也准备了对野蛮部族进行教化的人道主义计划。

在总统演说中，华盛顿还谈到国内有些地方反对征收国产烈酒税，他表示要维护法律的权威，也相信善良的民众能够给予支持。他的演说中还表示，希望国家的财政状况好转之后可以安排偿还公债的事情。

华盛顿的演说受到了参众两院的热烈欢迎，两院议员都表示，赞成华盛顿的观点。但在提请国会讨论总统提到的各项问题时，众议院又发生了严重的分歧，其中针对财政部的问题很多。虽然财政部长在报告中提供了详细情况，但仍有很多人对他提出了尖刻的指责。由于人们对华盛顿的崇敬，相信他不会偏袒某一个派别，因此他还没有收到偏袒某一方的指责，但党派纷争的危机已经开始降临到他的头上了。

华盛顿一直以来对公众的舆论十分关注，而且能够按照正确的舆论办事，但针对他第一次任职的就职仪式还是有人提出了非难。为了在下次宣誓就职时有所避免出现同样的问题，华盛顿召集各部门首长开会，商讨改进的办法，并且愿意遵循大家的建议。但最终因为各部门首长之间的分歧，没人就就职演说一事提出明确的建议。因此，就职仪式没有做任何改变，3 月 4 日，华盛顿再次宣誓就职。

在华盛顿的第二个任期，各方面的纷争更加明显，内阁分歧、党派之争加剧，人们开始怀疑华盛顿的威信下降。与此同时，法国路易十四被推上断头台的消息传来，好多人对华盛顿产生了同样的忧虑。

也正在此时，英法两国正式宣战，君主制出现了再次复辟的危险，华盛顿对这一苗头进行了制止。他知道英法开战的消息时正在弗农山庄，他立马给杰斐逊写了一封信，提醒他美国应该在英法战争中保持中立态度，不要偏向英法战争的任何一方。他又连忙赶回费城召开内阁会议，讨论在这场危机中美国应采取措施，并制订了详细的行动方案，最终决定由总统发公告禁止美国公民参加双方的任何一场战斗，也不得将违禁物品交给交战国。

没有人怀疑华盛顿在这次危机中的明智，保持中立是保护美国利益的最佳选择。但这与一些情绪激动的村民的愿望背道而驰，而在华盛顿看来，保持中立才是完全符合国家利益。

此时内阁也有了分崩离析的可能，汉密尔顿先生在信中告诉华盛顿，他打算辞去现有职务，因为种种情况他推迟了辞职的日期，现在这些情况已经不存在了，他考虑再度辞职。

华盛顿得知这一消息的同时很难过，也很为难，他找到杰斐逊表示他当时没有按计划辞去总统职务现在非常后悔，因为现在他的左膀右臂，都要抛弃他，他非常的痛苦。现在民众的情绪也十分的激动，而一届国会即将开幕，随着与会人数的增加，纷争也必然更多，因此他希望杰斐逊能够留任，直到这次国会结束。而杰斐逊也借口厌倦了政界的生活，同时由于他和汉密尔顿的政治分歧使他感到非常的不快，他也表示共和党没有反对政府的意图，让华盛顿不必担心这个。

华盛顿谈到杰斐逊常疑心执政党想把现有的政体改为君主制，杰斐逊说君主派不断发表言论要推翻现有的政体，重建一个更有生气的整体，但共和精神已经深入人心，想要推翻君主制的共和制，是不可能实现。

最终华盛顿与杰斐逊达成一致，允许杰斐逊在秋天暂时离职，回来后任职一直到次年一月份。正当华盛顿竭力呵护美国的中立态度时，英国的一些举措使美国的中立陷入了岌岌可危的境地。

英国在 1793 年 6 月，扣留了一切开往法国的商船，卸下船上货物并加价收购，然后把船放走。这一措施引起了美国各党派的愤慨，美国对此提出严重的抗议。英国还劫持美国海员为他们服务，这使得美国的反英情绪更加高涨。

除此之外英国拒绝归还大湖区南侧的碉堡，也加剧了美国的反英情绪。华盛顿认为不能用强制方法来维护美国的条约权利，而有些人要求他坚决采取铁腕手段。华盛顿认为即使采取强暴措施是恰当的，但这个时候，美国也应保持自己的中立态度，因此他主张采取审慎的态度来处理此事。国内政局越来越复杂，欧洲局势也难以预料，华盛顿处境非常困难。

在雅约翰 · 亚当斯来看来，对外疲于应付欧洲局面，对内穷于应付印第安人、对外贸易对频频受到北非沿岸的海盗的袭扰，情况非常糟糕。反联邦派和亲法派，是在诋毁华盛顿的人格，而华盛顿面对这一切攻击，却十分的从容。

众议院委员会，对杰斐逊先生提出的商务报告进行了审议，麦迪逊根据这一报告提出一系列有关美国商人应享有的特权和应受到限制的提案，引起了议员们激烈的争论。而在这份报告中，主张通过差别待遇，将对英贸易转为对法贸易，也遭到了议员的强烈反对。这本来是一个纯商务问题，却不可避免地与政治派别争斗联系在一起。

这场辩论持续了多日，最终在表决过程中，第一项议案以微弱优势通过，而其他议案由于形势复杂不了了之。而在国会提出的由舰队组成的部队保护美国商船避免受到海盗侵扰的提案，也遭到了强烈的反对，还有人提议用金钱收买海盗或购买其他国家保护，也仅以微弱优势通过了。

在国会会议期间，法国特使吉纳图谋非法招募美国公民组成一支为法国服务的武装部队，其意图是想破坏美国的安定。因此，华盛顿决心与这位外交官一刀两断，维护美国的尊严。法国也发现了吉纳所犯的错误，迅速把他召回法国，同时也要求美国政府把政治观点上同情君主制的莫里斯州长也召回美国。

两国政府很好地处理了此事，危机很快得到了化解。而在处理与英国的关系上，由于英国屡次扣押美国运往法国的货船，国内的反英情绪不断高涨，甚至有人成立了反英的协会。华盛顿决定，派出杰伊先生作为特使，到英国要求英国给予赔偿。华盛顿在此事件中也清楚地意识到，国内有不少人在盯着他，随时在准备攻击政府的每一项措施。

与国会的纠葛

华盛顿对杰伊先生的英国之行，感到十分忧虑。他意识到由于争取同英国进行谈判，他的威望陷入危险境地，但更重要的是国家的和平和幸福与杰伊的此次英国之行密切相关。1794 年 8 月 5 日，在给华盛顿的密信中，杰伊说英国准备以优厚的条件来解决两国之间的争端，但这个条件究竟是什么样无从得知。

在华盛顿迫切等待谈判结果的同时，海盗对美国商船的劫掠更加频繁，使华盛顿十分苦恼。最终，1795 年 3 月 7 日，杰伊先生送来英美两国的条约样本，同时他在信中说，华盛顿的个人品格对谈判的影响是显而易见的，起到了很大的促动作用。

华盛顿对条约进行了仔细的研究，发现了一些不是特别令人满意的条款，但这是目前能够争取到的比较合适的条约，因此华盛顿决定，交由参议院审议通过。但还是有人借机大做文章煽动群众，攻击美国政府与英国政府的谈判。杰伊在回到国内后发现他已经当选为纽约州的州长，这是他的家乡纽约州人民对他尊重的结果，于是他辞去了美国最高法院院长的职务。

华盛顿在6月8日召开的参议院会议上，把英美谈判的条约及附属文件提交参议院审议，条约中的12条遭到了众议院议员的强烈反对。在12条中规定禁止美国船只把美国和西印度群岛的糖浆、食糖、咖啡、可可、棉花等输往世界任何地区，这一条款实际上限制了美国的对外贸易，而此时美国南方各州的棉花已经成为主要的产物，因此这一条款遭到了参议院的反对，并要求总统就这一问题与英国重新进行谈判。

在有些人的煽动下群众对这一条约的不满与日俱增，也有人趁机将这一条款归咎到政府身上。一位参议员还把条约的摘要，送到了费城一家反对党报纸上发表，顿时全国上下群情激奋。各地群众纷纷走上街头，极力反对条约的批准。而在华盛顿本人来看他也反对条约中的这一条款，但事情终归要解决，因此他认为按照参议院提出的办法来解决还是比较妥当的。

正在此时，又出现一个插曲，英国政府又重申了拦截开往法国的商船的命令，华盛顿立即起草备忘录，以便对这一命令提出强烈抗议。也正在此时，因弗农山庄家中有事他需要返回山庄。在返回弗农山庄途中，他从别人的闲谈中发现，有些人已经曲解了这项条约。

华盛顿十分担心，全国各地群众的集会影响到美国与法国和英国的关系，他在给波士顿市政委员会的呼吁书中表示，在他的每一项施政措施中，都在极力为美国民众谋福利。为了实现这一目标，他考虑的不是个人的、地方的和局部的利益，而是考虑到整个国家的利益，一切以国家利益为准绳，在这一次与英国的谈判过程中他也在坚持着这一原则。

日益高涨的群众意见使华盛顿意识到群众对这个条约的意见比想象中还要严重，因为有的群众认为条约只是对英国有好处，而对美国没有任何好处。人民的权利遭到了忽视，而且还被某些人出卖了。自华盛顿执政以来，他从来没有遇到过如此严重的危机，也从来没有让他如此担心过。复杂的政局使华盛顿无心再享受山庄中的安逸生活，他随时准备返回费城来处理这一问题。

退休与逝世

退休之后的华盛顿在弗农山庄过着安逸的田园生活，但他只住了几个月的时间，美法关系就出现了危机。危机出现的原因是法国巡洋舰劫持美国商船，并且法国政府粗暴无礼地对待了美国使节。这事在亚当斯总统看来，美法战争似乎不可避免。在此重要关头很多人想到了华盛顿，他们想请华盛顿担负起应对危难的重任。

5 月 19 日，汉密尔顿写信给华盛顿希望他能再度出山统率美国的军队。6 月 22 元，亚当斯也致信华盛顿，信中他提出了一连串的问题。同时亚当斯总统表示，他会时常征求华盛顿的意见。7 月 4 日，华盛顿给总统回信，信中提到，他愿为美国的和平民主竭尽所能，奉献毕生的力量，尽管他不能继续在弗农山庄安享天年。同一天，华盛顿还致信陆军部长，他说道：“一场暴风雨可能就要来临，在这种情况下，我的宁静生活不会再延续很久了，我愿将自己的一生奉献给祖国。”

1798年11月初，华盛顿离开了弗农山庄，结束了退休生活。他应陆军部长的请求前往费城，在那里他和汉密尔顿将军和平克尼将军，一起商议安排招募军队的事宜。他们提出一系列的问题，并且对这些问题加以讨论，华盛顿和两位上将在严寒的天气、困难的条件下工作了近5个星期。在从事这项工作过程中，华盛顿十分勤奋，不辞劳苦，很注意避免由于偏爱和偏见导致的人才选拔不当。由于他接手总司令职务时就决定除非情况紧急需要他亲临战场，否则他可以不必到职，又由于天气严寒，使得他迫切希望离开费城。在将军事指挥事宜的意见和计划交给陆军部长后，华盛顿动身回到弗农山庄。

回到弗农山庄的华盛顿依然和汉密尔顿将军保持着通信，一起讨论军队的问题。在此后的几个月里，华盛顿仍然对军队的事务进行着遥控，这一点可以从他的大量书信中看出。同时他还努力整顿自己的庄园。由于他离家时间太长，他的庄园已经荒废了许多。在这期间，华盛顿在体力和脑力方面付出了很多。

12日早晨，天空阴霾，华盛顿骑上马，到庄园各处巡视，大约1点钟的时候，下起了大雪，夹杂着冰雹，华盛顿穿着一件外衣，不顾天气严寒，继续策马到处巡视，3点多才回到家中。第二天早晨，这里的积雪已经有3寸深，雪花仍在飘落，华盛顿说他的嗓子疼，显然是前一天他着了凉。下午天气晴朗，华盛顿走出家屋，可这时他的嗓子嘶哑，到了晚上，嘶哑得更厉害了，但是他没有把这当一回事。

晚上，华盛顿和他的夫人及利尔先生一起坐在客厅，阅读着报纸，心情十分愉快，当读到有趣的故事时，他还用嘶哑的声音尽量高声朗读。休息的时候，利尔先生建议他吃点儿感冒药，华盛顿却说不必了。可是，他的身体状况越来越糟，到了夜里，他全身寒战呼吸困难，病情变得极为严重，凌晨两三点钟，他唤醒了夫人，夫人想要去叫仆人，他却怕夫人着凉，因此直到黎明时分，女仆进来生火，他们才派了女仆去喊利尔先生。利尔先生发现将军呼吸困难，言语含糊不清。同时，在大夫赶来之前，他们找了临时工罗林斯给他放血。

到了第二天，罗林斯才赶来，将军伸出手臂让他放血。罗林斯很紧张，他做了一个切口，血液汹涌而出。华盛顿夫人不知道这种方法是否妥当，恳请利尔先生停止放血。但华盛顿却要求再放点。到了第二天，华盛顿的病情不见好转，整个下午，由于呼吸困难，他看起来十分痛苦。利尔先生和其他的医生，还有华盛顿夫人，都守护在他的床前，到了晚上 10 点，华盛顿停止了呼吸。

华盛顿逝世的消息传出，举国沉痛哀悼。国会休会 1 天，美国各地举行了公开仪式，表示敬意和哀悼。当华盛顿去世的消息传到英国，司令官布里德波特勋爵下令在旗舰上下半旗。法国第一任执政官波拿巴在向全军宣布华盛顿逝世的消息时，命令各政府机构的旗帜上一律悬挂黑纱 10 天。

华盛顿的一生是伟大的，他不仅为人正直，而且拥有卓绝的军事才能。他英勇无畏，坚忍不拔，诚恳待人，宽宏大量。华盛顿是美国历史，甚至是人类历史上，值得人们纪念的伟人。在他的带领下美国人民走上了民主自由的道路。